빛의 혁명과 반혁명 사이

철학자 박구용, 철학으로 시대를 해석하다

빛의
혁명과
반혁명
사이

박구용 지음

머리말

반혁명의 밤, 아니 혁명의 아침이 오기 전

철학이란 어떤 학문인가?

우선 이 책의 본격적인 효용과 목적을 이야기하기 전에 철학이라는 말 자체에 관해 한번 생각해볼까 합니다. 사실 '철학'이란 단어는 서양에서 철학을 뜻하는 philosophy를 정확하게 번역했다고 말하기 어렵습니다. 단어의 뜻과 상관없이 철학을 현대인들이 이해하기 쉽게 풀어보면 지식의 총괄 체계, 즉 학문 그 자체를 의미합니다.

유럽 대학을 가보면 공학이나 특수목적 대학을 제외한 대부분의 학문 분야는 다 철학부입니다. 철학이 많은 학문의 출발점이라는 뜻이죠. 그렇게 철학에서 시작한 학문이 점점 뻗어가서 새로운 연구 영역이나 새로운 지식 체계를 갖추면 그때부터는 독립된 분과가 됩니다.

고대에는 경제학도 철학의 범주였습니다. 많은 학자들이 아리스토텔레스를 뛰어난 철학자이자 동시에 뛰어난 경제학자로 꼽는 이유가 여기에 있습니다. 물론 현대의 경제학과 고대의 경제학은 접근 방식이 조금 다릅니다. 경제학이란 생산과 소비가 완결된 단위를 연구하는 학문입니다. 지금 시대에 생산과 소비가 완결된 단위는 국가라고 보아야 합니다. 국가에서 부동산 정책, 금리 정책, 물가 정책, 일자리 정책 등 어떤 경제 정책을 펼치는지에 따라 우리 삶의 다양한 영역이 좌우되곤 하는 것이 그 방증입니다.

　　고대는 어땠을까요? 아리스토텔레스 시절에 생산과 소비가 완결되는 단위는 가정이었습니다. 그래서 현대의 경제학이 국가 경제학이라면, 고대의 경제학은 가정 경제학이었습니다. 전통적인 맥락에서는 가족의 개념도 일종의 경제 공동체를 의미합니다. 아리스토텔레스는 경제를 단순한 부의 축적이 아니라 삶의 질을 향상하기 위한 수단으로서의 가계 관리, 즉 오이코노미아Oikonomia로 보았습니다. 오이코노미아는 아리스토텔레스 가정 경제학의 핵심 개념으로, 그리스어 오이코스oikos와 노모스nomos의 결합어입니다. 오이코스는 집, 가정, 가계를 의미하고 노모스는 법칙, 관리, 규칙을 의미합니다. 따라서 오이코노미아는 가정 혹은 가계를 관리하는 기술을 의미합니다. 현대 경제학을 가리키는 economy는 Oikonomia에서 온 것이죠. 그런데 아리스토텔레스의 오이코노미아 개념은 현대 경제학과 달리 윤리적·목적론적 관점을 중심으로 전개됩니다. 아리스토텔레스의 오이코노미아는 부의 축적 그 자체를 목적으로 간주하지 않습니다. 그는 부의 무한 축적을 목적으로 하는 기술을 크레마티스틱스Crematistics라고 불렀습니다. 크레마티스틱스는 재물이나 돈을 뜻하는 크레마타χρήματα, chrêmata와 기술을 뜻하는 테크네τέχνη가 결합한 개념으로서[1], 크레마티스틱스에는 부의 축적이 지향하는 윤리적 목적이 없습니다. 크레마티스틱스와 달리 오이코노미아는 개인의 이익보다 가정 공동체의 공동선Common Good을 지향합니다. 이와 같이 경제를 규정하면 자연스럽게 '좋은 삶이란 무엇인가?'라는 질문이 생겨날 수밖에 없고, 이 질문은 결국 철학과 닿아 있습니다.

이렇게 철학이란 학문은 다양한 지식 체계를 포괄적으로 연구하는데, 거기서 독특한 연구 방법론과 독특한 연구 대상이 생겨나면서 독립된 분과로 나아갔고, 여전히 남아 있는 영역이 지금까지도 철학이라는 이름으로 불리고 있습니다. 그래서 철학은 기초 학문이자 모든 학문의 방법론을 연구하는 학문입니다.

모든 학문의 방법론을 연구하는 학문이라는 개념에 대해 조금 더 부연해보지요. 이를테면 법학을 공부하는 사람들은 법학이 학문으로서 가능한가에 관해 질문하지 않습니다. 사회학자는 사회학이 학문으로서 가능한지를 연구 대상으로 삼지 않습니다. 물리학자는 물리학이 학문으로서 가능하기 위한 조건을 따지지 않습니다. 만약 법학이나 사회학이나 물리학이 학문으로서 가능하지 않다는 결론이 나오면

---

1 크레마타는 일상의 필수품을 의미하는 크레마(χρῆμα, chrēma)의 복수형으로서 '화폐'라는 의미에 가깝다. 따라서 크레마티스틱스는 '돈벌이'를 의미한다고 볼 수 있다. 아리스토텔레스는 '돈벌이'로서 크레마티스틱스 자체를 부정적으로 보지 않았다. 오히려 크레마티스틱스의 도움을 받아야 오이코노미아가 제대로 작동할 수 있다고 보았다. 다만 그는 크레마티스틱스가 오이코노미아 안에서 작동해야 한다고 생각했다. 그런데 고대 그리스 사람들은 일반적으로 크레마티스틱스와 오이코노미아를 동일한 것으로 간주하는 경향이 있었다. 아리스토텔레스는 《정치학》에서 돈벌이 자체를 목적으로 하는 사회를 비판한다. 아리스토텔레스, 《정치학》, 김재홍 옮김, 도서출판 길, 2017, 제3장, 1253b 참조.

그때부터 더 이상 공부할 필요가 없어지겠지요. 그래서 이런 학문은 자기 학문의 경계선을 긋지 않습니다. 일단 경계가 그어지고 나면, 그 안에서 연구할 뿐입니다. 유일한 예외가 철학입니다. 철학은 결국 모든 학문의 경계를 긋는 학문이기 때문입니다.

사회학의 경계에는 사회철학이 있습니다. 정치학의 경계에는 정치철학이 있습니다. 경제철학, 과학철학, 심리철학, 역사철학, 예술철학은 모두 다른 학문의 경계에 있으면서 동시에 각 학문의 학문 방법론의 기초를 다집니다. 여기서 매우 중요한 하나의 문제가 생겨납니다. 오늘 우리 사회에 지대한 영향을 미치는 법학을 통해서 이 문제를 따져보도록 하겠습니다. 법학의 경계에는 당연히 법철학이 있을 것입니다. 다른 분야의 철학도 그렇지만 법철학에서도 두 가지 관점이 경쟁합니다. 하나의 법철학적 관점은 법학의 범위를 벗어나지 않으려고 합니다. 실증법positive law 안에서 이론적 탐색을 하는 관점, 즉 실증법학positivist jurisprudence 또는 법실증주의legal positivism입니다. 법실증주의와 경쟁하는 관점은 자연법론Natural Law Theory입니다. 자연법론은 실정법 내부의 모순이나 충돌을 해결하기 위해서 실정법 바깥으로 나아갈 것을 주문합니다. 두 관점 모두 경계에 있지만 법실증주의는 실정법과 법학의 경계에서 안쪽으로만 들어간다면, 자연법론은 경계에서 바깥으로 나아가려는 경향이 강합니다. 이때 '자연'은 법 자체가 법의 최종 심급final court일 수 없다는 것, 다시 말해 법의 한계와 겸손을 나타내는 은유적 개념입니다. 여기서 눈치로 알 수 있듯이 법학과에서 주로 연구하는 법철학은 법실증주의에 가깝습니다. 반면 철학을 기반으로 연구하는 법철학은 자연법론에 가깝다고 할 수 있습니다.

나는 법철학 연구자입니다.《자유의 폭력》(도서출판 길, 2023)은 나의 법철학적 연구의 성과물입니다. 이 책에는 법철학에 사회철학과 정치철학을 포함하고 있습니다.《자유의 폭력》이후 나는 주로 '친밀성의 생산'이라는 주제의 문화철학적 연구를 진행하고 있습니다. 나아가 그동안 진행해온 예술철학과 미학 연구도 병행하고 있습니다. 그런데 갑자기 우리 사회가 나에게 시대와 호흡하는 연구를 하라고 꾸짖고 있습니다. 시대의 요구, 한국 사회의 요구를 받들어 이 책을 쓰고자 합니다.

이 책의 첫 문장을 쓰는 지금은 2024년 12월 10일입니다. 나는 지금 우리가 "반혁명과 혁명이 극단적으로 충돌하고 있는 사건" 깊숙이 들어와 있다고 생각합니다. 대한민국의 미래 운명을 결정할 중대한 사건이 진행되고 있는 이 시점에 철학책을 쓰고 있다는 것은 성급한 행동일 수 있습니다. 현실을 외면하는 비도덕적 행위일 수도 있습니다. 헤겔G. W. F. Hegel이《법철학》서문에서 한 말이 떠오릅니다.

미네르바의 부엉이는 황혼이 깃들 무렵에야 비로소 날갯짓을 시작한다.[2]

미네르바는 지혜의 신입니다. 부엉이는 미네르바 신의 새, 곧 신조神鳥이며, 학문으로서 철학의 은유적 표현입니다. 오비디우스의《변신 이야기》에 따르면 본래 까마귀가 미네르바 신의 새였습니다. 그런데 까마귀는 비밀을 쉽게 누설하는 경우가 많아서 부엉이로 교체되었습니다. 철학이 귓속으로 속삭여서는 안 된다는 교훈일 수도 있습니다. 그런데 신기하게도 전설 속에서 부엉이는 아버지와 통정한 죄를 지어 밤이 되어야 활동을 한다고 합니다. 여기서 아버지는 '전승된 문화적 기억과 규범'의 상징입니다. 따라서 부엉이는 밤을 새워가며 인류의 스승들이 남긴 고전을 파고드는 철학자를 가리킨다고 말할 수 있습니다. 여기에 헤겔은 새로운 의미를 부여합니다.

헤겔은 처음으로 진리와 시대를 연결한 철학자입니다. 이전에 그 어떤 철학자도 진리를 시대와 연결하지 않았습니다. 진리란 시대를 초월한다고 생각해온 것입니다. 그러니 밤을 새워 아버지가 남긴 진리를 습득하는 것이 철학이었습니다. 하지만 헤겔은 이제 진리가 시대-특징적epoche-specific이라는 것을 알았습니다. 따라서 철학은 시대를 사상의 이름으로 포착하라고 말합니다. 철학이 사상의 이름으로 포착해서 해석이나 해명 또는 비판해야 할 대상이 바로 사건입니다. 따라서 헤겔은 사건이 끝날 때를 기다리라고 주문합니다. 헤겔에 따르면 진리는 더 이상 철학자가 책상 위에서 만들어내는 것이 아닙니다. 이제 진리는 정의와 불의가 충돌하는 거리의 교차로에서, 폭력과 사랑이 폭발하는 온-오프라인 광장에서 시민들이 구성하는 것입니다. 그러니 철학은 이제 광장에서 진리가 완성되는 시점에 그 진리를 책에 옮기라고 헤겔은 말합니다. 헤겔의 말을 따라야 할까요?

12월 3일, 대통령이 비상계엄을 통해 내란을 일으킨 초유의 사건이 발생했습니다. 이 사건은 현재진행형입니다. 헤겔의 말을 따른다면 이 사건이 종결될 때까지 기다려야 합니다. 헤겔의 권고가 옳을 수도 있습니다. 하지만 나는 헤겔이 살았던 프랑스혁명의 시대와 지금 우리가 살고 있는 시대는 다르다고 생각합니다. 철학은 더 이상 부엉이 은유에서 그려진 이상적 관찰자가 아닙니다. 지금 우리가 살고 있는 시대는 예전과 비교할 수 없을 만큼 시간이 빨라졌습니다. 시간이 급속도로 빨라지면 관찰자의 관점조차 사건에 참여하게 됩니다. 다시 말해 사건 바깥으로 온전하게 빠져나갈 수 있는 관찰자는 없으며, 있다고 하더라도 정확한 관찰자가 될 수 없습니다. 따라서 나는 이 사건의 참여자로서 이 사건을 해석·해명하고 비판하는 철학을 하려고 합니다.

K-부엉이는 어떤 그림자도 없는 한낮 정오에 비행한다.

니체Friedrich Nietzsche는 《차라투스트라는 이렇게 말했다Also Sprach Zarathustra》에서 "정오의 철학"에 대해 말합니다. 그에게 정오는 위대한 시간입니다.

위대한 정오란 사람이 짐승에서 위버멘쉬에 이르는 길 한가운
데 와 있고, 저녁을 향한 그의 길을 최고의 희망으로서 찬미하
게 되는 때를 가리킨다. 그 길이 곧 새로운 아침을 향한 길이기
때문이다.

우리가 곧 만나게 될 새로운 아침은 혁명의 아침일까요, 아니면
반혁명의 아침일까요?

시대를 사상과 개념으로 파악하는 일

우리가 사는 이 세상은 언뜻 합리적인 것 같지만 이해할 수 없는
너무나 많은 일이 일어나고 있습니다. 철학을 공부하고 가르치는 사
람으로서 나는 철학이 그런 의문을 풀 수 있는 꽤 중요한 열쇠가 될
수 있지 않을까 생각합니다. 그런 현상들의 근저를 파헤쳐보면 조금
다르게 볼 수 있는 무수히 많은 지점이 존재하기 때문입니다.

하나만 예를 들어보겠습니다. 대통령에서 내란수괴로 전락한 윤
석열은 자유라는 개념을 참 좋아하는 사람입니다. 그가 그토록 노래
했던 자유는 분명 늑대의 자유입니다. 사슴의 자유는 안중에도 없었
습니다. 오히려 그는 '사슴에게도 자유를 달라고 외치는 사람들'을 반
자유주의, 반국가 세력으로 명명하고 죽이려고까지 기획했습니다. 자
유가 불필요한 가치라고 생각하는 사람은 거의 없습니다. 영화 〈브레

이브하트Braveheart〉(1995)에서 멜 깁슨Mel Gibson이 연기한 스코틀랜드 독립 전쟁의 영웅 윌리엄 월리스William Wallace는 마지막 죽음의 순간에 '자유freedom'를 외칩니다. 민주당 수석 최고위원인 김민석 의원이 최근 나에게 이런 질문을 했습니다. "배를 가르는 공개 처형의 순간에 외칠 수 있는 말이 '자유' 말고 또 있을까요?" 아마 자유만큼 소중한 개념은 많지 않을 것입니다. 이처럼 소중한 개념, 인류가 오랫동안 피와 땀으로 소중히 가꾸어온 자유의 개념을 내란수괴 윤석열과 그 일당이 이 땅에서 철저하게 짓밟아버렸습니다.

《자유의 폭력》에서 나는 '늑대의 자유는 사슴에게는 죽음일 수 있다'라는 말에 주목했습니다. 지금 이 책을 읽는 여러분에게 묻고 싶습니다. 여러분은 늑대인가요, 사슴인가요? 늑대나 사슴은 물론 은유적 표현입니다. 사실 대부분의 사람은 한 사회에서 늑대이면서 동시에 사슴입니다. 영역에 따라 늑대였던 사람이 사슴이 될 수도 있고, 지금은 늑대지만 언젠가 사슴이 될 수도 있습니다. 그러니 악한 늑대와 선한 사슴이 다른 몸이 아니라 한 몸일 수 있습니다. 이 책을 쓰고 있는 나 역시 늑대이면서 사슴입니다. 물론 사회 속에서 늑대-인간은 강자를 가리킵니다. 반면 사슴-인간은 사회적 약자의 은유입니다.《자유의 폭력》에서 나는 늑대에게 자유가 주어지는 만큼 사슴에게도 자유가 주어져야만 좋은 사회, 좋은 국가임을 밝히고 있습니다. 늑대에게만 자유를 주는 사회는 자유로운 사회가 아니라 죽음의 사회입니다.

이 책을 통해 이런 이야기들을 하고자 합니다. 이를테면 '자유는 중요해', '자유는 필요해'라는 단순한 논리를 넘어 자유라는 개념에 대해 조금 더 깊이 들어가보고, 조금 다른 각도에서 바라보고, 현재 우리 사회의 자유는 어떠한지 간단하게 살펴보려고 합니다. 무엇보다 윤석열의 자유가 부른 비극에 주목하려고 합니다.

앞에서 말한 것처럼 철학이란 결국 시대를 품고 있는 사건을 사상과 개념으로 포착해서 해석·해명·비판하는 일입니다. 이 맥락에서 이 책은 혁명과 반혁명이 충돌하고 있는 현재진행형 사건과 이 사건의 배경이 된 윤석열 정부, 그리고 지금 우리 사회를 둘러싸고 벌어지는 다양한 사건을 사상과 개념으로 포착하는 작업입니다. 이 과정에서 시대를 규정하는 사건을 제대로 파악하고, 어떤 위험성을 짚어내는 데 도움이 되길 바랍니다.

많은 사람이 대통령으로서 윤석열의 행적을 보면서 아무 생각이나 사상 없이 본능만 존재한다고 평가합니다. 분명 개인 윤석열에게 그런 측면도 있을 것입니다. 또 어떤 사람들은 윤석열의 심리 상태나 가족 관계에서 문제를 분석합니다. 이 또한 필요한 작업입니다. 하지만 나처럼 철학하는 사람은 개인 윤석열에 주목하면 안 된다고 생각합니다. 그것은 철학이 아닙니다. 철학자는 이 정부의 모세혈관 속에 무엇이 흐르는지까지도 파헤쳐야 합니다. 그리하여 왜곡된 언어나 왜곡된 개념이 있다면 그것을 반드시 바로잡아야만 합니다. 개념의 왜곡은 곧 현실의 왜곡입니다. 자유 개념의 왜곡은 곧 현실에서 자유의 파괴입니다.

철학자들은 개념과 현실을 동일한 선상에 놓고 보아야 합니다. 세상이 왜곡되면 말도 왜곡되고, 말이 왜곡되면 세상도 왜곡되기 때문입니다. 예컨대 전두환이 대통령이 되고 나서 내세웠던 구호가 '정의사회 구현'이었습니다. 그때 전두환이 말한 정의는 심각하게 왜곡된 정의였고, 그 왜곡된 '정의正義'의 '정의定義'만큼 세상도 왜곡되었습니다. '정의사회 구현'을 외친 전두환은 살인자입니다. 그러니 그에게 정의는 '살인의 정의'입니다. 전두환은 결국 살인적인 정의사회를 만들어냈습니다. 개념을 왜곡시킨다는 것은 이토록 크고 위험한 일입니다. 지금 우리 사회에서도 이런 식으로 왜곡된 말이 속속 등장하고 있습니다. 대표적으로 한동훈 전 국민의힘 당대표가 즐겨 사용하는 '동료 시민' 같은 단어입니다.

시민은 사회와 밀접한 관련이 있는 개념입니다. 여기서 사회란 재산권과 참정권이 있는 독립된 개인들이 의견과 의지를 모아 형성한 것입니다. 재산권을 가진 사람을 영어로 person(인격체)이라고 하고, 참정권을 가진 사람을 citizen, 곧 시민이라고 합니다. 시민이란 함께 모여 공동체의 방향에 관한 의사를 형성하고, 그렇게 형성된 의사를 전달하는 주권자를 뜻합니다. 따라서 시민이란 말 속에 이미 동료라는 뜻이 있습니다. 그러니 '동료 시민'은 동어반복이면서 시민을 동료와 동료가 아닌 집단으로 분리할 위험이 큽니다. '동료 시민'은 마치 '자유 시민'처럼 시민을 나눌 수 있습니다.

그래서 동료 시민은 뿌리도 없고 출처도 없는 말입니다. 그런데 한동훈 대표가 쓰기 시작하면서 지금은 많은 사람들이 사용하고 있습니다. 이는 매우 중요한 변화입니다. 긍정적인 면도 있고 부정적인 면도 있을 것입니다. 한동훈 대표의 의도와 상관없이 최근 사람들이 자주 사용하는 '동료 시민'은 단지 같은 국가에 사는 사람들이 아니라, '공동의 가치나 목표를 위해 협력하고 공존하는 사람들 간의 관계'를 나타내는 말입니다. 이 맥락에서 보면 동료 시민은 아리스토텔레스가 말한 시민적 우정civic friendship에 가까운 말입니다. 국가공동체 안에서 시민들이 상호 존중과 공동선을 추구하며 형성된 시민적 우정이 아마도 긍정적 의미의 동료 시민의 뜻일 것입니다. 반면 '뭔가 있어 보이지만' 실상은 시민을 적과 동지로 나누는 데도 사용됩니다. 나는 이 개념의 생명이 어디까지 이어질지 가늠할 수 없습니다. 다만 이 개념이 살아 있는 동안 긍정적인 의미 지평 안에서 확장되길 바랍니다.

내친김에 한동훈이 즐겨 쓰는 또 하나의 단어인 '시대정신'에 대해서도 알아보겠습니다. 우선 여러분에게 질문을 하나 드리겠습니다. 여러분의 삶은 태어난 장소에 영향을 많이 받을까요, 아니면 태어난 시대에 영향을 많이 받을까요? 다시 말해 어떤 시대에 태어났는지가 중요할까요, 어떤 장소에서 태어났냐가 중요할까요?

전통사회에서는 어떤 시대에 태어났느냐는 별로 중요하지 않았습니다. 왜냐하면 전통적인 사회에서는 시간의 변화에도 삶은 크게 변하지 않거든요. 그러나 어떤 집에서 태어났냐 하는 문제는 그 사람의 운명을 결정지을 만큼 중요한 요소였습니다. 이런 이유로 전통사회는 장소 중심의 체계였습니다. 장소가 독립변수고 시간이 종속변수입니다. 현대로 넘어오면서 시대에 따라 워낙 많은 것이 빠르게 바뀌게 되면서 그 개념이 달라졌죠. 1930년에 태어난 사람과 2000년대에 태어난 사람은 얼마나 다른 교육을 받고, 얼마나 다른 세상을 살아갑니까!

앞에서 이미 말씀드린 것처럼 이 차이에 주목한 철학자가 헤겔입니다. 그는 자신이 살던 시대를 철학적으로 고민하면서 시대를 특징 지우는 사건을 찾아서 개념을 부여하는 작업을 했습니다. 이렇게 개념적으로 해석한 시대 속에는 그 시대를 움직이는 어떤 정신이 있다는 것을 의미합니다. 이를 가리켜 헤겔은 처음으로 시대정신, 즉 차이트가이스트Zeitgeist라는 말을 만들어 사용했습니다. 헤겔 이전에는 그 누구도 사상으로 시대를 포착한다는 생각을 하지 못했습니다. 그래서 미국을 비롯해 영어권에서도 '시대정신'이라는 말만큼은 독일어를 그대로 사용하여 '차이트가이스트'라고 합니다.

이 시대정신은 누가 주장한다고 해서 생겨나는 게 아닙니다. 그 시대를 지배하는 가장 중요한 가치로서 자연스럽게 형성되고 확장됩니다. 역사적으로 살펴보자면 1930년대 대공황이 끝난 이후 1970년대까지 세계적으로 팽배했던 가장 강력한 시대정신은 케인스John Maynard Keynes의 사회적 경제주의였습니다. 케인스의 경제 이론은 거시경제학의 기초를 형성한 중요한 경제학적 패러다임으로, 특히 대공황

(1929~1939) 시기의 경제 문제를 해결하기 위해 개발되었습니다. 《고용, 이자 및 화폐의 일반 이론The General Theory of Employment, Interest and Money》에서 그는 자유 시장만으로는 불황과 실업 문제를 해결할 수 없다고 보고, 정부의 적극적 개입을 주장했습니다. 무엇보다 국가는 시장 사회만이 아니라 다양한 사회의 복지에 재정을 투입함으로써 총수요(소비, 투자, 정부 지출)를 늘림과 함께 실제로 유효수요를 늘려야 한다는 것입니다. 케인스주의는 한마디로 사회복지를 시대정신으로 만들었습니다. 하지만 1970년 스태그플레이션이 북미·유럽 경제를 위험에 빠뜨리면서 사회복지라는 시대정신은 끝이 납니다.

잘 알려진 것처럼 1970년대 스태그플레이션은 미국 경제사에서 독특하고 어려운 시기로, 높은 인플레이션과 높은 실업률, 그리고 저조한 경제 성장이 동시에 발생한 시기를 말합니다. 이는 일반적으로 석유 위기와 정부의 경제 정책 실패로 인해 발생했습니다. 1970년대 중반까지 미국은 경제 성장이 정체되고 실업률이 7%를 넘어섰으며, 인플레이션은 12% 이상으로 치솟았습니다. 1980년에는 인플레이션이 약 14.5%에 달했고, 실업률도 여전히 7.5%를 웃돌았습니다. 리처드 닉슨Richard Nixon 행정부의 임금 및 가격 통제Wage and Price Controls와 제럴드 포드Gerald Ford 행정부의 자발적 절약 캠페인Whip Inflation Now 등 다양한 시도가 있었으나 백약이 무효처럼 보였습니다. 이때 등장한 것이 신자유주의 혹은 신보수주의입니다.

1979년 등장한 영국의 수상이자 철의 여인으로 불린 마거릿 대처Margaret Thatcher와 1981년에 집권한 미국의 대통령 로널드 레이건 Ronald Reagan은 사회복지 예산을 대폭 축소했습니다. 국영기업이나 공기업도 민영화를 추진했습니다. 대처리즘Thatcherism과 레이거노믹스 Reaganomics는 감세, 규제 완화, 작은 정부를 지향하며 서로 유사한 정책 기조를 공유했습니다. 이때의 시대정신에서 사회라는 개념은 사라집니다. 이 시기의 시대정신이 된 신자유주의에서 자유는 오직 개인이 홀로 찾아서 실현해야 할 가치로 변합니다. 이 과정에서 사회 안전망은 대폭 축소됩니다. 다행히 스태그플레이션은 해결됩니다. 그 덕에 1970년대 말부터 2008년까지 시장의 자유, 개인의 자유를 극대화한 신자유주의가 시대정신으로 자리를 잡았습니다.

2008년 미국의 대형 투자 은행이었던 리먼 브러더스Lehman Brothers 가 대표 상품 서브프라임 모기지Subprime Mortgage와 관련된 부실 대출 사태를 유발하면서 글로벌 금융위기가 시작됩니다. 글로벌 금융위기는 자유 시장이 독립적으로 문제해결 능력을 갖고 있지 않다는 것을 증명했습니다. 자유 시장은 시장의 자유를 파괴한다는 것을 알게 되었습니다. 이때부터 세계 어떤 지도자도 신자유주의를 통치 이념으로 삼지 않습니다. 본인 스스로 신자유적인 관점을 가졌을지는 몰라도 신자유주의를 기치로 내세우는 정치 지도자는 없습니다. 이 시점에서 신자유주의는 분명 사망 선고를 받았습니다. 분명 죽었는데 아직 살아 있는 것처럼 돌아다니는 신자유주의는 일명 '좀비 자유주의'라고 불립니다.

그렇다면 지금 현재의 시대정신은 무엇일까요? 많은 철학자들은 현재를 이른바 권력 공백의 시기, 곧 인터레그넘$_{interregnum}$이라고 보고 있습니다. 직역하자면 최고 권력의 부재 혹은 공백 기간이라는 뜻입니다. 이를테면 고려가 멸망하고 조선이라는 새로운 왕조가 들어서기 전의 시대를 생각하면 이해하기 쉽습니다. 다시 말해 이전의 시대정신이 사라졌는데, 새로운 시대정신은 아직 출현하지 않은 상태라고 할 수 있습니다. 굳이 따지자면 시대를 지배하는 최고의 가치가 없다는 것이며, 다른 말로 하자면 춘추전국시대처럼 모든 가치가 경쟁하거나 혹은 모든 가치가 동등하게 인정받는 다원주의 시대라고 할 수 있을 것입니다. 하지만 이 다원주의는 가치의 영역이 아니라 사실의 영역이라고 보아야 합니다. 다원주의를 하나의 가치로 보면 다원주의를 반대하는 가치도 다원주의의 가치에 의해 인정해야만 합니다. 그러나 지금 우리가 살고 있는 세속화된 입헌 민주주의 국가에서 다원주의는 찬성하거나 반대할 수 있는 가치가 아니라 누구도 거부할 수 없는 사실로 인정할 수밖에 없다는 것입니다.

　　앞으로 어떤 시대정신이 등장할지는 아무도 알 수 없습니다. 그 누구도 쉽게 예측할 수 없는 것임에는 분명하지요. 이 맥락에서 보면 "미네르바의 부엉이는 황혼이 깃들 무렵에야 비로소 날갯짓을 시작한다"는 말은 여전히 유효합니다. 시대정신은 결국 그 시대가 어느 정도 숙성한 다음, 곧 저녁 무렵에야 알 수 있을 뿐입니다. 따라서 우리는 시대정신이라는 단어를 남발하는 태도를 경계해야 합니다. 시대

정신은 주장할 수 없고, 독점할 수 없으며, 예단할 수 없기 때문입니다. 시대정신을 함부로 말하는 사람은 그 시대를 독점하거나 예단하려는 것일 수 있습니다.

이제 이 책을 통해 어떤 내용들을 다룰지 충분히 설명되었으리라 생각합니다. 이 책은 '지금, 여기' 혁명과 반혁명 사이에 선 한 철학자의 시대 사건 해석이자 해명이며, 동시에 비판입니다. 이 글에는 최근 출연한 다양한 방송과 강연 내용이 들어 있습니다. 예전에 썼던 칼럼도 일부 들어 있습니다. 다만 말과 글은 그 형식이 다르고, 영상은 영상의 언어가 있고, 책은 책의 언어가 있는 터라 뼈대만 가져오고 많은 부분을 새로 구성했습니다. 깊이 있으나 쉽게 읽히고, 재미있으나 읽는 이로 하여금 기존에 가진 사고의 틀을 깰 수 있는 도끼 같은 책을 만들고 싶다는 마음으로 다듬었습니다. 나의 이 목표가 얼마나 이루어졌는지는 이제 독자들의 판단에 맡길 수밖에 없겠습니다. 이 책을 통해 철학적으로 사유하는 능력, 현실과 현상의 이면을 들여다보는 시간을 가졌으면 좋겠습니다.

마지막으로 이 책에는 나의 뼈저린 반성과 사과도 들어 있습니다. 혁명과 반혁명이 충돌하는 중대한 시점에서 나는 유튜브 방송에서 혁명의 아침을 위해 온 힘을 쏟고 있는 시민들에게 큰 잘못을 범했습니다. 나는 이 잘못이 단순한 실수가 아니라고 생각합니다. 따라서 나는 이 책에서 내 잘못의 원인을 정확하게 진단하고 그에 대한 처방전도 제시하려고 합니다. 물론 이 과정에서 시민들에게 분노를 유발한 서사에 대해서도 추적하겠습니다. 그에 앞서 혁명의 아침을 기다리는 모든 시민 여러분에게 다음과 같이 정중하게 사과드립니다.

"죄송합니다. 저의 무례하고 성인지 감수성이 부족한 발언에 대해 진심으로 사과드립니다. 앞으로 이런 일이 발생하지 않도록 하겠습니다."

차례

1부

반혁명과 혁명의 충돌

1

반혁명의 어두운 밤, 빛나는 혁명의 아침을 위하여

    2024년 12월 밤 대한민국 국회의사당 앞에서 반혁명Counter-Revolution과 혁명이 극적으로 충돌합니다. 먼저 윤석열이 이끄는 반란 군이 계엄 선포를 통해 반혁명을 일으킵니다. 반혁명 반란군의 압도적 폭력에 맞서 시민들은 날몸뚱이로 반혁명 세력을 저지하고 한국 사회와 정치의 근본적인 변화를 이끌어갈 혁명을 시작합니다.

    먼저 혁명이 일어나고 실행되는 과정에서 반혁명이 일어나는 것이 일반적입니다. 혁명은 사회·정치·경제·문화의 체계와 질서를 근본적으로 전복하거나 재편성하려는 집단적 저항이고 운동입니다. 그래서 혁명은 그만큼 급진적이고 경우에 따라 폭력을 동반하기도 합니다. 반혁명은 혁명을 통해서 재편된 사회 체계와 질서, 그것에서 비롯된 제도적 성과와 삶의 변화를 저지하여 권위주의 체계로 되돌리려는 움직임입니다. 한마디로 과거의 질서를 복원하려는 집단 반발입니다.

프랑스혁명은 왜 미완의 혁명이 되었나

세계사적 지평에서 가장 잘 알려진 혁명은 1789년의 프랑스혁명과 1917년의 러시아혁명입니다. 프랑스혁명은 자유·평등·박애의 가치를 중심으로 구체제를 붕괴시킨 사건입니다. 반면 러시아혁명은 국민국가 자본주의 체계를 극복하려는 공산주의 혁명입니다. 두 혁명을 기점으로 이념적 세기를 구분하는 경우가 많습니다. 이에 따르면 19세기는 1789년에 시작해서 1917년에 끝났습니다. 19세기는 100년을 훌쩍 넘긴 아주 긴 세기였습니다.

프랑스혁명에 맞선 반혁명은 내부와 외부에서 다양하게 일어납니다. 우선 내부에서는 먼저 입헌군주제 혹은 절대군주제로의 복귀를 희망하는 왕실과 왕당파Royalists가 있었습니다. 왕당파는 혁명 초기에 헌법 수립을 받아들였으나 국내 반란을 조직하고, 혁명 세력의 권위를 약화시키기 위해 다양한 시도를 합니다. 종교적 기반을 활용해 농민층을 동원하여 반혁명 운동에 참여한 반혁명적 성직자Non-Juring Clergy도 있었습니다. 이 두 가지 반혁명보다 더 중요한 반혁명은 방데 반란Vendée Rebellion(1793~1796)입니다.

방데 반란은 프랑스 서부 방데 지역에서 발생한 대규모 반혁명 운동으로, 가장 심각한 내부 반란이었습니다. 이 반란은 보수적인 성직자, 왕당파, 농민이 서로 연합하여 혁명 정부의 정책에 반발하면서 일어났습니다. 여기서 가장 중요한 질문은 왜 농민이 기득권자들의 반혁명에 동참했는지입니다. 크게 두 가지 이유가 있습니다. 먼저 방데 지역 농민들은 오랫동안 가톨릭 신앙과 왕실에 대한 강한 충성심을 유지해왔습니다. 그만큼 프랑스혁명에 대해 소극적이었다고 말할 수 있습니다. 둘째, 방데 지역은 대규모 산업화가 이루어지지 않았고 상업 활동이 적었습니다. 사회 경제적 변화에 뒤처져 있는 데다 역으로 세금과 지대 부담이 컸습니다. 그런데 혁명 이후 징병제가 도입되고 추가 세금이 부과되면서 불만이 폭발한 것입니다. 1793년에 혁명 정부가 30만 명의 징병을 요구한 것은 농민들이 모두 반혁명 세력으로 돌아서는 중요한 계기였습니다. 문제는 이 반혁명 세력에 대한 진압이 가혹하고 잔인했으며, 나아가 공포정치에 기반했다는 것입니다.

세계주의와 공화주의를 동시에 지향했던 프랑스혁명 정부는 방데 반란을 심각한 위협으로 간주했습니다. 혁명 정부의 핵심이었던 공화주의 지도자들이 방데 지역에서 잔혹한 진압 정책을 실행했습니다. 1794년 공화군은 방데 마을을 불태우고 주민을 학살하는 지옥의 원정Colonnes infernales을 실행합니다. 반란군, 공화군, 민간인을 포함하여 20만 명 이상이 사망했습니다. 한마디로 혁명 정부와 혁명군에 의해서 집단 학살genocide이 이루어진 것입니다. 제노사이드는 혁명이 아니라 반혁명입니다.

프랑스혁명 정부에 맞선 반혁명으로서 방데 반란은 정당화될 수 없습니다. 마찬가지로 방데 반란을 진압하면서 혁명군이 벌인 제노사이드도 혁명의 수행이나 완성이 아닙니다. 정반대입니다. 제노사이드는 혁명 그 자체를 반혁명으로 왜곡시킨 사건입니다. 이 문제에 대해서는 뒤에 좀 더 자세하게 이야기하겠습니다.

프랑스혁명에 대한 반혁명은 외부에서 더 크게 일어납니다. 무엇보다 프랑스혁명이 공화주의와 세계주의를 표방했기 때문입니다. 따라서 주변국, 특히 주변 군주국에는 큰 위협으로 다가왔습니다. 이들 군주국은 서로 연합하여 혁명을 저지하거나 약화하려는 반혁명을 시도했습니다. 오스트리아, 프로이센, 영국 등 주요 유럽 군주국은 혁명이 자국으로 확산하는 것을 막기 위하여 무엇보다 루이 16세와 구체제인 앙시앵레짐ancien régime을 복원시키고자 했습니다. 여기에 혁명 직후 프랑스를 떠난 망명 귀족들이 합세했습니다. 이들 반혁명 세력은 나폴레옹 보나파르트Napoléon Bonaparte가 혁명의 중심에 설 수 있게 만들었습니다.

군주국 연합의 반혁명 세력은 세계주의-공화주의를 표방한 프랑스혁명에 맞서 민족국가-국민국가ethnic-nation-state 이념을 만들어냅니다. 그 당시 대부분의 지식인들과 시민들, 특히 공화정을 꿈꾸었던 사람들은 프랑스혁명군을 지지했습니다. 심지어 프랑스혁명군이 자국으로 진군해올 때도 '혁명군=해방군'이라며 환영했습니다. 철학자 헤겔이 프로이센을 점령하러 온 나폴레옹을 시대정신Zeitgeist의 운반자라고 환영한 까닭입니다. 물론 이에 반발한 움직임도 있었습니다. 철학적으로 가장 의미 있는 반발은 요한 고틀리프 피히테Johann Gottlieb Fichte의 《독일 국민에게 고함Reden an die deutsche Nation》이라고 말할 수 있습니다. 이것은 1808년에 발표한 피히테의 연설문 모음입니다. 영어와 철자가 같은 독일어 Nation은 국민, 민족, 국가 혹은 국민국가나 민족국가로 번역할 수 있습니다. 피히테의 연설은 나폴레옹에 맞설 수 있는 무기로 독일 민족의 정체성을 제시합니다. 이 연설은 독일 민족주의만이 아니라 유럽 민족주의 운동, 곧 민족에 기초한 국민국가 운동에 큰 영향을 끼쳤습니다.

　피히테는 독일 민족이 언어, 문화, 철학적 전통에서 독특한 정체성을 가지고 있다고 외칩니다. 이 주장은 지금의 시점에서 보면 특별하지 않은 것처럼 보입니다. 언어 공동체를 독일 민족의 핵심 요소로 강조하며, 이를 통해 독일은 타 민족과 구별된다는 주장은 우리나라에서도 쉽게 찾아볼 수 있기 때문입니다. 하지만 당시 유럽에서는 매우 독특한 주장입니다. 사실 한·중·일이 그렇듯 유럽도 거슬러 올라가면 서로 다른 민족이 뒤섞여 있기 때문입니다. 지금도 그렇지만 독일이 상대적으로 다른 나라와 비교할 때 민족적 동일성이 강한 것은 맞습니다. 하지만 독일어는 국가 독일의 것이 아닙니다. 독일어는 유럽에서 가장 많은 사람들이 사용하는 언어입니다. 그러니 언어와 민족을 동일시하는 것은 하나의 신화입니다. 하지만 피히테는 오늘날 누구나 당연하게 받아들이는 민족국가-국민국가의 이념을 토대로 반혁명을 철학적으로 지지합니다. 그는 특히 교육의 중요성을 강조합니다. 독일 민족의 부흥은 '세계주의-공화주의'에 맞서 민족의 언어 정체성에 대한 교육 혁신을 통해 가능하다고 믿었습니다. 국민적 자부심과 도덕적 책임감을 함양할 수 있는 새로운 교육 체계를 설계하자고 제안한 것입니다. 이렇게 탄생한 것이 '국민학교'입니다.

영국에서도 반혁명을 지지하는 철학자가 있었습니다. 에드먼드 버크Edmund Burke입니다. 그는 《프랑스 혁명에 대한 성찰Reflections on the Revolution in France》(1790)에서 반혁명 이론을 체계적으로 제시합니다. 그의 관점을 간단하게 말하면 '혁명이 아니라 개혁'입니다. 그는 전통과 관습에 기초한 점진적 변화의 중요성을 강조합니다. 전통을 파괴하지 않아야 안정적인 변화가 가능하다는 것입니다. 반면 혁명적이고 급진적인 변화는 추상적인 이상이나 이념만을 추구하며, 전통적 질서를 파괴함으로써 혼란을 초래한다고 보았습니다. 버크는 사회를 살아 있는 유기체로 보았습니다. 사회를 유기체로 보는 것은 사실 낭만주의 전통이라고 할 수 있습니다. 피히테의 민족국가론이 그렇듯 버크의 사회 유기체론도 그 뿌리가 낭만주의입니다. 이들에게 혁명은 이 유기체, 특히 민족과 전통이 만들어온 유기체를 파괴하는 무분별한 해부 행위와 같았습니다. 이들에게는 분명 계몽주의와 과학주의의 맹점을 파고드는 통찰이 있습니다. 특히 버크는 사회가 각각의 구성 요소들 사이에서 복잡한 유기적 관계와 균형을 유지하며 변화하는 길을 찾아야 한다는 여전히 합리적인 주장을 합니다. 유기체로서 사회는 그 균형이 깨지면 붕괴할 위험이 있다는 그의 경고는 여전히 유효하다고 할 수 있습니다. 하지만 혁명은 유기체로서 균형을 유지하는 사회에서 발생하지 않습니다. 혁명이 유기체인 사회의 균형을 깨는 것이 아니라 이미 균형이 깨진 사회가 혁명을 불러오는 것입니다. 혁명은 시민들이 새로운 사회의 혁명적 질서를 통해 이미 깨져버린 균형을 다시 잡으려는 저항이고 항쟁입니다.

프랑스혁명은 오래전 마르쿠스 키케로Marcus Cicero가 말했던 '일어선 국가concitata civitas'로 가는 길입니다. '일어선 국가'는 키케로가 시민적 각성의 순간을 포착한 개념으로, 정치적·사회적 각성과 그에 따른 실천적 시민 활동이 만들어가는 국가, 곧 공화국을 의미합니다. 공화국Res Publica은 말 그대로 "공동의 것은 공동의 것으로" 돌리는 시민 주권국을 가리킵니다. 주권자인 시민이 공공선을 추구하며 만들어가는 국가가 공화국입니다.

프랑스혁명은 내외부의 다양한 반혁명 세력을 진압하고 성공합니다. 하지만 그 과정에서 두 가지 어두운 그림자를 드러냅니다. 프랑스혁명을 미완의 혁명에 그치게 만든 두 가지 지점이 있습니다. 첫째, 앞에서 언급한 것처럼 방데 반란을 진압하는 과정에서 뚜렷하게 등장한 로베스피에르의 공포정치Reign of Terror입니다. 공포정치는 혁명에 잠재된 반혁명입니다. 공포정치는 "공동의 것은 공동의 것으로" 돌리려던 시민혁명의 모든 에너지를 한 사람의 '절대적 자유Die absolute Freiheit'로 환원시킵니다. 그 한 사람이 바로 로베스피에르입니다. 절대적 자유를 신체화한 로베스피에르가 바로 혁명 내부의 진정한 반혁명 대표입니다. 헤겔은 《정신현상학》에서 이 점에 주목합니다. 그는 "로베스피에르가 모든 것에 대해 제시한 답변은 죽음이었다!"[3]고 말합니다. 헤겔이 진단한 것처럼 혁명이 현실적인 변혁으로 일어나면 '절대적 자유'라는 의식의 새로운 형태가 등장합니다.

절대적 자유 앞에서 모든 것은 오직 그 자유를 신체화한 사람하고만 상호작용을 하는 운동으로 빨려 들어갑니다. 이 의식에 대치되어 자유로운 대상의 형태로 나타나는 것은 그것이 무엇이든 용인되지 않습니다. 절대적 자유는 오직 하나의 정신을 대변할 뿐입니다.

> 정신은 이제 스스로의 자기확신이 현실 세계와 초감각적 세계의 온갖 정신적인 집단의 본질을 이룬다는 것을, 반대로 말하면 신도 현실도 의식이 이루어낸 자기에 관한 지에 다름아니라는 것을 확연히 알아차리는 자기의식이다. 이 자기의식은 그 자신이 순수한 인격이라는 것을 의식하면서 또 이와 더불어 정신계의 모든 것을 의식하게 되었으니, 이제는 실재하는 모든 것에 정신이 팽배해지는 것이다.[4]

참으로 무서운 것이 혁명입니다. 혁명은 현실 세계만이 아니라

---

3 G. W. F. Hegel, Jenaer Notizenbuch(1803~806), *Gesammelte Werke*, Bd.5, Hamburg 1998. 493쪽.
4 G. W. F. 헤겔, 《정신현상학 2》, 임석진 옮김, 한길사, 2009, 158쪽.

초월 세계, 심지어 가상 세계조차 삼키는 힘이 있습니다.[5] 이 혁명이 '절대적 자유'를 획득하는 순간 혁명은 반혁명이 됩니다. 혁명은 유용성의 원칙에 무릎을 꿇고 죽음의 잔치를 벌입니다.

> 있는 것이라곤 아무 거침 없는 직접적이고 순수한 부정의 행위와 나아가서는 공동체를 등에 업고 현존하는 개인을 부정하는 그러한 행위뿐이다. 이렇게 되면 공동체의 자유가 이루어낼 유일한 작업과 행위란 '죽음'에서나 찾아질 수 있거니와 더욱이 그것은 어떠한 내면의 넓이도 내실을 지니지 않는 그러한 죽음이다. 이때 부정되는 것은 절대적으로 자유로운, 내실 없는 점과 같은 자기로서, 그의 죽음이란 배추 꽁다리를 잘라내거나 물 한 모금 꿀꺽 들이키는 정도의 의미밖에 없는 더없이 냉혹하고 미련 없는 죽음이다.[6]

프랑스혁명은 공동의 의지 속에 서로 다른 개인의 의지가 갖는 이질성을 파괴함으로서 내부에 반혁명을 키웁니다. 이것이 프랑스혁명을 미완의 혁명으로 만든 첫 번째 원인입니다. 이 문제에 대해 가장 깊이 있는 분석을 한 것은 단연 헤겔입니다. 지금 대한민국 시민들이

---

5 헤겔은 이 현상을 다음과 같이 표현한다. "이런 현실의 피안에 어른거리는 것이라고 한다면 실재하는 세계나 신앙의 세계가 자립성을 잃고 시체가 되어 가로놓여 있는 그 위에 공허한 '최고 존재'의 희멀건 가스가 증발하는 것과 같은 광경이다." G. W. F. 헤겔, 《정신현상학 2》, 160쪽.
6 G. W. F. 헤겔, 《정신현상학 2》, 163쪽.

좀 더 깊이 있게 헤겔을 읽어볼 필요가 있다고 생각합니다. 무엇보다 그는 프랑스혁명의 열렬한 지지자였음을 잊어서는 안 됩니다. 바스티유 감옥 습격을 기념해 튀빙겐 대학 친구들과 '자유의 나무'를 심었다는 일화가 그 증거입니다.

프랑스혁명이 미완에 그친 반작용으로 국민국가가 전 지구적으로 확산됩니다. 나폴레옹의 욕망이 세계주의-공화주의를 '세계 정복-군주정'으로 변질시키면서 '민족국가-국민국가'가 혁명에 못지않은 정당성을 확보합니다. 프랑스혁명은 결국 '민족국가-국민국가'의 틀 안에서 자유·평등·박애를 실현하는 공화국의 실현으로 축소됩니다. 혁명이 반혁명에 일정 부분 무릎을 꿇은 것입니다. 이 때문에 세계 시민은 아직도 '민족국가-국민국가'를 지향하는 파괴적 민족주의와 폭력적 국가주의에 고통받고 있습니다.

세계사적 지평에서 두 번째 혁명은 1919년에 일어났습니다. 이 혁명은 아주 짧은 시간이 지난 후에 종결됩니다. 1989년 베를린 장벽이 무너지는 순간 러시아혁명의 세기라고 할 수 있는 20세기가 종말을 고합니다. 19세기가 1789년에서 1919년까지 이어진 여정이었다면, 20세기는 1919년에 시작해서 1989년에 종결된 짧은 여정이었습니다. 러시아혁명도 결국 혁명 자체에 혁명보다 큰 반혁명을 키웠기 때문에 실패했습니다. 여기서 자세하게 분석하지는 않겠습니다. 다만 러시아혁명은 프랑스혁명처럼 미완의 혁명이 아니라 실패한 혁명입니다. 그리고 지금 세계 전쟁을 벌이고 있는 러시아의 푸틴^{Vladimir Putin}

은 러시아혁명의 실패로 전면에 등장한 반혁명의 수괴이며 차르_{Czar}
의 복귀입니다. 푸틴은 러시아 제국의 황제나 통치자를 가리키는 차
르는 아니지만 '권위적 통치자', '전제 군주' 혹은 '독재자'를 가리키
는 은유적 표현으로서의 차르입니다.

한국사의 세 가지 혁명

그렇다면 고려사나 조선사가 아니라 한국사에서 혁명은 언제 있
었을까요? 윤석열의 내란 음모 쿠데타를 제대로 파악하기 위해서는
우리 역사에서 매우 중요한 세 가지 혁명을 들여다볼 필요가 있습니
다. 첫 번째는 동학농민운동입니다. 동학농민운동은 우리 역사에서
처음으로 '모든 사람, 모든 백성이 주권자'라고 천명한 혁명, 곧 동학
혁명입니다. "집안 모든 사람을 한울같이 공경하라. 며느리를 사랑하
라. 노예를 자식같이 사랑하라. 우마육축을 학대하지 말라. 만일 그렇
지 못하면 한울님이 노하시느니라. (…) 일체 모든 사람을 한울로 인
정하라."[7]

요즘 표현으로 하면 국민주권론을 처음 제시한 동학농민군은 일
본 제국주의와 그들의 힘에 기생한 사대주의 권력에 의해 실패합니
다. 동학농민군은 살해되어 이름도 없이 들판에 버려지고 묻힙니다.

---

7 이돈화, 《천도교창건사(2)》, 천도교중앙종리원, 1933, 40쪽 이하; 오지영, 《동학사》, 영창서관,
1940, 66쪽 이하.

지금도 전남 장흥군에 가면 이름 없는 동학농민군의 묘역이 있습니다. 하지만 동학혁명은 실패하지 않았습니다. 동학혁명군의 대부분은 비록 역사에 이름 한 줄 남기지 못했지만, 그 힘과 희생은 지금의 대한민국을 만드는 데 굳건한 발판이 되었습니다. 그들의 죽음은 다양한 형태의 의병 활동과 3·1운동, 광주학생운동을 비롯한 독립운동으로 이어져 급기야는 제주 4·3항쟁과 4·19시민혁명을 거쳐 5·18민중항쟁에 이릅니다. 나는 이 과정을 《부정의 역사철학》에서 보다 상세하게 논의했습니다.

　　한국사, 특히 현재의 대한민국 국가체계에 비추어 볼 때 동학혁명을 이은 두 번째 혁명은 3·1운동입니다. 3·1운동이 중요한 것은 대한민국이 처음으로 공화국을 지향한다고 선언했기 때문입니다. 3·1운동은 일본의 식민 제국주의에 반대해 일어났습니다. 3·1운동은 조선으로의 복귀를 꿈꾸지 않았습니다. 국민이 주권자인 공화국을 지향했습니다. 동학혁명의 희생이 있었기 때문에 가능한 일이었습니다. 이 뜻을 이어받아 대한민국 임시정부가 반포한 〈대한민국 임시헌장〉은 1조에 "대한민국은 민주공화제로 함"을 천명합니다. 세계 최초로 민주공화국임을 헌법에 명시한 것입니다. 그 때문에 우리나라 헌법 전문에 3·1운동으로 건립된 대한민국 임시정부의 법통을 계승한다고 명시해놓은 것입니다. 그래서 대한민국의 건국은 실정법상 1948년이지만 규범적 지평에서는 1919년입니다. 이렇게 탄생한 공화국에서 이승만, 박정희, 전두환, 노태우의 독재 때문에 "공동의 것은 공동의 것으로" 돌리려는 시민 주권국의 혁명은 좌절됩니다. 3·1운동이 천명한 민주공화국의 혁명은 이들 반혁명 세력에 의해 짓밟혀왔습니다.

독립된, 해방된 나라는 비록 형식적으로는 민주공화국이 되었지만 이후 안타깝게도 반혁명 독재자들에게 계속 유린되어왔습니다. 3·1독립운동의 이념이 제대로 서려면 대한민국이 하나가 되어야 하는데 독재로 인해 그러지 못하고 제주 4·3항쟁이나 여순항쟁과 같은 비극적인 사건이 계속해서 벌어진 것입니다. 이런 반혁명적 권위주의적 독재 체제를 끝내고 말 그대로 입헌 민주주의 체제를 구축한 결정적 사건이 바로 5·18민주화운동입니다. 1980년 5월 18일부터 27일까지의 항쟁을 나는 5·18민중항쟁으로 부르는 것에 동의합니다. 이 항쟁은 1980년에 끝나지 않았습니다. 대한민국의 모든 지역에서 모든 시민에 의해 5·18민중항쟁은 계속됩니다. 이 과정을 모두 포함하려면 5·18민주화운동이라고 부르는 것이 더 좋을 수 있습니다. 비록 그 이름을 노태우 정부에서 5·18민중항쟁의 가치를 중성화하기 위해 만든 것이라고 해도 상관없습니다.

1980년 이후 지속된 5·18민주화운동은 1987년 6월항쟁을 불러일으키는 힘이었습니다. 그리고 그 힘으로 대한민국 제6공화국, 즉 87년 체제가 만들어졌습니다. 대한민국은 이 87년 체제와 함께 명실상부한 민주공화국, 입헌 민주공화국이 되었습니다. 뿌듯하고 자랑스러운 역사임이 분명합니다. 하지만 87년 체제는 그 한계와 위험성도 분명 내포하고 있습니다. 이른바 승자 독식 체제라는 것입니다. 소선

구제나 대통령제 등에서 알 수 있듯 선거에서 한 표라도 이기면 모든 걸 다 가집니다. 대통령 선거에서 단 0.73% 차이로 패배한 이재명 대표와 승리한 윤석열의 처지를 보면 분명하게 드러나지 않습니까. 결국 87년 체제는 좋은 점도 있지만 이런 문제들로 인해 박근혜나 이명박 같은 괴물을 탄생시키기도 했습니다.

이 87년 체제가 내포한 승자 독식 체제를 다자 공존 체제로 전환하고, 새로운 제7공화국을 만들어야 한다는 것이 2016년 겨울에 시작된 촛불혁명의 명령이었습니다. 촛불혁명의 과업을 안고 탄생한 촛불 정부는 많은 것을 바꿨고 또 이뤄냈습니다. 하지만 87년 체제의 종식과 제7공화국 건설이라는 주요한 과업을 달성하는 데는 실패하고 말았습니다. 그래서 불행하게도 다시 80년대 권위주의적 통치 체제를 이념으로 가진 이를 부활시켰으니, 그게 윤석열 정권입니다. 윤석열 정부는 그 자체가 촛불혁명에 대한 반혁명의 등장을 의미합니다.

반혁명 세력의 집권

촛불혁명이 이루고자 했던 체제 전환에 성공하지 못하면서 거꾸로 반혁명 세력이 집권하게 되었습니다. 문제는 윤석열 정권의 핵심 세력이 단순히 촛불혁명 이전으로의 회귀가 아니라 1980년 당시 신군부 세력이 집권했던 국가로의 회귀를 꿈꾸었다는 것입니다. 나는 당시 신자유주의가 좀비 자유주의로 전락한 상태에서 이들에 기대어 반혁명을 획책하는 세력의 등장을 염려했습니다. 2021년 〈경향신문〉 칼럼을 통해서 수차례 이런 위험성을 알리기도 했습니다.

두 혁명의 깃발이 보인다. 자본의 논리로 자본주의 심장에 빗금 긋는 혁명이다. 자본주의가 양육·증식한 주체들이 자본주의 정점을 향해 진군한다. 자본을 따라가니 자본의 감시도 없다. 한 혁명은 (여)성혁명이다. 일부를 제외하고 기록된 역사는 남성의 세계였다. 자본주의 이전의 여성은 가정경제 틀에 묶여 있었다. 여성은 소비하고 소비될 뿐이었다. 반면 자본주의는 여성을 생산의 주체로 양성한다. 생산 주체가 된 여성은 이제 남성의 통제를 거부하는 (여)성혁명을 수행 중이다. 혁명 초기라 두 성 간의 감정적 심연이 깊어지고 있지만 곧 메울 날이 올 것이다.

다른 혁명은 경제적 자유혁명이다. 자유혁명은 낡은, 그래서 회귀적 만회혁명처럼 들린다. 고전적 (신)자유주의에서 경제적 자유는 부르주아가 생산하고 유통시킨 이념이다. 그러니 무슨 혁명이냐고 의아해할 것이다. 이들에겐 개인만이 자유의 담지자고, 시장만이 자유의 무대다. 국가, 곧 큰 정부는 자유의 적이 된다. 고전적 (신)자유주의 계승자인 프리드먼에게 경제적 자유는 소극적이고 부정적인 자유다. 국가의 간섭 없는 완전한 소유권의 보장과 행사, 그리고 규제 없는 경제활동의 극대화가 자유다. '국가로부터의 자유'와 '시장을 통한 자유'를 교묘하게 결합한다. 이런 소극적 자유에 만족하는 사람에게 혁명의 깃발은 낯설다.

진군하는 깃발에는 적극적 자유라는 개념이 쓰여 있다. 적극적인 경제적 자유란 자신이 원한 삶을 구성하기 위해 재화와 자본을 충분히 갖는 것이다. 실현 불가능한 욕망이라거나, 무절제한 소비 욕구라고 치부하는 사람은 자유혁명이 어떤 장벽을 무너뜨리고 있는지 못 보고 있다. (신)자유주의를 대표했던 하이에크에 따르면 지금 소수 엘리트가 누리는 사치는 10년이 지나면 대다수의 일상적 소비가 된다. 물론 경제적 성장이 계속되어야 한다. 100년 동안 인류는 놀라운 성장을 계속했다. 그덕에 소수 엘리트의 사치가 대다수의 일상적 소비가 되는 시간은 10년이 아니라 5년, 3년, 1년으로 급격하게 줄어들고 있다. 그런데 지금 경제적 자유혁명을 꿈꾸는 사람들은 이 격차 자체를 인정하지 않는다. 자유혁명은 사치의 동시성을 향해 달려간다. 가능할까? 경제적 성장이 계속된다면 가능하다. 계속 성장은 가능한가? 알 수 없다. (신)자유주의 경제학자들 대다수가 이 불확실성만을 확신한다. '알 수 없다'는 사실, 곧 무지에 대한 인정은 이들의 율법이다. 무지에서 생겨날 수밖에 없는 불안에 대한 (신)자유주의의 처방은 놀랍게도 다시 자유다. 자유는 무지의 베일에서 견딜 수 있는 알약이 된다.

실제로 하이에크에게 자유는 어떤 규범적 가치도 없다. 자유는 불확실성의 불안에서 벗어나기 위한 기능이고 도구다. 그에게 자유는 행동으로 불안을 극복하는 기업가의 실험정신이다. 기업가 정신 없이도 무지의 베일을 견딜 수 있다면 자유는 폐기처분할 수 있다고 그는 말한다. (신)자유주의에서 자유는 가치가 아니라 기능일 뿐이다.

반면 경제적 자유혁명의 전사들은 너무나 자본주의적으로 훈육된 나머지 무지의 베일 자체를 가볍게 무시한다. 자본주의가 훈육한 전사들은 과정보다 결과에 집중한다. 따라서 그들은 '국가로부터의 자유'를 신봉한 (신)자유주의와 달리 '국가를 활용한 자유'를 선호한다. 적극적이고 긍정적으로 경제적 자유를 누릴 수 있는 국가를 원한다.

경제적 자유혁명은 모든 사람이 자신이 바라는 삶을 개방적으로 구성하고 조율하는 사회를 만드는 것이다. 반혁명은 경제적 자유를 '불간섭'으로 축소하며 소극적 자유의 틀 안에 대다수 사람을 감금하려 든다. 반혁명 세력은 최상위 소득자만 적극적인 경제적 자유가 가능하다고 속삭인다. 기본소득만으로도 아름다운 삶을 구성할 수 있는 나라가 경제적 자유의 토대라는 것을 모른다. '국가로부터의 자유'를 구호로 국가권력을 차지하려는 해괴한 정치가 반혁명이다.

〈경향신문〉, 2021. 9. 13.

2021년 말에 나는 민주주의가 심하게 흔들리는 것을 감지했습니다. 종전선언을 반대하는 세력이 뚜렷하게 등장하고 있었기 때문입니다. 그래서 나는 다시 경향신문에 이들의 등장을 알립니다.

> 대한민국 헌법은 주권과 인권의 권리 체계 위에서 세계평화를 지향한다. 그러니 정치적 타산성을 따지며 종전선언을 반대하는 정당은 반헌법 세력이다. 국립묘지를 부정하는 세력은 민주주의의 적이다. 국립5·18민주묘지에 묻힌 시민들을 학살한 전두환의 공과를 논하는 정치인도 마찬가지다.
>
> 〈경향신문〉, 2021. 11. 15.

나는 여러 가지 정황으로 윤석열이 종전선언에 반대하는 사람들과 한 몸이라는 것을 알아차렸습니다. 그는 당시 전두환의 공과를 논하고 있었습니다. 지금 생각해보면 그는 전두환 시절, 다시 말해 제5공화국으로의 회귀를 꿈꾸며 대통령에 출마한 것이었습니다.

윤석열을 보면서 많은 사람들이 착각하고 있었습니다. 사람들은 윤석열이 '탁월한 검찰'이라고 생각했습니다. 이 명제가 참이라면 '윤석열은 검찰이다'라는 명제는 분명 참입니다. 그렇다고 '윤석열은 탁월한 사람이다'라는 명제도 참일까요? 아닙니다. 탁월함은 그것이 가리키는 대상의 자연적 속성이 아닙니다. 탁월한 검찰은 검찰로만 탁월할 뿐입니다. '탁월함'이나 '좋음'과 같은 부사적 형용사는 그것이 지시하는 대상과 밀착되지 않습니다. 영국의 철학자 윌리엄스_{Bernard} Williams는 다음과 같이 설명합니다.

'이것은 노란 새다'라는 명제는 '이것은 새다'와 '이 새는 노랗다'라는 명제로 나눌 수 있습니다. '이것은 노란 새다'와 '새는 동물이다'라는 명제로부터 '이것은 노란 동물이다'도 이끌어낼 수 있습니다. 반면 '그는 좋은 배구선수다'라는 명제는 '그는 배구선수다'와 '그는 좋다'로 분리될 수 없듯이 '그는 좋은 배구선수다'와 '배구선수는 사람이다'를 '그는 좋은 사람이다'로 결합할 수 없습니다. 그런데 우리는 '윤석열이 탁월한 검찰이다'를 '윤석열은 검찰이다'와 '윤석열은 탁월하다'로 분리한 뒤에 앞 명제보다 뒤 명제에 주목했습니다. 이렇게 반혁명 정부가 탄생했습니다. 나는 윤석열 정부가 조지 오웰_{George Orwell}의 소설 속 '동물농장'처럼 운영될 것이라 예상했습니다.

동물농장이다. 들어가고 싶지 않다. 바깥에서 서성인다. 바깥이 없다. 바깥엔 또 다른 동물농장이다. 벌써 동물농장 안이다. 비극이다. 야생의 뻔뻔함이 판쳐서가 아니다. 싸움을 피할 수 없어서다. 동물농장의 이념은 '동물주의'다. '네 다리는 좋고 두 다리는 나쁘다!' (반)혁명을 이끈 동물들의 자랑이다. 인간은 적이다. 고통의 뿌리란다. 몰아내면 고통이 사라질 거란다. 발가벗은 공정과 상식으로 농장을 통치할 것이다. "그것이 일어나도록 내버려두지 마라. 그것은 당신에게 달려 있다." 오웰의 말이다. '지금 여기'에 그것이 일어났다. 무능했고 무기력했다. 비장하게 반성하는 이, 철저하게 계산하는 자들 천지다. 나는 그냥 멈춘다. 그래! 다시 한번, 싸워보자!

〈경향신문〉, 2022. 5. 9.

동물농장의 지배자 계급인 돼지들은 어느 순간 인간처럼 옷을 입고, 인간처럼 걸으며, 인간처럼 신문을 읽었습니다. 윤석열도 그랬습니다. 5·18을 인정하고 민주주의를 노래했습니다. 하지만 동물주의가 빠르게 악질 인간주의로 되돌아가듯이 윤석열도 악질 민주주의 주창자가 되어갑니다. '모든 동물은 평등하다'는 돼지들의 강령은 '어떤 동물은 다른 동물들보다 더 평등하다'로 변했습니다. 돼지 나폴레옹이 자기를 태양처럼 섬기는 돼지들을 파트너로 선택한 동물농장에서 파티가 열립니다. 나에게 반대하는 세력은 모두 반국가 세력이 되는 순간입니다. 윤석열 정부를 '동물정부'라고 평가하는 나의 칼럼에 대해 가혹하고 성급한 평가라고 비판하는 친구들이 꽤 많았습니다. 하지만 윤석열 정부 출범 후 겨우 두 달이 지난 7월 9일 한 친구가 문자를 보내왔습니다. "동물들의 정부라 하셔서 처음부터 너무 격한 게 아닌가 했는데 짐승들의 정부 맞네요." 저들은 처음부터 단순한 짐승이라기보다 날짐승들의 정권이었습니다.

한동훈을 전면에 내세워 헌법과 법률이 아니라 시행령으로 나라를 다스리기 위해 그들은 동물농장에서처럼 국민을 향해 으르렁대는 개들을 동원합니다. 국정원, 검찰 그리고 경찰까지 내세울 참이었습니다. 그런데 권력의 개가 되지 않겠다는 경찰들이 회의를 여는 일이 발생합니다. 권력자의 명령이 아니라 법의 명령에 따르겠다는 의견이 모이고 있었습니다. 경찰들의 민주적 의사 형성 과정을 두고 국가의 최고 권력자들이 쿠데타와 국기 문란이라고 윽박지릅니다. 이 과정에서 류삼영 총경이 적으로 지목됩니다. 그는 윤석열 독재를 알리는 경찰국 신설에 반대하며 전국 경찰서장 회의를 주도했던 인물입니다. 이 회의는 2022년 7월, 행정안전부의 경찰국 신설 정책에 대응하기 위해 열렸으며, 경찰의 정치적 중립성과 독립성을 주장했습니다. 회의 이후 류 전 총경은 울산중부서장에서 대기발령으로 전환된 뒤 3개월의 정직 처분을 받았고, 이후 경남경찰청 112치안종합상황실 상황팀장으로 전보되는 등 좌천성 인사를 겪었습니다. 이러한 인사 조치는 단순히 정부에 비판적 목소리를 낸 경찰관들에 대한 보복성 조치에 그치지 않습니다. 윤석열은 이때 이미 5·18민주화운동과 촛불혁명에 대한 반혁명을 꿈꾸고 있었습니다. 윤석열은 국가의 근간인 헌법과 법률을 위협하는 것이 경찰이라고 외쳤지만, 정작 반헌법적인 위법 행위는 시행령과 개들을 앞세워 초법적 위력을 행사했던 그 자신입니다. 나는 특히 '윤석열의 개'가 된 검찰들의 으르렁 소리와 함께 그의 동물농장에서 반혁명이 시작되었다고 생각합니다.

그리고 2023년 8월 15일 윤석열은 반혁명을 향한 구체적인 선포를 합니다. 윤석열은 광복절 경축사에서 '반자유 세력'과 '반통일 세력'을 '반국가 세력'이라고 선포합니다. 그는 광복절 경축사 이후 기회가 있을 때마다 반혁명을 향한 내란 쿠데타를 정당화하는 발언을 합니다. '우리 사회 내부에는 자유민주주의 체제를 위협하는 반국가 세력들이 곳곳에서 암약하고 있다'고 말합니다. 그는 반국가 세력이 누구냐는 질문에 "간첩 활동을 한다든지 또는 국가 기밀을 유출한다든지 또는 북한 정권을 추종하면서 대한민국 정체성을 아주 부정한다든지 하는 그런 사람들을 지칭하는 것"이라 당당하게 표현합니다.

자, 이제 정리해보겠습니다. 일반적으로 혁명이 있고, 그에 대한 반혁명이 진행됩니다. 이 경우 반혁명은 혁명 내부에서 자라나는 반역일 수도 있고, 혁명 외부의 반동일 수도 있습니다. 윤석열의 내란은 5·18민주화운동과 촛불혁명의 성과를 부정하는 반혁명 쿠데타입니다. 그런데 그가 부정하고 싶었던 촛불혁명은 2016년 말에서 2017년에 이루어진 단기간의 사건이 아닙니다. 촛불혁명은 동학농민전쟁이 이끌어낸 동학혁명에서 시작하여 3·1운동이 촉발한 민주공화국 혁명을 거쳐 5·18민주화운동이 만들어낸 혁명이었습니다. 따라서 촛불혁명에 대한 윤석열의 반혁명이 성공하려면 동학혁명부터 피와 땀을 흘리며 희생한 과거의 모든 선조들을 이겨야 합니다. 그러니 윤석열의 반혁명은 성공할 수 없는 반란이었을 뿐입니다.

물론 윤석열의 반란이 일시적으로 성공했을 수도 있습니다. 그랬다면 우리는 지금 이 순간 가장 비극적인 상황 속에 빨려 들어가 있을 것입니다. 하지만 우리를 구한 것은 선조들입니다. 한강 작가가 스웨덴 스톡홀름에서 12월 10일에 노벨문학상을 수상하며 진행한 강의 '빛과 실'에서 밝혔듯이 현재가 과거를 도운 것이 아니었습니다. 반대입니다. 과거가 현재를 도운 것입니다. 산 자가 죽은 자를 구한 것도 아니었습니다. 죽은 자가 산 자를 구한 것입니다. 반혁명에 맞선 혁명은 시민들, 군인들 그리고 그들의 뜻을 받든 국회의원이 해냈습니다. 시민은 동학농민군, 5·18 시민군의 희생 덕분에 혁명이 어떻게 승리할 수 있는지를 알았습니다. 그래서 국회로 달려갔습니다. 국회로 가지 못한 대부분의 시민 역시 온라인 광장을 가득 메우고 있었습니다. 군인은 반혁명 쿠데타 세력이 역사적으로 어떻게 처벌되었는지를 알았습니다. 반란군에게 합류하라는 상부의 지시 앞에서 군인들은 생각합니다. 그 짧은 순간 군인들은 아마도 인생에서 가장 밀도 있고 적극적인 사유를 했을 것입니다. 질문은 오직 하나입니다.

　"지금 이것이 옳은가?"

　그렇습니다. 모든 군인들이 어떻게 하면 명령을 효율적으로 수행할 것인가에 대해서 계산만 했더라면, 어떻게 하면 이 이상한 상황에서 내가 가장 피해당하지 않을 것인가에 대해서 계산만 했더라면 지금 대한민국은 반혁명 반란군의 세상이 되었을 것입니다. 그들이 계산하지 않고 사유했기 때문에, 행동하지 않고 머뭇거리며 생각했기 때문에 시민들과 민주당 국회의원들이 반혁명에 맞선 혁명의 깃발을

들 수 있었습니다. 하지만 지금 이 순간 혁명은 아직 성취되지 않았습니다. 내란수괴 윤석열의 탄핵이 헌법재판소에서 인용되는 순간, 바로 그 순간이 진정한 의미에서 혁명의 아침입니다. 혁명의 아침이 오면 시민불복종civil disobedience 의지에 복종하지 않은 국민의힘 의원들은 혁명의 불꽃으로 타들어갈 것입니다.

2024년 12월 3일 새로운, 하지만 아주 오래된 악마의 출현

20세기 위대한 정치철학자 중 한 명인 한나 아렌트Hannah Arendt가 만든 '악의 평범성Banality of Evil'이라는 유명한 개념이 있습니다. 한나 아렌트가 악의 평범성이라는 개념을 만들게 된 과정에는 사연이 있습니다. 한나 아렌트는 유대인입니다. 독일에서 태어나 독일에서 공부하다가 미국으로 망명해 기자로 활동했지만, 나중에 정치철학자로서 세계적인 반열에 오릅니다.

미국으로 망명한 지 얼마 되지 않았을 무렵에 잡지사에서 저널리스트로 활동하고 있던 시절, 일명 아이히만 사건이 일어납니다. 아돌프 아이히만Adolf Eichmann은 나치 독일의 SS 장교로, 홀로코스트의 핵심 설계자 중 한 명이었습니다. 그는 유대인들을 강제 수용소로 이송하는 작업을 조직적으로 계획하고 실행한 인물로 알려져 있습니다.

소리소문 없이, 사람들의 반발 없이, 체계적으로 유대인을 학살할 수 있는 방법을 기획했던 것입니다. 아이히만은 전쟁 후 도주 행각을 벌이다 1960년 아르헨티나에서 체포되어 이스라엘로 이송된 후 1961년 재판에서 사형을 판결받습니다. 한나 아렌트는 학자이자 저널리스트로 이 재판 과정을 지켜보았습니다. 한나 아렌트는 600만 유대인의 학살을 설계했던 사람이라면 분명 험상궂은 외모에 도저히 상종하지 못할 성격을 가진, 그야말로 악마일 것으로 생각했습니다. 그런데 아이히만은 평범하게 생겼을 뿐만 아니라 매우 교양 있는 말투를 지녔다고 합니다.

아이히만은 매일 아침 가족과 식사하면서 클래식을 듣고 그 음악에 관하여 이야기를 나누길 좋아하는 그야말로 보통 사람이었습니다. 주위에서 흔히 볼 수 있는 다정한 남편이자 자상한 아버지였습니다. 그런데 한나 아렌트는 한 가지 이상한 지점을 발견합니다. 이 사람은 상부에서 지시가 내려오면 그 정당성에 대해서는 조금도 의심하지 않았다는 것입니다. 유대인을 최대한 조용하고 빠르게 학살할 수 있는 계획을 세우고 이를 실행하기 위한 이송 작전과 관련된 행정 업무를 총괄하는 동안 아이히만은 이 명령의 정당성에 대해 생각하지 않았습니다. 정당성을 따진다는 것은 하달된 명령의 목적이 무엇이고, 그 목적이 올바른지에 대해서 묻는다는 것입니다. 하지만 그는 생각하지 않았습니다. 그는 계산만 합니다. 계산은 언제나 그렇듯이 유용성과 효율성만을 따지는 행위입니다. 그래서 아이히만은 상부의 명령을 가장 효과적으로 수행할 효과적 수단만을 고민합니다. 이 고민은 생각이 아니라 계산입니다. 무사유는 단순한 '생각 없음'이 아닙니다. 무사유는 정신의 소극적인 활동도 아니고, 의식의 무기력증도 아닙니다. 무사유는 적극적인 무시의 활동입니다. 이 적극적인 무시의 활동을 하는 것이 바로 도구적 이성입니다. 한마디로 이익계산에 혈안이 된 도구적 이성의 활동이 무사유입니다. 이 맥락에서 아이히만은 명령의 정당성을 따지는 생각을 하지 않았지만 자신의 이익 계산은 능숙하게 수행한 악마, 가장 악랄한 악마였습니다.

한나 아렌트는 아이히만의 재판을 보면서 '악의 평범성'이라는 개념을 만들어냈습니다. 아이히만처럼 악마는 평범한 사람일 수 있다는 사실을 포착한 것입니다. 이는 곧 모든 평범한 사람이 언제든 악마가 될 수 있다는 의미이기도 합니다. 목적에 관해 의심하지 않으면 누구나 그렇게 될 수 있습니다. 이 말을 하고 있는 나 자신도 악마가 될 수 있습니다. 악마는 한 사람의 속성이 아니라 사유하지 않고 계산만 하는 사람의 활동입니다.

악마가 되지 않으려면 이성을 비판적으로 사용해야 합니다. 이성을 비판적으로 사용하는 사람들의 가장 중요한 특징은 자신의 판단을 끊임없이 수정할 수 있다는 것입니다. 오늘날 이성을 모든 악의 근원이라고 주장하는 무수히 많은 이론가들이 있습니다. 하지만 악의 근원으로서 이성은 이성을 도구로, 다시 말해 수단을 효과적으로 계산하는 데만 사용하는 도구적 이성일 때 그렇습니다.

악마가 되지 않으려면 비판적 이성이 왕성하게 활동하도록 훈련을 해야 합니다. 비판적 이성은 부정적인 것을 부정하는 것입니다. 이를테면 잘못된 명령이 내려오면 그 잘못을 부정하는 힘입니다. 그렇다고 해서 모든 것을 전면적으로 부정하게 되면 헤겔이 염려했듯이 혁명 안에 반혁명을 키우게 됩니다. 헤겔은 모든 것이 아니라 잘못된 것을 부정하라고 합니다. 이를 철학에서는 '규정적 부정Die bestimmte Negation'이라고 합니다. '저 사람은 나쁜 놈이야!'가 아니라 '저 사람의 무엇이 나쁜 행동이야!'라고 말하는 훈련을 해야 합니다. 모든 걸 전면적으로 부정하는 것은 냉소주의입니다. 냉소주의는 언뜻 보면 멋있습니다. 하지만 냉소주의는 아무런 힘도 없습니다.

부정적인 것을 제대로 부정하려면 끈질긴 노력이 필요합니다. 규정적 부정은 부정적인 것을 한 번에 전면적으로 부정하는 것이 아닙니다. 그 부정적인 것이 사라질 때까지 계속해서 부정해야만 합니다. 철학자 테오도어 아도르노Theodor Adorno의 말처럼 부정적인 것은 사라질 때까지 부정적입니다. 그러니 한 번의 전면적인 냉소적 부정이 아니라 계속해서 부정하는 끝없는 부정이 필요합니다. 이 활동이 비판적 이성의 활동입니다.

인간의 비판적 이성이 위대한 이유는 어디에 있을까요? 무엇보다 비판적 이성은 이익계산을 하는 도구적 이성이 아닙니다. 목적에 부합하는 효율적 수단을 계산하는 이성도 아닙니다. 비판적 이성은 목적 자체의 정당성을 묻는 활동입니다. 이 과정에서 비판적 이성은 자기 자신의 생각마저도 비판하고 부정하는 데까지 활동할 수 있어야 합니다. 비판적 이성이 위대한 이유는 바로 이 지점, 자기 부정에 있습니다. 무엇보다 이익계산에 몰두하려는 자신을 비판할 수 있어야 합니다.

이와 관련해서 한때 국제법상 중요한 논쟁이 있었습니다. 예를 들어 군 통수권자가 병사들에게 자국 내 국민을 향해 총을 쏘라는 명령을 내렸습니다. 이 명령에 따른 사람은 나중에 처벌을 받아야 할까요, 아니면 그저 명령을 따른 것뿐이니 정당하다고 봐야 할까요? 이 논쟁은 실제 1989년 동독과 서독이 나뉘어 있던 시절에, 좀 더 정확히 말하면 베를린 장벽이 무너지는 사건에서 발생한 것입니다. 당시 많은 동독 시민들이 베를린 장벽을 넘어 서독으로 가려고 합니다. 동독의 군 상층부는 애매모호한 태도를 취하기도 했지만, 부분적으로 사살하라는 명령도 있었습니다. 하지만 대부분의 군인들은 이 명령을 따르지 않았습니다. 이유는 간단합니다. 동독 국경경비병들이 시민들에게 발포하지 않은 가장 큰 이유는 국제법상 처벌받는다는 사실을 어느 정도 알고 있었기 때문입니다. 베를린 장벽이 무너지기 이전에 간간이 이루어진 발포 기록을 서독에서 알고 있었고, 그것이 얼마나 위험한 일인지에 대한 지속적인 경고가 있었기 때문입니다. 서독은 동독 국경수비대가 탈출 시도자들에게 가한 폭력과 발포 기록을 체계적으로 수집하고 또 경고해왔습니다. 그 덕에 동독 국경수비대 경비병들은 발포 시 자신이 범죄자로 기록되어 처벌받을 수 있음을 알고 있었습니다.

예전에는 이런 경우에 명령권자만 처벌받는 게 일반적이었습니다. 하지만 이미 국제법은 국민을 향해 총을 쏜 군인들은 모두 처벌받아야 한다고 합의하고 있었습니다. 만약 이들을 처벌하지 않으면 히틀러의 명령을 받고 유대인을 학살한 아이히만도 처벌할 수 없을 수도 있습니다. 그렇다면 우리나라의 경우는 어떨까요? 1980년 5·17군사반란(5·17 비상계엄 확대 조치)에 가담한 병사들에 대한 처벌은 반란 및 내란 관련 재판을 통해 이뤄졌습니다. 특히 전두환, 노태우 등 주요 수뇌부는 내란수괴 및 반란 혐의로 형사 처벌을 받았습니다. 전두환은 1심에서 사형이 선고되었으나, 항소심에서 무기징역으로 감형되었고, 이후 대법원에서도 무기징역이 확정되었습니다. 노태우는 징역 22년 6개월을 선고받았으나, 항소심에서는 징역 17년으로 감형되었습니다. 물론 5·17군사반란과 5·18광주학살에 가담한 군인들이 모두 처벌받은 것은 아닙니다. 하지만 아무리 상부 명령이라고 할지라도 그것의 정당성을 따지는 것은 모든 군인에게 부과된 의무입니다.

우리는 모든 사람이 비판적 이성을 가지고 있다고 믿습니다. 모든 인간은 생각할 힘이 있습니다. 생각하지 않고 계산만 하는 사람이 반란군에 참여하게 되면 당연히 처벌받아야 합니다. 특수한 목적을 가진 군인들에게는 물론 어느 정도 처벌의 한계선이 있습니다. 하지만 국민의 기본권, 특히 인권과 주권을 침해하는 경우에는 처벌을 면할 수 없습니다. 먼저 누군가의 생명을 빼앗는 정도 수준의 반인권 행위라면 그 명령이 정당한지 판단할 의무가 있습니다. 이는 모든 병사에게 주어진 책무입니다. 그들도 군인이기 전에 인간이기 때문입니다. 나아가 주권자의 주권 행위를 빼앗는 행위 역시 처벌을 면할 수 없습니다. 더구나 이 행위는 곧바로 내란에 해당하게 됩니다. 내란의 구성 요건 중 가장 중요한 것은 주권자의 권능 행사를 폭력적으로 침해했는지 여부입니다. 이번 윤석열의 반란이 내란인 명백한 이유이기도 합니다.

사고하지 않으면 누구나 악마가 된다

사고하지 않으면 악마가 될 수 있다는 건 그 누구도 결코 예외는 아닙니다. 이제 시계를 2024년으로 넘겨보지요. 나는 여러 채널을 통해서 윤석열 정권이 박근혜 정부보다 무능하고, 전두환과 박정희와 이승만을 합친 것보다 잔인할 수 있음을 경고해왔습니다. 그때마다 많은 사람들이 과잉 진단이라고 핀잔을 주기도 했습니다. 하지만 나는 윤석열 정부의 잔인성이 아주 심각한 수준에 이르렀다고 생각했습니다.

2024년 12월 3일 밤 대한민국 역사에 오랫동안 기억될 끔찍하고 놀라운 일이 벌어졌습니다. 윤석열이 계엄을 선포한 것입니다. 윤석열의 행동은 반헌법적인 친위 쿠데타의 일종이며, 그래서 내란수괴죄로 처벌받아 마땅합니다. 윤석열의 쿠데타가 내란죄에 해당하는지는 이미 분명해졌습니다. 다음은 제가 윤석열이 계엄을 선포한 다음 날인 12월 4일 법철학 강의를 한 내용을 학생이 정리한 것의 일부입니다.

비상계엄을 포함한 계엄령은 헌법 제77조에 그 절차와 형식이 명시되어 있습니다. 윤석열 정부의 비상계엄은 이중 1항, 4항, 5항을 위반하였습니다. 헌법 제77조 1항에 의하면 비상계엄이 선포될 수 있는 상황은 전시·사변 또는 이에 준하는 국가비상 사태입니다. 이때 국가비상사태는 행정·사법부의 기능이 상실된 상황을 포함합니다. 그런데 현재 한국은 셋 중 어느 상황에도 해당하지 않습니다. 윤석열은 방송통신위원회 위원장, 감사원장 등 행정·사법 관료에 대한 야당의 탄핵 소추 발의를 근거로 들어 비상계엄 선포 이유를 설명했습니다. 그러나 탄핵 소추는 국민이 국회에 부여한 정당한 권리이며 헌법의 틀 안에서 이루어진 적법 행위입니다. 따라서 비상계엄을 선포할 수 있는 상황 조건은 성립되지 않습니다.

윤석열의 비상계엄은 상황 조건만이 아니라 절차 조건도 성립하지 않습니다. 먼저 국무회의 심의가 문제입니다. 계엄법 제2조 5항에 의하면 대통령이 계엄을 선포하거나 변경하고자 할 때에는 국무회의의 심의를 거쳐야 합니다. 그러나 윤석열 정부는 비상계엄 선포를 위해 소집된 국무회의 회의록을 공개하지 않고 있습니다. 당시 국무회의가 제대로 소집되었는지, 심의는 적법한 절차를 지켜 진행되었는지 의문입니다. 만약 국무회의에서 비상계엄 선포에 동의한 모든 국무위원은 내란죄로 처벌받아야 합니다.

헌법 제77조 4항에 의하면 계엄을 선포한 때에는 대통령은 지체 없이 국회에 이 사실을 통고해야 합니다. 그러나 우원식 국회의장은 비상계엄 해제 요구 결의안을 의결하기 위한 본회의 이전에 국회는 비상계엄 선포 사실을 통고받지 않았으며, 이는 윤석열의 귀책 사유임을 언급했습니다. 또한 헌법 제77조 5항, 계엄법 제11조 1항에 의하면 국회가 재적의원 과반수의 찬성으로 계엄의 해제를 요구한 때에는 대통령은 이를 지체 없이 해제하여야 합니다. 그러나 윤석열은 비상계엄 해제 요구 결의안이 가결된 이후 네 시간가량 지난 05시 04분 계엄 해제를 발표했습니다. 이렇듯 이번 비상계엄 선포는 절차상 위헌적 요소가 다분한, 반헌법적이며 불법적인 내란 행위입니다. 더구나 12·3비상계엄은 포고령과 국회의원 권능 행사 방해 과정에서 명백한 실체적 위헌 요소를 내포하고 있습니다.

포고령의 경우 제1항 "국회와 지방의회, 정당의 정치활동을 금한다"는 내용에 문제가 있습니다. 헌법 제77조 3항에 의하면 비상계엄 때에는 법률이 정하는 바에 의하여 영장제도, 언론·출판·집회·결사의 자유, 정부나 법원의 권한에 관하여 특별한 조치를 할 수 있습니다. 하지만 어떤 경우에도 계엄사령부는 입법부의 권능 행사를 제한할 수 없습니다. 입법부의 권능 행사 제한은 곧 국민주권을 부정하는 내란입니다. 비상계엄의 정당성 여부는 주권자 국민이 결정하는 것입니다. 그러니 국민의 주권을 일부 위임받은 국회가 헌법 제77조 5항에 따라 계엄 해제에 대한 결정권을 가지고 있는 것입니다. 그러므로 군용 헬기를 보내고 국회 출입을 통제하며 계엄군을 통해 의원실을 점거하는 등 국회가 의사결정을 할 수 없도록 방해한 것은 명백히 위헌적 행위이며, 내란에 해당합니다.

또한 국가정보원 1차장의 진술에 의하면 윤석열 대통령은 여인형 방첩사령관을 통해 우원식 국회의장과 여야 대표, 그리고 유력한 정치인과 방송인 김어준을 체포하라고 국가정보원 1차장에게 지시했습니다. 계엄 선포 이전부터 방첩사령부의 지휘하에 체포조가 운용된 것 역시 밝혀졌습니다. 헌법 제44조 1항과 계엄법 제13조에 의하면 국회의원은 현행범인 경우를 제외하고는 체포 또는 구금될 수 없습니다. 따라서 국회의원 체포조 운용 및 체포 시도 역시 위헌 행위입니다. 더욱이 놀라운 사실은 윤석열이 국가정보원 1차장인 홍장원에게 "국정원에 (폐지된) 대공수사권을 줄 테니 방첩사 지원을 하라"고 지시했다는 것입니다. 이는 윤석열이 비상계엄의 정당성을 북한과 연계된 반국가 세력의 척결로 조작하려 했다는 명백한 증거입니다.

형법 제87조 1항에 의하면 대한민국 영토의 전부 또는 일부에서 국가권력을 배제하거나 국헌을 문란하게 할 목적으로 폭동을 일으킨 것은 내란죄에 해당합니다. 윤석열 정부의 경우 국헌 문란의 목적을 적용할 수 있습니다. 형법 제91조는 국헌문란에 대하여 아래와 같이 규정합니다.

제91조(국헌문란의 정의) 본장에서 국헌을 문란할 목적이라 함은 다음 각호의 1에 해당함을 말한다. 1. 헌법 또는 법률에 정한 절차에 의하지 아니하고 헌법 또는 법률의 기능을 소멸시키는 것. 2. 헌법에 의하여 설치된 국가기관을 강압에 의하여 전복 또는 그 권능 행사를 불가능하게 하는 것.

윤석열은 경찰과 계엄군을 통해 헌법에 의하여 설치된 국가기관인 '국회'와 '중앙선거관리위원회'를 점거하였습니다. 특히 국회의 경우, 국회에서 비상계엄 해제 요구 결의안을 의결할 수 없도록 국회의원들의 국회의사당 출입을 강압적으로 통제하였습니다. 그에 대한 증거는 이제 차고 넘칩니다. 계엄군은 국회의사당 창문을 깨고 들어가 본 건물을 점거했으며 국회의원들을 강제 체포·구금하려 하였습니다. 이는 국헌문란의 소지가 명백하며, 그래서 내란입니다.

우리는 내란의 수괴인 윤석열뿐만 아니라 김용현, 박안수, 조지호 그리고 그들의 명령을 생각 없이 따랐던 모든 사람을 처벌해야만 합니다.

12월 3일 밤, 계엄사령관 박안수는 포고령을 발표합니다. 사실 자국의 국민을 향해서 포고령은 내린다는 것도 괴상한 일입니다. 포고령은 1945년 맥아더Douglas MacArthur의 군정 포고Proclamation에서 비롯된 것입니다. 당시 미국이 해방군이기보다 점령군의 성격이 강하다는 비판이 제기되었는데요, 그 이유가 바로 포고령 때문이었습니다. 이 맥락에서 포고령은 계엄 선포에 따른 특별 조치의 공고와 같은 말로 바꾸어야만 합니다.

계엄사령관 박안수는 스스로 포고령을 작성하지 않았습니다. 누가 쓴지도 모릅니다. 그는 포고령을 받아서 거기에 사인을 하고 발표했습니다. 박안수는 포고령을 보고 이익계산을 했습니다. 나에게 이득이 되나, 안 되나를 따졌을 뿐입니다. 앞에서 말씀드린 것처럼 박안수의 계산은 생각이 아닙니다. 그가 무사유의 계산이 아니라 진정한 의미의 사유, 곧 생각을 했다면 그는 가장 먼저 계엄 선포와 포고령의 정당성을 따져야만 했습니다. 그는 하지 않았습니다. 군인과 경찰의 상층부에 있는 사람들 대부분이 계엄의 정당성을 묻지 않았습니다. 자신의 유불리만을 따졌던 그들이 이제 와서 '몰랐다'고 자신을 변명합니다. 모두가 아이히만처럼 행동합니다.

12·3 계엄 포고령 전문

자유대한민국 내부에 암약하고 있는 반국가 세력의 대한민국 체제 전복 위협으로부터 자유민주주의를 수호하고, 국민의 안전을 지키기 위해 2024년 12월 3일 23:00부로 대한민국 전역에 다음 사항을 포고합니다.

1. 국회와 지방의회, 정당의 활동과 정치적 결사, 집회, 시위 등 일체의 정치활동을 금한다.

2. 자유민주주의 체제를 부정하거나, 전복을 기도하는 일체의 행위를 금하고, 가짜뉴스, 여론 조작, 허위 선동을 금한다.

3. 모든 언론과 출판은 계엄사의 통제를 받는다.

4. 사회 혼란을 조장하는 파업, 태업, 집회 행위를 금한다.

5. 전공의를 비롯하여 파업 중이거나 의료 현장을 이탈한 모든 의료인은 48시간 내 본업에 복귀하여 충실히 근무하고 위반 시는 계엄법에 의해 처단한다.

6. 반국가 세력 등 체제 전복 세력을 제외한 선량한 일반 국민들은 일상생활에 불편을 최소화할 수 있도록 조치한다.

이상의 포고령 위반자에 대해서는 대한민국 계엄법 제9조(계엄사령관 특별조치권)에 의하여 영장 없이 체포, 구금, 압수수색을 할 수 있으며, 계엄법 제14조(벌칙)에 의하여 처단한다.

2024.12.3.(화) 계엄사령관

이 포고령은 명확한 법적 근거도 없이 국민의 기본권을 제한하고 심지어 권리 행사를 하는 국민을 처단한다고 말합니다. 대한민국의 국회의원들이, 시민들이, 보통의 군인과 경찰이 포고령을 생각 없이 이행했다면 우리는 지금 어떤 상황에 처해 있을까요? 앞으로 얼마나 무서워질지 충분히 미루어 짐작할 수 있습니다. 하지만 윤석열은 물론 박안수조차 그런 생각을 하지 않았습니다. 그러니 그들이 얼마나 잔인할 수 있는지는 상상조차 할 수 없습니다.

조지호 같은 경우는 국회에서 비상계엄이 내란이 아니냐는 국회의원의 질문에 대해 왜 당신이 판단하냐고 되물었습니다. 자기는 판단하지 않았고, 그저 법령에 따라 행했다고 합니다. 그는 우리나라의 국회의원들과 이 나라의 국민 앞에서 자신은 판단하지 않았고, 생각하지 않았으며, 다만 행위했다고 당당하게 말합니다. 잔인성은 정당성을 판단하지 않는 데서 출발합니다.

막강한 권력과 책임을 진 자들이 나는 알지 못했다고 말하는 모습은 차라리 처연했습니다. 오이디푸스 신화에 보면 이들이 앞으로 어떻게 해야 하는지 잘 나와 있습니다. 오이디푸스는 처음엔 자신의 부인될 사람이 누군지 몰랐다가 나중에 어머니인 걸 알았죠. 그러자 그는 스스로 자기 눈을 팠습니다. 나는 이 사람들에게 그 정도의 책임이 있다고 생각합니다. 설령 그때는 몰랐더라도, 분명히 알아야 할 것을 몰랐다면 자신의 눈을 파야 합니다. 물론 이 신화는 하나의 은유입니다. 이 은유에 비추어 그들이 최소한 오이디푸스의 심정으로 국민을 대해야 한다고 생각합니다. 하지만 이들 중에 누구도 책임지는 이는 없습니다.

전두환의 쿠데타는 성공했고, 윤석열의 쿠데타는 실패했습니다. 왜 그랬을까요? 앞에서 이미 그 이유를 말씀드렸지만 한 가지 차이를 다시 이야기하고자 합니다. 전두환의 1980년과 윤석열의 2024년에는 너무 큰 차이가 하나 있습니다. 전두환이 쿠데타를 벌일 당시 우리나라는 한 번도 정권 교체를 경험한 적이 없습니다. 그러니 중대한 권력기관인 군과 경찰들은 정권의 명령에 따라 일사불란하게 움직였습니다. 그들은 한 번도 다른 세상, 다른 정권, 다른 지도자를 본 적이 없었기 때문에 생각하지 않았고, 의심하지 않았습니다. 물론 의심하고 생각하며 저항한 군인들도 많았지만 대부분의 일반 병사들은 명령에 복종했습니다. 하지만 지금은 많은 이들이 중간중간 의심하기 시작했습니다. 그들은 다른 정부를 경험했고, 윤석열처럼 가상 세계를 살고 있지 않으니까요. 그 의심의 시간이 30분을 늦췄고, 우리는 그 덕에 살았다고 해도 과언이 아닙니다.

의심의 30분이 대한민국 국민을 살렸습니다.

우리가 혼동해서는 안 됩니다. 대한민국 군인과 경찰은 그렇게 허술한 조직이 아닙니다. 우리 군과 경찰은 세계 최고의 능력을 가지고 있습니다. 국회의사당에서 본 그들의 모습은 명령에 따르는 군인이나 경찰이 아니라 고민하고 고심하는 시민이었습니다. 더구나 반란을 기획한 자들이 허술하거나 어설펐던 것은 더더욱 아닙니다. 다수의 군인들, 중간 간부들, 권력기관의 이런저런 지점에 있었던 사람들이 이 명령의 정당성을 의심했습니다. 정작 적극적으로 생각해야 할 사람들이 이익계산만 하고 있을 때, 명령을 실행해야 할 사람들은 계엄 선포라는 상부 명령의 타당성에 대해 생각에 생각을 더했습니다.

80년대에 전두환이 계엄령을 선포할 때는 그렇지 않았습니다. 대분의 병사와 중간 간부들은 의심하지 않았습니다. 그들은 정권 교체도 정권 교체지만 가해자들이 처벌받은 것을 본 적이 없었기 때문입니다. 하지만 지금 군인들은 가해자들이 처벌받는 걸 보았고, 그래서 내가 가해자가 될 수도 있다는 생각을 했습니다. 실제로 시민들이 군인이나 경찰들에게 역사의 죄인이 될 거냐고 호통치니까 주저주저하는 모습을 보이기도 했습니다.

결국 우리가 이번에 살 수 있었던 건 동학혁명부터 3·1운동을 거쳐 5·18민주화운동까지 이어져온 우리의 역사와 그 역사를 만든 선조들 덕분입니다. 그 역사가 이들을 주저하게 만들었습니다. 이 사건 이후에 들려오는 많은 이야기들 중에서 전두환은 똑똑해서 잘했는데, 윤석열은 술만 먹고 바보라서 실패했다는 말, 대충 준비해서 그랬다는 말에 나는 동의하지 않습니다. 자기 목숨이 걸린 일을 그렇게 처리하는 사람은 없습니다. 드러난 정황들을 보면 소수지만 오랫동안 철저하게 준비했습니다. 다만 이들은 역사를 몰랐을 뿐입니다. 역사 속에서 누가 어떻게 희생됐고, 우리 시민들이 그것을 어떻게 이해하고 있는지 알지 못했습니다. 이익만 따졌지, 생각이란 걸 하지 않았습니다. 이제 이 나라에 정당성을 따지는 사람이 생각보다 많다는 사실을 그들은 간과했습니다. 타산성에 빠진 사람들은 타당성이 무엇인지조차 모릅니다.

많은 국민들이 국회에서 계엄 해제안 요구가 가결되고, 의사봉을 두드리는 순간을 보았을 것입니다. 나는 그 순간 동학혁명 당시 돌아가신 이름 모를 수많은 농민군, 4·3항쟁과 여순항쟁, 부마항쟁, 5·18민주화운동에서 희생되신 분들이 떠올랐습니다. 이들이 우리를 살린 것입니다. 죽은 자가 산 자를 구한 것입니다. 과거가 현재를 도운 것입니다.

윤석열은 계엄을 통해 무엇을 하려고 했을까?

윤석열은 계엄을 통해 무엇을 하고 싶었던 것일까요? 사실 계엄령 당시의 담화문을 보면 앞뒤 문장이 안 맞습니다. 그전에도 그랬지만 윤석열의 언어 표현을 자세히 살펴보면 문장이 앞뒤가 안 맞는 경우가 많습니다. 서로 모순되는 문장을 뒤섞는 경우도 많습니다. 물론 자신의 머릿속에서는 맞는다고 생각하겠지요. 그보다 더 중요한 점은 윤석열과 비슷한 법 기술자들은 대개 이런 특성이 있다는 것입니다. 이들은 표현된 문장의 앞과 뒤를 따지지 않습니다. 자신들이 필요한 문장을 뒤섞어 씁니다. 그리고 필요할 때 언제든지 사용한 말을 근거로 씁니다. 법실증주의 훈련만을 받은 법 기술자들은 텍스트_{text}에만 집중합니다. 저들은 필요한 경우가 아니면 텍스트의 맥락, 곧 컨텍스트_{context}를 보지 않습니다. 따라서 윤석열과 같은 법 기술자들의 말은 전체적인 문맥이 아니라 문장 하나 하나에 새겨져 있는 저들의 욕망을 봐야 합니다. 이번에도 윤석열이 담화문을 발표했을 때 그 문장이 옳은지, 모순은 없는지 이런 걸 따지는 건 소위 글쟁이들, 나 같은 학자나 기자들입니다. 하지만 윤석열 같은 법 기술자들은 그저 텍스트 안에 자신을 변호할 수 있는 문장이 있으면 된다고 생각하는 특징이 있습니다.

윤석열의 욕망 체계에서 그의 비상계엄 선포문이나 그 뒤에 이어진 두 차례의 담화문은 비상계엄을 선포할 만한 정당한 조건이 있다는 것을 계속해서 말하고 있습니다. 무슨 말인지 조금 풀어서 설명하겠습니다. 윤석열의 의식은 전두환의 의식 세계에 멈춰 있습니다. 그래서 나는 윤석열의 의식 흐름을 알기 위해 전두환의 내란에 대한 최종 법률적 판결을 살펴보았습니다. 윤석열도 분명 이 부분에 집중했을 것입니다. 여러분도 기회가 되면 한번 찾아보시기 바랍니다. 여러분이 이 판결에 동의하든 동의하지 않든 모두가 공유하는 의견이 하나 있습니다. 대통령의 비상계엄 선포나 계엄 확대 행위는 고도의 정치적·군사적 성격을 지니고 있다는 것입니다. 결국 윤석열은 계속해서, 심지어 내란 사건 발생 이후 탄핵 표결을 앞둔 시점에 발표했던 대국민 사과문에서조차 자신이 벌인 이 사건이 고도의 정치적 행위라고 말하고 있습니다. 민주당의 잘못된 폭거를 세상에 알리기 위한 정치적 행위라는 메시지도 같은 맥락에서 나왔다고 봐야 합니다. 먼저 대법원 1997. 4. 17. 선고 96도3376 전원합의체 판결문의 핵심 내용을 보겠습니다.

> 대통령의 비상계엄의 선포나 확대 행위는 고도의 정치적·군사적 성격을 지니고 있는 행위라 할 것이므로, 그것이 누구에게도 일견하여 헌법이나 법률에 위반되는 것으로서 명백하게 인정될 수 있는 등 특별한 사정이 있는 경우라면 몰라도, 그러하지 아니한 이상 그 계엄 선포의 요건 구비 여부나 선포의 당·부당을 판단할 권한이 사법부에는 없다고 할 것이나, 비상계엄의 선포나 확대가 국헌 문란의 목적을 달성하기 위하여 행하여진 경우에는 법원은 그 자체가 범죄 행위에 해당하는지의 여부에 관하여 심사할 수 있다.

다시 말해 대통령의 비상계엄의 선포나 확대 행위가 고도의 정치적·군사적 성격을 지니고 있다는 것에는 모든 판사가 동의합니다. 그럼에도 불구하고 다수의 판사는 "우리나라의 헌법질서 아래에서는 헌법에 정한 민주적 절차에 의하지 아니하고 폭력에 의하여 헌법기관의 권능 행사를 불가능하게 하거나 정권을 장악하는 행위는 어떠한 경우에도 용인될 수 없다. 따라서 그 군사반란과 내란 행위는 처벌의 대상이 된다"고 판결합니다. 이 판례에 기초해서 윤석열도 내란죄로 처벌받을 것입니다. 그가 폭력에 의하여 헌법기관의 권능 행사를 불가능하게 했다는 것이 분명하기 때문입니다. 그런데 비상계엄을 선포할 당시 윤석열은 앞의 판례에서 내란죄 적용을 반대했던 판사들의 의견에 주목한 것으로 보입니다. 조금 길지만 반대 의견을 인용하겠습니다. 윤석열의 정신세계를 공유하는 사람들을 제대로 알기 위해서 필요한 부분입니다.

> 군사반란 및 내란 행위에 의하여 정권을 장악한 후 이를 토대로 헌법상 통치 체제의 권력 구조를 변혁하고 대통령, 국회 등 통치권의 중추인 국가기관을 새로 구성하거나 선출하는 내용의 헌법 개정이 국민투표를 거쳐 이루어지고 그 개정 헌법에 의하여 대통령이 새로 선출되고 국회가 새로 구성되는 등 통치권의 담당자가 교체되었다면, 그 군사반란 및 내란 행위는 국가의 헌정질서의 변혁을 가져온 고도의 정치적 행위라고 할 것인바, 그와 같이 헌정질서 변혁의 기초가 된 고도의 정치적 행위에 대하여 법적 책임을 물을 수 있는지 또는 그 정치적 행위가 사후에 정당화되었는지 여부의 문제는 국가사회 내에서 정치적 과정을 거쳐 해결되어야 할 정치적·도덕적 문제를 불러일으키는 것으로서 그 본래의 성격상 정치적 책임을 지지 않는 법원이 사법적으로 심사하기에는 부적합한 것이고, 주권자인

국민의 정치적 의사 형성 과정을 통하여 해결하는 것이 가장 바람직하다. 따라서 그 군사반란 및 내란 행위가 비록 형식적으로는 범죄를 구성한다고 할지라도 그 책임 문제는 국가사회의 평화와 정의의 실현을 위하여 움직이는 국민의 정치적 통합 과정을 통하여 해결되어야 하는 고도의 정치 문제로서, 이에 대하여는 이미 이를 수용하는 방향으로 여러 번에 걸친 국민의 정치적 판단과 결정이 형성되어온 마당에 이제 와서 법원이 새삼 사법심사의 일환으로 그 죄책 여부를 가리기에는 적합하지 아니한 문제라 할 것이므로, 법원으로서는 이에 대한 재판권을 행사할 수 없다.

전두환이 쿠데타를 벌일 당시 전두환과 노태우를 처벌해선 안 된다고 반대 의견을 냈던 판사들이 제시했던 중요한 논리는 헌정질서의 변혁을 가져오면 처벌할 수 없다는 것이었습니다. 다시 말해 대통령의 행위는 고도의 정치적·군사적 성격을 갖는데 그게 반헌법적이거나 반법률적이면 처벌받아야 하지만 헌법을 바꾸는 데까지 이어지면 처벌할 수 없다는 말입니다. 헌법을 바꾸면 이전의 헌법을 위반한 행위를 처벌할 근거가 사라진다는 논리입니다. 이런 생각을 공유하고 있는 세력들은 언제든 기회가 생기면 제2의 군사반란을 일으킬 것입니다.

다시 윤석열의 입장에서 보겠습니다. 헌법을 바꾸는 기관은 국회입니다. 그런데 헌정질서의 변화를 가려오려면 국회를 장악하는 수준을 넘어 국회를 아예 바꿔야 합니다. 국회를 바꿀 수 있는 유일한 방법은 지금 이 국회의원들이 불법적으로 당선됐다고 몰아가는 것입니다. 소위 극우 유튜버들이 지속적으로 이런 주장을 하고 있고, 이들은 선거관리위원회를 의심하고 있었습니다.

12월 3일, 22시 28분 윤석열은 계엄을 선포합니다. 그리고 22시 30분, 무려 300여 명의 군인들이 선관위에 들이닥칩니다. 그렇다는 건 이들의 주요 대상이 선관위였음을 방증합니다. 미리 세팅하고 준비하지 않으면 도저히 벌어질 수 없는 일이었습니다. 소위 부정선거론자들은 선관위를 조사하면 부정선거를 입증할 수 있다고 믿었습니다. 아니, 지금 이 순간도 그렇게 믿고 있습니다. 이것만 입증하면 국회를 바꿀 수 있고 국회를 바꿀 수 있으면 헌정질서를 바꿀 수 있다고 믿었던 것이죠. 이런 극우 유튜버들의 주장에 화답하며 윤석열은 생각했을 것입니다. '그러면 나는 처벌받지 않아도 된다. 나는 정당하다.'

그래서 12월 3일 계엄 선포에서 가장 중요한 표적 대상은 선관위였고, 또 하나는 종북 가짜뉴스를 퍼뜨리는 사람들, 다시 말해 김어준의 '뉴스공장'이나 여기에 출연한 모든 국회의원을 연동시키는 것이었습니다. 선관위에 투입된 300명의 계엄군이 헌정질서의 변화를 가져오면 법적으로 정당화되고, '뉴스공장' 같은 곳을 파괴시키면 여론에서도 우위를 점할 수 있다고 판단한 것입니다.

그래서 이들은 여전히 자신이 헌법질서를 파괴했다고 생각하지 않습니다. 그저 자신들은 헌법 질서의 변화를 꾀했고, 그래서 저들은 속으로 자신들이 쿠데타가 아니라 혁명에 실패했다고 생각하고 있을 것입니다.

12월 3일 밤 많은 국민들이 80년 5월 18일의 광주를 떠올렸다고 합니다. 아닌 게 아니라 윤석열을 중심으로 부정선거론을 설파하는 사람들, 쇠우리에 갇혀서 세상의 변화를 감지하지 못하는 사람들이 가장 싫어하는 사건이 5·18민주화운동입니다. 계속해서 5·18민주화운동을 왜곡하는 것도 비슷한 이유입니다. 생각 없이 계산만 하고 살아온 사람들에게 5·18은 도무지 이해할 수 없고, 납득할 수 없으며, 공감할 수 없는 일입니다. 이들에게 5·18은 여전히 심장을 파고드는 칼입니다. 12월 3일은 끔찍하고 무서웠지만 동시에 5·18민주화운동이 남긴 거대한 유산이 아직 살아 있음을 확인하는, 그래서 전두환이 벌였고, 윤석열이 벌인 이 미친 짓이 결코 성공할 수 없음이 드러난 날이기도 했습니다.

윤석열에 대한 탄핵안은 가결될까?

계엄이 무산된 그 이후의 과정은 참담했습니다. 윤석열은 대한민국의 헌법을 파괴하고, 내란수괴죄를 저질렀음에도 24년 12월 7일, 탄핵발의안이 국민의힘 의원들의 표결 불참으로 무산되었습니다. 그 순간 나는 분노하기 보다 고통스러웠습니다. 동시에 이 나라가 개국

한 이래로 이승만, 박정희, 전두환이 기획한 국가폭력에 의해 희생된 사람들, 또 그 희생으로 인해 트라우마를 겪고 있는 남겨진 사람들의 아픔이 떠올랐습니다.

　우리가 국민의힘 의원들에게 기대했던 건 국회의원으로서의 하한선이 아니라 인간으로서의 하한선이었습니다. 그들이 적어도 인간이라면 이 정도만이라도 해주길 바라는 마음에 가까웠습니다. 만약 12월 3일 새벽 국회에서 계엄을 해제시키지 못했다면 무수히 많은 이들이 죽음에 내몰렸을 수도, 무수히 많은 이들이 살인자가 됐을지도 모를 일입니다. 그러면 남겨진 이들은 또다시 평생을 고통과 상처 속에 살아야만 했을 겁니다. 국민의힘 의원들에게는 그런 감각조차 없습니다. 이 고통의 근원은 그들의 무감각에서 비롯된 것입니다. 우리는 무감각한 세력과 힘든 싸움을 앞으로 계속해서 해나가야만 합니다.

　하지만 여기서 끝이 아니라고 믿습니다. 응원봉을 흔들며 신나게 탄핵을 외치는 청년들의 모습에서 세상은 변했고 또 계속해서 변할 거라는 믿음이 생겼습니다. 모 언론에서 대학생을 대상으로 이번 사태를 어떻게 보는지 취재를 했는데요, 제가 가르치는 철학과 1학년인 정은 학생이 언론에 보냈던 글을 나에게도 보내주었습니다. 그 글의 마지막 부분을 소개합니다.

　우리는 2014년 4월 이후로 가만히 있으라는 말을 듣지 않기로 결심한 세력입니다. 학문을 하고자 대학에 온 사람으로서,

5·18 후예로서 가만히 있을 수 없습니다. 나는 무언가를 포착하고 비판하고 사유하고자 대학에 왔습니다. 시민 스스로 이 문제에 의식을 가져야만 국가폭력을 규제할 수 있는 시민권의 온전한 저자가 될 수 있습니다. 끝까지 묻고 저항할 것입니다.

나는 이 글을 읽고 윤석열이라는 괴물이 대한민국의 많은 것을 무너뜨렸지만, 우리의 청년들은 우리보다 더 나은 세상으로 나갈 수 있을 것이라는 확신이 들었습니다. 1차 탄핵안이 정족수를 채우지 못하고 무산된 이후 만나는 모든 사람이 나에게 묻습니다. "윤석열을 탄핵할 수 있을까요?" 2024년 12월 12일 정오에 이에 대한 나의 답변을 기록해두고자 합니다.

"윤석열은 반드시 탄핵됩니다. 왜냐하면 그는 군사반란으로 내란을 일으킨 자이기 때문입니다. 그가 탄핵되지 않으면 주권자 국민이 죽습니다. 주권자가 지는 일은 없습니다. 우리는 지지 않을 것입니다."

이 책을 쓰고 있던 2024년 12월 9일 17시경 윤석열 탄핵 소추안이 국회에서 가결되었습니다. 나는 헌법재판소가 탄핵을 인용할 것이라고 확신합니다. 그들의 지성이나 양심보다 빛의 혁명이 만들어낸 상황을 믿습니다. 탄핵이 인용되지 않으면 온 나라가 비탄과 탄식에

휩싸일 것입니다. 우리 공동체의 구성원 모두가 각자의 자리에서 힘과 지혜를 모아야 합니다. 우리 공동체에 대한 믿음을 가지고 나는 윤석열 탄핵 이후, 빛의 혁명을 완수하기 위해 우리 사회가 관심을 가져야 할 과제에 관해서 말하고자 합니다. 촛불혁명의 명령을 제대로 수행하지 못해 윤석열이라는 괴물을 정치의 전면에 등장시켰던 잘못을 되풀이하지 않기 위함입니다.

그전에 2부에서는 우선 시계를 과거로 돌려 윤석열 정부가 탄생 직후부터 보여왔던 다양한 병적 징후들에 관해 분석해보겠습니다. 과거를 제대로 해석해야만 미래로 가는 길을 밝힐 수 있습니다.

2부

윤석열 정권의 내부에서
숨 쉬던 반혁명의 기운

1

법률주의로 탄생한 부패 정권

법치주의와 법률주의의 차이

현 정부가 탄생하게 된 배경의 핵심을 일컬어 이른바 '법치주의 rule of the law'의 복원이라고 말합니다. 실제로 윤석열과 한동훈이 여기까지 오게 된 배경에는 막강한 권력을 가진 사람에게도 법을 공정하게 집행할 거라는 다수 국민의 믿음이 강력하게 작동했습니다. 윤석열 정부를 좋아하든 싫어하든, 그 형식과 배경에 동의하든 동의하지 않든 그들이 법치주의의 프레임으로 탄생한 것은 부정할 수 없습니다. 윤석열 스스로도 지금껏 끊임없이 법치주의를 강조했습니다.

나는 철학자, 특히 법철학을 전공한 사람으로서 이 정부가 법치주의와 아무런 관계가 없다는 사실을 철학적으로 논증해보려고 합니다. 사실 법치주의와 비슷하지만 사람들이 흔히 혼동하는 개념이 하나 있는데요, 바로 '법률주의rule by the law'입니다. 잘 쓰지 않는 단어인 만큼 많은 이들에게도 낯설 것 같으니, 우선 각각의 개념부터 살펴보도록 하겠습니다.

법치주의에 관해서는 헌법 11조에 잘 나와 있습니다. 물론 헌법에 '법치주의'라는 단어가 직접적으로 등장하는 건 아니지만 법치주의가 무엇인지에 관해서 만큼은 명확하게 정의합니다.

모든 국민은 법 앞에 평등하다.

이게 법치주의라는 말의 헌법적 표현입니다. 여기에는 국민뿐 아니라 대한민국에 사는 모든 이들이 포함됩니다. 이를테면 대한민국에서 사는 외국인이라고 해서 법 앞에 평등하지 않은 건 아니라는 뜻입니다. 보통 다른 나라에는 이 조항을 '모든 국민'이 아니라 '모든 사람'이라고 명시합니다. 우리나라도 언젠가 개헌을 하게 된다면 이 조항을 수정해야 한다는 의견이 다수입니다. 이 문제에 관해서는 여·야 모두 별다른 이론이 없습니다. 세속화된 법치 체계를 가진 OECD 국가 중에서 인권의 주체, 권리의 주체를 국민으로 제한하는 나라는 없기 때문입니다.

법률주의란 무엇일까요? 모두가 법을 잘 지키는 것, 혹은 모두가 법을 잘 지키자고 말하는 것이라고 정의할 수 있습니다. 간명하게 표현하면 '법대로 하자' 이겁니다. 무조건 법을 지켜야 하고, 법을 어기면 고통을 받아야 한다는 생각입니다. 이렇게 모든 걸 법대로 하고, 법만 잘 지키면 그만이라고 생각하면 어떤 일이 벌어질까요? 아이러니하게도 법률주의가 가장 강할 때는 일제 강점기 혹은 나치 시절이었습니다. 전체주의 국가일수록, 독재국가일수록, 비정상적인 국가일수록 법률주의가 강합니다.

　법률주의에서 법은 군주나 귀족 혹은 힘 있는 자들이 국민을 지배하고 통제하는 수단일 뿐입니다. 이 경우 지배자는 법을 만드는 저자이고 다른 모든 사람은 법의 수신자일 뿐입니다. 그러니 수신자들은 도덕적으로 훌륭한 지도자를 메시아처럼 기다릴 수밖에 없습니다. 측은지심에 기초한 왕도정치에서 노블레스 오블리주noblesse oblige에 이르는 정치 담론은 이런 방식으로 국민을 길들여왔습니다. 지금 윤석열을 지지하는 사람들 또한 이런 방식으로, 이런 논리에 따라 쇠우리에 갇혀 있는 것입니다.

　반면 법치주의에서 법의 저자와 수신자는 모두 시민이고 국민입니다. 그러니 법은 공동의 삶을 조율하려는 시민의 뜻이자 권리입니다. 이 경우 국회의원은 시민의 위임을 받아 법을 만드는 대리인이고, 대통령을 비롯한 행정 관료들은 법의 이름으로 시민이 시키는 일을 수행하는 일꾼이고, 사법부는 법을 지키는 문지기입니다. 이런 맥락에서 법률주의가 폭력적 통치라면 법치주의는 민주적 협치라고 할 수 있습니다.

　대한민국은 법치주의 국가이지 법률주의 국가가 아닙니다. 그

가장 명백한 증거가 저항권입니다. 저항권을 법률로 인정하는 국가의 국민으로서 우리는 우리의 국가 체제에 관해서조차 의심하고 저항할 수 있습니다. 우리가 주권자이니까요. 이를 인정하는 국가가 법치주의 국가이고, 인정하지 않으면 법률주의 국가 다시 말해 사법 국가, 전체주의 국가입니다.

주권과 인권 위에 법률이 있다면?

미셸 푸코Michel Foucault라는 철학자가 있습니다. 오늘날 우리가 생각하는 학교의 시스템, 병원의 시스템, 감옥의 시스템을 통해 지식과 권력이 어떻게 작동하는지 등을 연구했는데요, 21세기 초에 세계적으로 가장 큰 영향력을 행사한 분이기도 합니다. 그의 주저《말과 사물Les Mots et les Choses》은 프랑스인들이 아침에 먹는 빵보다 더 많이 팔렸다고 합니다. 미셸 푸코는 무엇보다 지식과 권력의 관계에 대해서 많은 이야기를 했습니다. 그는 권력을 크게 주권 권력과 생명 권력으로 나눕니다. 그에 따르면 아주 오래전에는 황제만이 주권자였습니다.[8] 황제의 주권 권력은 절대 권력이고, 누군가를 죽일 수 있는 권력이었습니다. 주권 권력은 백성의 삶이나 성장에는 관심도 없고 개입도 하지 않습니다. 어떻게 살아야 하는지는 각자 알아서 해야 합니다. 백성

---

8   우리역사에서는 대한국 국제(1899년) 제 2조에서 다음과 같이 명시되어 있다. "대한제국의 주권은 대황제께서 이를 통수하신다."

을 살릴 수 있는 능력도 없고, 살리고 싶은 의지도 없습니다. 주권 권력은 국민을 죽일 수 있는 힘으로 통치합니다.

현대 권력은 주권 권력이 성공할 수 없습니다. 누군가를 죽일 수 있는 권력에 사람들은 환호하지 않습니다. 세속화된 법치주의 국가에서 정치권력을 가진 통치자는 더 이상 국민의 죽음에 관여하지 않습니다. 어떻게 죽을 것인지는 개인에게 맡겨집니다. 법적 도덕적 책임은 그 자신의 몫입니다. 따라서 현대의 권력은 죽음이 아니라 삶, 생명에 관심을 집중합니다. 푸코는 이것을 생명 권력이라고 부릅니다. '어떻게 잘 살게 할 것인가', '어떻게 잘 성장하게 할 것인가'라는 부분에 초점을 맞춰 권력을 행사합니다.

물론 주권 권력보다 생명 권력이 더 좋다거나 옳다고 논증할 수는 없습니다. 다만 오늘날의 정치는 생명 권력으로만 가능합니다. 윤석열처럼 주권 권력에 빠지는 것은 시대의 흐름에 역행하는 일입니다. 정치권력이 제대로 작동하려면 생명 권력으로 나아가야 합니다. 국민을 안전하게 지켜줘야 하고, 언론을 자유롭게 해야 하고, 사람들이 더 많은 말을 할 수 있게 해야 합니다.

그런데 그동안 윤석열 정부의 권력은 어떻게 작동했나요? 이태원 참사나 채수근 해병의 죽음, 황당하고 무지하고 어이없었던 비상계엄 선포 등을 생각해보면 결코 그렇다고 말할 수 없습니다. 당장 병원 응급실만 가봐도 아비규환이라는 말이 따로 없을 정도입니다. 소위 '응급실 뺑뺑이'를 돌다 죽어 나가기 일쑤입니다. 법률주의는 삶에 관여하는 권력이 아닙니다. 그러므로 지금 윤석열 정부의 권력은 구시대적 권력이고, 죽은 권력이며, 퇴행 권력이라고 보아야 합니다. 그것이 법률주의의 형태로 고스란히 드러나고 있습니다.

법 얘기가 나왔으니 헌법에 관해 조금 더 들여다보겠습니다. 헌법은 총 열 개의 장으로 이루어져 있지만 크게 보면 권리와 권력 두 가지 내용을 담고 있습니다. 의회부터 시작해 정부, 법원 등의 순서로 권력기관을 다루고 있는데요, 이 모든 권력기관은 국민의 권리를 보장하고 지킬 때에만 그 정당성을 갖습니다. 다시 말해 대한민국의 모든 권력기관은 대한민국에 있는 모든 사람의 주권과 인권을 보호하기 위해 존재합니다. 만약 국회나 대통령을 비롯한 권력기관이 국민의 주권과 인권을 침해한다면 곧바로 탄핵당한다는 게 헌법의 체계이자 기본 원리입니다.

법률도 크게 다르지 않습니다. 법치주의에 의하면 법률의 정당성은 국민의 주권과 인권을 신장하는 데 있습니다. 국민의 주권과 기본권을 침해하면 국회든 대통령이든 탄핵될 수 있듯이 법률도 마찬가지입니다. 법률이 국민의 주권과 기본권을 침해한다고 판정되면 언제든 수정될 수 있고 또 마땅히 그래야 합니다.

그런데 법률주의는 법률을 주권과 인권 위에 세웁니다. 그래서 법률주의란 곧 법률 지상주의입니다. 윤석열 정부는 법치주의가 아니라 법률주의로 탄생한 정부이기 때문에 퇴행적입니다. 김건희의 디올 백 수수 사건을 생각해보십시오. 만약 이 정부가 정말로 법치주의를 근간으로 하고 있다면 모든 국민은 법 앞에 평등하다는 원칙에 따라야 합니다. 수사받고 조사받아야 합니다. 하지만 김건희를 비호한 국민권익위원회의 행태나 검찰의 소위 '콜검' 사태를 보면 도저히 그렇다고 볼 수 없습니다. 검찰부터 법치주의를 파괴한 것입니다.

검찰이 부패할 수밖에 없는 이유

이 법률주의의 중심에 바로 검찰이 있습니다. 우리나라 검찰은 부패할 수 있는 너무나 많은 요건을 갖추고 있는데요, 세계은행World Bank에서 발표한 부패의 공식을 보면 우리나라 검찰이 부패할 수밖에 없음을 확인할 수 있습니다. 세계은행의 부패 공식은 다음과 같습니다.

1. 재량권이 늘어나면 늘어날수록 부패할 수 있다.
2. 독점권이 늘어나면 늘어날수록 부패할 수 있다.
3. 책임이 줄어들면 줄어들수록 부패할 수 있다.

하나씩 살펴보죠. 우선 우리나라 검찰은 너무나 많은 재량권을 가지고 있습니다. 명품 백을 받은 대통령의 아내를 소환할 수도 있지만, 하지 않을 수도 있습니다. 대통령 부부에 불리한 기사를 낸 언론사를 압수수색할 수도 있지만 하지 않을 수도 있습니다.

또한 검찰은 기소에 관한 독점권도 가지고 있습니다. 아무리 죄가 많아도 검찰이 봐주고 싶으면 기소하지 않거나 죄를 축소해서 기소하면 그만입니다. 심지어 누군가를 과도하게 기소했다가 무죄를 받아도 검찰에겐 어떠한 책임도 묻지 않습니다. 그러니 '검찰적 사고방식'으로 정권을 운영하면 반드시 부패할 수밖에 없습니다. 윤석열 정부가 그러하죠. 그래서 나는 윤석열 정부를 부패 정권이라고 규정합니다. 이는 퇴행을 넘어 퇴화에 가깝습니다. 퇴행이라면 그래도 나중에 돌이킬 수가 있는데 한번 퇴화하면 다시 되돌리기가 몹시 어렵습니다.

법치가 아니라 법률로 움직이는 정부, 재량권과 독점권은 늘리고 책임은 지지 않는 정부, 부패한 정부가 지금 이 나라를 퇴화시키고 있습니다. 김건희가 받은, 어느 앵커의 말에 의하면 "쪼만한 파우치"야말로 그 직접적인 상징이라 하지 않을 수 없습니다. 국민의 주권과 기본권을 침해하면 국회든 대통령이든 존재의 이유가 없다는, 언제든 탄핵할 수 있다는 헌법의 내용을 다시금 상기해야 할 때입니다.

2

'입틀막' 사건으로 보는 공론장의 역할

철학적 사고란 무엇인가?

철학적 사고란 곧 비판적 사고입니다. 비판적 사고란 선택하지 않고 사유하는 활동입니다. 무엇을 사유하는 것일까요? 우리는 수없이 판단합니다. 판단에는 기준이 있습니다. 이 기준의 정당성 유무와 범위를 따지는 것이 바로 비판적 사고입니다. 비판적 사고는 현실적으로 이분법을 강요하는 권력에 대한 저항입니다. 간단한 예를 들어 보겠습니다.

나의 책 《자유의 폭력》에서 나는 '늑대의 자유는 사슴에게 죽음일 수 있다'고 말했습니다. 그렇다면 여러분에게 묻겠습니다. 여러분은 늑대입니까, 사슴입니까? 이런 질문을 하면 사람들은 대게 강박적으로 자신이 늑대인지, 사슴인지 답을 하려고 합니다. 이것이 의식을 지배하는 방식입니다. 둘 혹은 다수의 선택지를 주고, 그중 하나를 선택할 수 있는 자유를 주는 통치술입니다. 통치술에 길든 사람은 하나를 선택합니다. 실제로 우리 교육이 이런 통치술에 적응하는 기술을 가르치는 경우도 많습니다. 그런데 간혹 '나는 늑대가 나타났다는 걸 사슴에게 알리는 사람'이라는 식으로 대답하는 사람이 있습니다. 둘 중 하나를 선택하지 않고 그 사이에서 사고한 결과입니다. 이것이 바로 비판적 사고입니다. 비판적 사고를 하는 사람은 자신이 사슴이면서 동시에 늑대일 수 있음을 알아차립니다. 기준에 따라 나는 사슴일 수도 있고 늑대일 수도 있습니다. 여기서 비판적 사고를 하는 사람은 그 기준이 무엇이고 얼마나 타당한지를 따집니다.

우리는 일상에서 매 순간 타인에게 선택을 요구하거나 혹은 요구받습니다. 일례로 누군가가 "너 남자야, 여자야?"라고 묻는다면 아마 큰 고민 없이 자신의 성별을 이야기하겠지요. 어찌 보면 당연한 일이지만 비판적 사고를 하는 사람은 선택하기 전에 생각합니다.

당신이 남자인지 여자인지 말하는 순간, 당신은 인간을 오직 남자와 여자로 나누는 이데올로기에 종속된 상태에서 벗어나려는 의지가 전혀 없다는 방증이기도 합니다. 비판적으로 사고하는 사람들은 이 질문에 반문합니다. "남자와 여자를 나누는 기준은 무엇인가요?"

남녀란 생물학적으로도 나눌 수 있지만, 성적 지향성을 기준으로 나눌 수도 있습니다. 더구나 문화적 성 정체성인 젠더를 기준으로 구분할 수도 있습니다. 젠더의 관점으로 보면 생물학적으로는 여성이지만, 남성성이 더 많은 사람도 있을 것입니다. 반대의 경우도 마찬가지겠지요. 이처럼 비판적 사고를 하면 누구나 남성이면서 여성일 수도 있음을 알게 됩니다. 이 지점에서부터 생각이 요동치기 시작합니다. 생각이 시작된다는 건 곧 기준에 대한 의문 제기이자 저항이기 때문입니다. 바로 여기서 사회적 혁명이 일어나기도 하고, 문화적 혁신이 발생할 수도 있습니다.

철학은 어쩌면 참 피곤한 학문입니다. 그냥 남자인지 여자인지, 늑대인지 사슴인지 학습된 대로, 사회적 통념대로 얘기하면 훨씬 간단한 문제인데 말이죠.《정의한 무엇인가Justice》라는 책으로 유명한 마이클 샌델Michael Sandel은 철학을 가리켜 "일상적 사고로부터 강요된 탈출"이라고 말한 바 있습니다. 기준을 물어보는 순간, 우리는 지금까지 나에게 익숙한 것으로부터 벗어납니다. 당연히 고통과 불편함이 따라옵니다. 그런데 이 고통과 불편함을 직면하면, 다시 말해 익숙함에서 벗어나 사유하기 시작하면 그때부터는 사유하지 않았던 시절로 돌아갈 수 없습니다. 한편으로 저주이고, 한편으로 축복입니다.

존 스튜어트 밀John Stuart Mill이 했던 유명한 말이 있지요. "짐승이냐, 인간이냐." 자매품으로 "배부른 돼지가 될 것이냐, 배고픈 소크라테스가 될 것이냐"도 있습니다. 만약 누군가가 어떠한 사유도 거부하고 자신이 버는 돈과 안락한 삶에 100퍼센트 만족한다면 그 사람은 그렇게 살면 그만입니다. 하지만 모든 사람이, 모든 세상이 그렇게만 돌아가진 않겠죠. 누군가는 그것만으로 삶이 충족되지 않습니다. 그 이상의 무엇이 반드시 필요합니다. 여기서 말하는 '그 이상의 무엇'을 얻기 위해서는 결국 철학적으로 사고해야 하고, 생각해야 합니다. 이렇게 한번 사유하기 시작하고, 나아가 철학하기를 시작하게 되면 우리는 결코 사유하지 않고 살던 과거로 돌아갈 수 없습니다. 설령 돌아간다 하더라도 그것은 생동하는 삶이 아니라 죽어가는 삶으로의 회귀입니다.

철학이란 우리에게 일상으로부터의 탈출을 요구해 때로 곤란하고 불편하게 하지만 결코 사유하지 않던 때로 돌아갈 수 없게 만듭니다. 왜 그럴까요? 진정한 의미의 자유로움, 새로운 형태의 즐거움을 주기 때문입니다. 마치 누구도 가보지 않은 땅에 처음 발을 내딛는 느낌 같은 것이랄까요? 이 이야기를 영화를 통해서 한번 말씀드려보겠습니다. 지금 영화관에 가면 생각 없이 볼 수 있는 영화들이 많습니다. 생각할 필요는 없지만 재미있는 영화가 넘쳐납니다. 이런 영화를 보다가 예술적 가치가 높은 영화를 처음 보면 매우 힘이 듭니다. '살기도 힘든데 이런 영화까지 봐야 해?'라고 신경질을 낼 수도 있습니다. 하지만 조금은 힘을 들여야 이해하고 즐길 수 있는 영화를 한 번, 두 번 보다보면 어느 순간 이제까지 경험하지 못한 즐거움을 느끼게 됩니다. 힘들면서 동시에 즐거운 영화를 볼 수 있는 사람이 된다는 것은 분명 축복입니다. 이 즐거움을 알고 세계를 살아가는 사람은 많지도 않습니다. 나는 모든 사람이 예술 영화와 철학을 좋아하기를 기대하지 않습니다. 하지만 세상의 변화에 민감해지고 싶다면, 세계의 수

많은 존재들과 더 가까이 호흡하고 더 깊숙이 소통하길 원한다면 예술과 철학에 관심을 가져보길 권합니다.

윤석열 정부의 '입틀막' 사건

철학은 기본적으로 사물, 사람, 사건에 대해 다시 묻는 것입니다. 지금까지 나의 철학 연구는 두 가지 차원에서 이루어져왔습니다. 하나는 철학 문헌 연구입니다. 철학 안에는 인류가 축적해온 수많은 문제들과 그 문제들에 대한 담론이 있습니다. 일반적으로 아카데미즘이 요구하는 철학은 전통적인 철학적 담론에 관한 문헌 연구입니다. 이 연구는 기초연구에 해당합니다. 이 연구에서도 가장 중요한 것은 질문이고 맥락입니다. 두 번째 연구는 현실 속에서 질문을 던지고, 그에 대한 철학적 사유를 개진하는 것입니다. 아마도 이 책이 두 번째 방법의 연구라고 할 수 있겠습니다.

윤석열 정부는 철학하는 나에게 의문을 제기하는 수많은 사건을 저질렀습니다. 그중 하나가 소위 '입틀막' 사건입니다. 입틀막 사건은 하나가 아니라 여러 개입니다. 여러 번 반복되었던 이유를 추론해보면 윤석열이 이 사건을 불편해하지 않았고, 오히려 합당한 경호라고 생각했기 때문일 것입니다. 입틀막 하는 경호원들이 여론의 비판을 받아도 윤석열이 문제의식을 느끼지 않으니 비슷한 일이 자꾸 일어나는 것입니다. 여기에는 분명 어떤 체계적인 사고의 틀이 있을 텐데요, 그걸 이해해보려고 합니다. 나는 누군가를 비판하기 전에 항상 저 사람이 왜 그런 행동을 하는지, 어떤 기준을 갖고 있길래 그런 태도를 보이는지를 먼저 이해하는 게 중요하다고 봅니다.

분명 윤석열 나름대로는 감각적 또는 이성적 판단이 있고 그 판단의 근거도 있을 텐데요, 철학적 지식을 동원해보면 그 근간에는 공론장에 대한 그의 이해와 해석이 자리하고 있지 않나 싶습니다.

공론장Public Sphere은 공론 영역이라고도 하는데요, 보통은 이런 공론 영역 혹은 광장을 공적인 여론, 곧 공적인 의견과 의지가 구성되고 형성되는 곳이라고 생각하기 마련입니다. 그런데 이것은 착각이죠. 엄밀히 말하면 공론장은 시대에 따라 다른 뜻을 가진 개념입니다. 이와 관련해 대표적인 저서를 낸 분이 위르겐 하버마스Jürgen Habermas라는 철학자입니다. 이분이 2000년대 초반에 중국에 방문했을 때 교황이 왔을 때보다 더 많은 인파가 몰린 것으로 유명했죠. 90년대 말에 다양한 기관에서 조사했을 때 세계 거의 모든 영역에서 큰 영향력을 미친 20세기 마지막 인물이기도 합니다. 이분이 여러 분야를 다양하게 연구하셨는데, 그중 공론장에 관한 연구(《공론장의 구조변동Strukturwandel der Öffentlichkeit》)도 있습니다.

위르겐 하버마스에 따르면 공론장은 16세기까지의 공론장과 17세기 이후의 공론장이 크게 다릅니다. 16세기까지의 광장, 공론 영역은 과시적 공간이었습니다. 권력자가 자기를 드러내기 위한 용도였다는 것이죠. 개선문을 생각하면 이해가 쉬울 것 같은데요, 개선문이야말로 과시적 공론장의 알파이자 오메가입니다. 당시 개선문의 용도는 왕이 행차해 그 권위를 보여주는 데 있었습니다. 사람들은 왕을 보며 그 찬란한 아우라에 탄복합니다. 그 누구도 왕을 보면서 비판하거나, 사유하거나, 분석하거나, 평가하지 않습니다. 그저 감동하고, 추앙하고, 추종하며, 충성하는 가운데 자신의 안정과 평화를 찾을 뿐입니다. 17세기 초반까지만 해도 이것이 광장의 역할이자 목적이었습니다.

그 이후 과시적 공론장은 부르주아 공론장으로 바뀌게 되는데요, 이때 중요한 역할을 한 것이 프랑스의 살롱, 영국의 커피하우스 등이었습니다. 여기서 우리가 알고 있는 유명한 문인들, 철학자들이 대거 등장하지요. 이들이 살롱이나 커피하우스에 모여 문학을 이야기하고 예술을 이야기하면서 자연스럽게 정치적 의견과 의지가 형성되었습니다. 그래서 이런 곳을 문예적 공론장이라고도 부릅니다.

누군가가 소설을 내면, 좋은 살롱이나 카페나 좋은 집을 빌려 일종의 낭독회를 엽니다. 여기에 여론 주도층, 대개는 귀족 부인이나 부르주아 같은 시민 계층이 모입니다. 이것이 점점 발전하면서 사적인 공론장으로까지 확장됩니다. 바로 여기서 미국의 독립혁명, 영국의 명예혁명, 프랑스 시민혁명의 동력이 발생하게 된 것입니다.

과시적 공론장에서는 과시하는 사람만 주인이고 나머지는 다 소비자입니다. 심지어 부르주아 공론장에서도 일부 여론 주도층만 여론을 형성하는 생산자이고, 시민 대부분은 소비자로 전락한 경우도 많습니다. 그런데 오늘날은 유튜브 등을 비롯한 미디어 환경의 변화로 모두가 생산자이면서 모두가 소비자인 시대가 되었습니다. 우리나라에서 이걸 제일 먼저 포착한 이가 〈오마이뉴스〉의 오연호 대표입니다. 우리는 모두 뉴스의 소비자이지만 동시에 생산자일 수도 있다는 개념에서 시작한 〈오마이뉴스〉의 '모든 시민은 기자다'라는 슬로건은 현재 공론장의 역할과 목적이 무엇인지를 잘 보여줍니다.

　과시적 공론장이 점점 사라지고 시민적 공론장이 활성화되었습니다. 이런 식으로 공론장이 바뀌었는데, 여전히 과거에 사는 분들이 있습니다. 물론 바뀌지 않은 건지 되돌아간 건지는 알 수 없습니다만, 윤석열 정부에서 입틀막 사건이 계속해서 벌어지는 이유가 바로 여기에 있습니다. 윤석열이 공론장을 과시의 장소로 생각하고 있기 때문입니다. 사실 공론장이 과시적 장소로 퇴행하는 건 우리나라에서만 벌어지는 일은 아닙니다.

　위르겐 하버마스에 따르면 과시적 공론장의 재등장은 전 세계적으로 새롭게 나타나는 현상입니다. 이를 공론장의 재봉건화라고 부릅니다. 현대의 공론장에서 상품의 논리를 앞세우는 것이 그 원인이라 할 수 있습니다. 권력과 돈이 기묘하게 결합해 공론장이 언뜻 자유로운 것처럼 보이지만 돈 있고 힘 있는 자들에게 종속된 것이죠. 그래서 공론장 내부에서 자유를 가장한 봉건화가 점점 강화되고 있습니다. 시민들은 입틀막 사건을 보면서 자유라는 가치와 충돌한다고 생각하지만, 과시적 공론장, 특히 자신을 섬기는 과시적 공론장에 취한 윤석열에게 입틀막은 반국가세력과 그에 동조하는 자들에게 취해야 할 정당한 조치였던 것입니다. 그래서 반복되다가 결국 야당 국회의원과 진보 유튜버들, 나아가 모든 시민에게 입틀막을 강요하는 내란을 일으킨 것입니다.

트럼프 역시 비슷한 측면이 있는데요, 학자들은 그가 공론장을 과시적 공론장으로 재봉건화하고 있는 대표적인 인물이라고 분석하는 경우가 많습니다. 물론 공론장을 의도적으로 재봉건화할 수는 없습니다. 다만 어떤 사회가 개방되고 자유로워지면 그 자유의 이름으로 퇴행하려는 세력이 발생하기 마련입니다. 유럽이 정치적으로 매우 발달한 나라 같지만 몇몇 나라에서는 현재 '공산주의냐, 시장주의냐' 같은 캐치프레이즈를 들고 선거에 출마하는 후보가 적지 않습니다. 지금 우리 상식으로는 불가능해 보이지만 엄연한 현실입니다. 자유의 이름으로 퇴행하려는 세력이 정치적으로 군집을 이루면 어떤 일이 벌어지는지 잘 보여주는 사례입니다. 이런 식으로 여론이나 공론장이 재봉건화되거나 퇴행하는 현상은 언제나 있어왔고, 어쩌면 이런 현상은 불가피하다고도 할 수 있습니다.

우리는 2만 5,000년 전, 저 동굴에서 살던 우리의 조상과 어떠한 유전적 차이도 없습니다. 그러니까 인류 역사가 아무리 체계적으로 발전하더라도, 교육 시스템이 아무리 발달하더라도 퇴행을 향한 욕구는 근본적으로 내재하고, 그걸 조직화하는 정치 세력 또한 반드시 등장합니다. 그런 세력들이 일시적으로 나타나 권력을 쥐면서 사회 전체에 큰 불행을 안기고 사라지는 경우가 많습니다. 거기서 끝이 아닙니다. 한 번 나타났다 사라졌다고 해서 또다시 등장하지 않을 거라는 법도 없습니다. 악마는 지치지 않습니다.

　많은 사람이 '윤석열보다 더한 사람이 또 나타나겠어?'라고 생각합니다. 아닙니다. 단언컨대 반드시 나타납니다. 이런 일이 다시 없을 것처럼 여기는 건 옳지 않습니다. 이걸 이해해야 조금은 여유 있게, 너무 각박하지 않은 방식으로 정치를 대할 수 있다고 생각합니다. 다만 여기서 우리의 역할은 그 불행을 최소화하는 데 있습니다. 다시 말해 국민의 입을 틀어막고 사지를 들어 내쫓는 퇴행은 불행하지만 일어날 수도 있는 일입니다. 여기서 핵심은 이런 퇴행이 '한 사회를 이루는 근간을 흔들 정도까지 갈 수 없도록 막는 힘'에 있습니다. 이 힘을 기르려면 재봉건화된 공론장을 다시 건강하게 만들어야 합니다. 나는 시민의 힘으로 가능하다고 봅니다. 우리는, 아니 세계는 12월 3일 윤석열의 계엄 선포와 내란에 대항하는 대한민국 시민들에서 그 힘을 확인했다고 확신합니다. 결국 우리는 공론 영역의 소비자로만 전락하지 말고, 스스로 생산하는 역량을 길러야 합니다. 여론을 형성하는 주인이 되어야 합니다. 스피커가 작다고 의미가 없지 않습니다. 작지만 수많은 스피커가 모여 실개천에서, 골목길에서 혹은 일상의 다양한 영역에서 여론을 형성할 때 우리는 이 퇴행을 그리고 더한 퇴행을 막을 수 있습니다. 이 맥락에서 대한민국은 세계에서 가장 앞선 시민적 공론장을 온라인과 오프라인에서 동시에 가지고 있습니다.

3

의대 정원 확대 정책으로 보는 양적 공리주의의 함정

　　대한민국이 한때 의대 정원 확대 이슈로 뜨거웠습니다. 응급실 대란을 비롯해 수많은 문제가 벌어지고 있고, 전문가들은 우리나라의 의료 시스템이 후진국 수준으로 전락할 수도 있다고 전망하기도 합니다. 심각한 문제는 아직 벌어지지도 않았다는 경고도 이어지고 있습니다.

　　철학을 가르치는 사람으로서 나는 윤석열 정부가 줄곧 주장했던 의대 정원 확대 문제의 사상적 기반이 자유주의인지 공리주의인지, 공리주의라면 어떤 공리주의인지 분석해보고자 합니다.

　　자유주의에 관한 이론은 매우 많고, 그중엔 매우 극단적인 것도 있지만 모든 형태의 자유주의 이론을 관통하는 핵심적인 특징이 하나 있습니다.

개인의 개성과 창의성이 발달할 수 있도록 사회가 지지해야 한다는 것입니다. 이는 대한민국 헌법 전문에 나와 있는 내용이기도 합니다. 그래서 자유주의적인 관점에서 보면 사회, 특히 사회의 다양한 영역에서도 가장 강력한 단위라고 할 수 있는 국가가 개인의 다양한 생각과 이념과 가치를 지지해야지 발목을 잡아서는 안 됩니다.

단위를 좁혀 우리 가정을 예로 들어보겠습니다. 자유주의 가정이라면 "네가 원하는 것이라면 우리는 무조건 지지한다"라는, 대략 이런 분위기라고 볼 수 있습니다. 그런데 여기서 기준을 한 개인의 행복이 아니라 가정을 이루는 모든 구성원의 행복 총량으로 잡는다면 얘기가 좀 달라지겠죠. 이를테면 "네가 원하는 것을 했을 때 너의 행복은 10이 되겠지만, 다른 형제와 부모의 행복은 줄어든다. 그러니 너는 그 일을 해서는 안 된다. 다시 말해 너는 네가 하고 싶은 걸 포기해야 한다"라는 태도를 취할 수도 있습니다. 이런 입장이 바로 공리주의입니다.

자유주의의 근간이 성립된 곳은 영국인데, 유럽에서 자유주의란 기본적으로 좌파를 의미합니다. 북미 유럽에서 진보적인 사람을 가리켜 progressive-minded라는 표현은 거의 쓰지 않습니다. 자신의 성향이 진보적이라면 대게 '리버럴하다liberal-minded'고 표현하기 마련입니다. 다른 말로 하자면 open-minded라고도 할 수 있을 것입니다. 이보다 조금 더 진보적이라면 '소셜하다social-minded'라고 말할 수도 있습니다. 이처럼 일상생활에서 사람들은 자유주의를 진보의 출발로 보는 경향이 있습니다. 전통적으로 우리나라에도 자유주의는 중도좌파나 중도파를 가리키는 말입니다. 그러니 윤석열이 내세우는 자유주의가 제대로 된 자유주의인지는 크게 의문입니다. 그는 매 순간 '자유'를 노래하지만 그렇다고 그가 자유 지상주의자도 아닙니다. 그는 그냥 자유-독재자입니다. 윤석열의 자유에 관해서는 다음 장에서 구체적으로 다뤄보겠습니다.

윤석열 정부에서는 의대 정원 확대 정책 이후에 이런저런 문제가 발생하자 업무개시 명령을 내렸는데요, 국가가 법률로 업무개시 명령을 내릴 수 있는 직업군은 크게 세 개가 있습니다. 의사, 화물(운송), 약사입니다. 사실 업무개시 명령은 자유주의자들 사이에서 끊임없이 위헌 논란이 벌어지는 법률입니다. 자유주의자들 입장에서는 내가 일하고 싶으면 일하고, 하기 싫으면 안 하는 거지 어째서 국가가 일을 하라, 하지 말라 명령하냐는 주장입니다. 하지만 업무개시 명령을 공리주의, 특히 제러미 벤담Jeremy Bentham이 주장하는 양적 공리주의 측면에서 보면 정당성을 확보할 수 있습니다. 자유주의와는 거리가 멀다고 해야 합니다.

우리나라 보수 언론은 필요에 따라 공리주의와 자유주의를 마음대로 오가는데요, 그들의 입장에서 같은 편이 업무개시 명령을 내리면 공리주의적 관점에서 박수 치고, 상대편이 하면 자유주의적 관점에서 비판하곤 합니다. 문재인 정부 시절 의대 정원 확대로 인해 논란이 생기자 업무개시 명령을 내린 바가 있었죠. 당시 보수 신문에서는 개인의 자유와 개성과 창의성을 지지해야 할 국가가 무슨 이유로 개입하고 협박하냐면서 이 법률은 위헌 심판을 받아야 한다고 비판 기사를 내더니, 윤석열 정부에서 업무개시 명령을 내리자 일제히 환자들의 입장을 대변하면서 공리주의적 관점에서 긍정적인 기사를 쏟아내고 있습니다.

나는 자유주의자이고, 의대 정원 확대도 필요하다고 보는 편입니다만, 윤석열의 문제해결 방식에는 동의할 수 없습니다. 윤석열이 본인의 주장처럼 자유주의자라면 전공의들의 자유를 최대한 존중해주어야 합니다. 그런 점에서 지금 윤석열과 그의 참모들의 주장은 자유주의를 위배할 뿐만 아니라, 굳이 따지자면 최악의 공리주의에 가깝습니다.

왜 그런지 공리주의를 조금만 더 깊이 들여다보겠습니다. 공리주의의 근간이 되는 질문이 하나 있습니다. '도덕의 뿌리가 무엇인가?' 공리주의는 이 질문에서 시작합니다. 이를테면 '왜 우리는 타인에게 폭력을 행사해선 안 되나요?', '나 혼자 좋은 것을 독점하면 안되는 이유는 또 무엇인가요?'

'인간이란 원래 그런 것이기 때문이다', '인간은 전통적으로 이렇게 행동해왔기 때문이다', '사회란 모두가 함께 살아가는 만큼 이성에 입각해야 하기 때문이다' 등등 역사적으로 수많은 근거와 이론들이 존재했습니다만, 공리주의는 그 모든 내용을 부정합니다. 공리주의적인 측면에서는 단 하나의 근거만 존재합니다. '모든 인간은 더 즐겁고, 덜 고통받고 싶어한다.' 바로 이 관점에서 도덕률을 설명합니다. 그들이 보기에 도덕규범의 정당성의 원천은 오직 하나, 쾌락은 최대한 늘리고, 고통은 최대한 줄이는 데 있습니다. 무엇이 됐건, 쾌락이 늘고 고통이 줄어들면 도덕적으로 좋은 거라고 봅니다. 생각해보면 매우 매력적이지 않나요? 실제로 많은 사람들이 공리주의를 비판하면서도 공리주의적인 방식으로 살아갑니다. 이 때문에 공리주의를 바탕으로 한 우파 포퓰리즘이 발생하기도 하죠. 예컨대 윤석열 정부에서 화물연대 파업 때 어떻게 했는지를 생각해보십시오. 윤석열 정부는 공리주의를 무기로 이들을 '때려잡았고', 사람들은 공리주의적인 관점에서 이를 지지했습니다. 실제로 당시 대통령의 지지율이 큰 폭으로 상승했습니다.

공리주의는 쾌락의 계량 가능성을 주장한 제러미 벤담의 '양적量的 공리주의'와 쾌락의 질적 차이를 인정한 존 스튜어트 밀의 '질적 공리주의'로 나뉘는데요, 공리주의 하면 꼭 따라오는 말이 바로 '최대 다수의 최대 행복'입니다. 양적 공리주의에 따르면 더 많은 사람이 행복할 수 있다면 화물을 운반하는 사람들의 고통은 가뿐히 무시해도 괜찮습니다. 여기서 공리주의의 문제가 드러납니다. 모두가 바라지만, 공리주의란 실은 모든 사람을 장식화할 위험성이 존재하는 것이죠. 이와는 달리 고통이 있더라도 아름다운 쾌락을 추구하자는 주장이 질적 공리주의의 토대입니다.

윤석열 정부가 추진했던 정책들을 보면 그저 양적 공리주의에 근거한 조잡한 것들이 많습니다. 우선 국가의 지평에서 모든 국민을 효율성을 중심으로 계산할 수 있게 수량화합니다. 그리고 더 많은 이들에게 이익이 된다면 특정 집단에게는 희생을 강요할 수 있다고 생각합니다. 흡사 예전에 딸들에게 "네가 학교를 가지 않고 돈을 벌어서 아들들을 대학교 보내면 전체적으로 좋은 것 아니냐"라고 말하는 풍경이 연상됩니다. 윤석열은 처음부터 자기를 옛 가부장 가족의 가부장, 이를 확대하면 군주정 국가의 군주라고 생각하며 대통령직을 수행해왔습니다.

의대 정원 확대 문제를 보면 의사들에게 그러하고, 늘봄학교 문제를 보면 교사들에게 그러합니다. 이는 양적 공리주의의 이름으로 자행하는 폭력입니다. 문제는 윤석열의 공리주의는 엄밀한 사회과학적 계산에 기초해서 더 많은 국민이 행복할 수 있는 정책을 펴지 않았다는 것입니다. 그의 공리주의는 자의적 계산에 기초합니다. 의대 정원 확대로 더 많은 사람이 혜택을 본다는 과학적 추정 근거는 없습니다. 더구나 왜 2,000명이 필요한지에 대한 합리적 조사도 이루어지지 않았습니다. 윤석열 공리주의의 최종 근거는 그 자신의 자의적 계산, 즉 출처를 알 수 없는 그의 '감'입니다.

시민사회가 공리주의에 기반한 정부 정책에 쉽게 동의하면 야경국가, 경찰국가가 만들어집니다. 한쪽의 사람들은 이익을 얻는데 다른 쪽의 사람들은 고통을 받습니다. 그리고 사회는 사람들의 고통에 점점 더 무감각해집니다. 더구나 국가 전체의 미래를 위해서 희생을 강요당한 사람들조차도 스스로가 저들 통치자들의 안락을 위한 장식으로 전락하는 것을 수용하게 됩니다. 화물연대 파업 때처럼 아무런 비판 없이 받아들이기 시작하면, 그래서 양적 공리주의가 판치게 되면 우리는 모두 누군가의 삶에 장식품이 되고 말 것입니다. 윤석열 정부의 양적 공리주의는 국민 모두를 효율 체계의 장식적 도구로 만드는 과정이었습니다. 이런 상황이 계속 이어지면 양적 공리주의의 변종인 능력주의meritocracy로 빠질 가능성도 농후합니다.

능력주의는 효율성의 체계에 복무하지 않는 사람들 혹은 능력 없는 사람들을 혐오하고 도덕적으로 비난합니다. 그 비난과 혐오의 대상이 나나 혹은 이 책을 읽고 있는 여러분이 되지 말라는 법은 전혀 없습니다. 더 아이러니 한 점은 정작 능력주의는 능력과 전혀 관계가 없다는 데 있습니다. 능력주의는 과정을 중요하게 생각하지 않습니다. 오로지 결과입니다. 지금 어떤 위치에 있냐만 보는 것이지 과정과 절차를 따지지 않는다는 것입니다.

경영권을 고스란히 물려받은 재벌 2세를 놓고 말하면 쉽게 이해할 수 있습니다. 그분이 그 자리에 오른 것에 그 사람의 능력이 기여한 바는 조금도 없습니다. 설령 회사의 매출이 내리막길을 걸을지라도 능력주의에 따라 그를 추앙하는 사람들은 계속 생겨납니다. 능력주의가 능력에 따라 평가받는다는 생각은 매우 비철학적인 사고방식입니다. 능력주의는 결과를 능력으로 포장하는 이데올로기일 뿐입니다.

쾌락은 최대화하고 고통은 최소화하는 공리주의는 매우 직관적이고 그래서 사람들이 더 쉽게 열광하는지도 모르겠습니다. 하지만 아름다움이란 고통을 감내하는 것에서 옵니다. 모든 예술품은 그 안에 상처가 깊숙이 스며들어 있습니다. 그냥 즐거운 것, 그저 예쁜 것은 단지 장식품에 불과합니다. 어쩌면 우리가 윤석열이라는 괴물을 만들어낸 것도 선조들이 힘들게 극복해온 상처와 고통을 그저 잊고, 제거하려고만 하기 때문인지도 모릅니다. 윤석열은 이태원 참사를, 채수근 해병의 죽음을, 산업 현장에서 벌어지는 재해를 그저 없었던 일처럼 치부하고, 제거하려고 노력했습니다. 윤석열을 극복하기 위해서 우리는 이 시대를 같이 살아가는 모든 사람들, 그리고 모든 존재들의 상처와 고통을 외면해선 안 됩니다. 한 국가의 운영도 그러하지만, 개인의 삶의 영역에서도 마찬가지입니다. 기꺼이 즐겁기만 하겠다는 건, 이 세상의 장식으로 살겠다는 것과 다르지 않습니다.

4

윤석열의 자유는 왜 위험한가?

자유의 자격

윤석열의 내란을 보면 폭력과 공포는 한 몸이라는 것이 명확해집니다. 둘 사이에는 앞뒤가 없습니다. 윤석열은 그것이 현실 세계의 것이든 가상 세계의 것이든 공포를 먹고 성장한 것이 분명합니다. 이 공포가 내면화되어 폭력을 양산하고 다시 공포를 키웁니다. 계엄 선포 이후 이어진 윤석열의 담화를 보면 그는 공포를 사랑하는 것처럼 보입니다. 자신이 저지른 대국민 폭력을 합리화할 수단이니까요. 히틀러도 유대인을 악마로 조작해 공포를 불러일으켰습니다. 윤석열에게 악마는 야당이고, 정적이고, 사유하는 군인이고, 행동하는 시민입니다. 죽이는 자의 편에 서라며 극우의 봉기를 조장하고, 자신이 죽이려 했던 사람들을 여전히 증오하는 윤석열은 폭력 정치의 괴물입니다. 이 괴물에 협력하여 시민과 싸우는 사람들, 그들은 전쟁과 파괴를 즐기는 평범한 폭민, 사악한 정치인입니다.

나치를 대변한 정치철학자 카를 슈미트Carl Schmitt는 정치를 적과 동지의 분할 과정으로 규정합니다. 그에게 정치적인 것은 첨예한 대립을 통해 동지들을 결속하는 세몰이를 요구합니다. 그에 따르면 동지를 규합하려는 정치는 그전에 적을 먼저 적시해야만 합니다. 적을 적시하고, 적에 대한 두려움을 적개심과 공포로 바꾸면 동지애가 뜨거워지면서 잔인한 폭력에 편승합니다. 이런 논리로 나치가 그랬듯 윤석열은 시민의 자유를 유린하는 '안보·질서 프레임'을 앞세워 편 가르기 정치를 했습니다. 그런데 아이러니하게도 정작 그가 적을 적시하기 위해서 사용한 개념이 자유입니다.

나치가 그랬듯 이 땅의 독재자들도 끝없이 비상 상황을 연출했습니다. 적과 동지의 이분법과 남북 긴장, 그리고 전쟁 논리는 저들의 공유재산이자 식자재 창고였습니다. 적개심과 공포를 조장하여 자신들 권력의 배를 불려온 것입니다. 총풍 사건에서 알 수 있듯이 이승만, 박정희, 전두환의 후예들은 항상 적과의 동침에 집착하거나 심지어 도착적으로 관계를 유지해왔습니다. 그런데 지난 촛불혁명 이후 저들의 적대적 공존 질서가 완전히 무너진 것으로 보입니다. 따라서 윤석열은 자유 개념을 기준으로 새롭게 적과 동지를 분리시킵니다. 전선을 명확하게 하려고 그는 우선 국제정치의 지평에서 국익을 뒷전으로 보내고 '자유'라는 가치를 앞세워 한·미·일 '가치 동맹'을 결성합니다. 윤석열은 우리나라와 민족의 미래에 매우 어두운 그림자를 드리울 수 있는 가치 동맹을 어떤 형태의 국민적 동의나 정치적 담론도 없이 독단적으로 처리합니다. 그는 이 가치 동맹을 기초로 국내에서 '자유 동맹'에 반대하는 세력은 적으로 적시합니다. 그가 내세우는 제일 가치인 '자유'는 폭력을 정당화하기 위한 허위의식일 뿐입니다.

나는 《자유의 폭력》에서 윤석열처럼 적대 정치를 즐기는 사람들이 내세우는 자유가 공포와 폭력의 다른 이름이라는 것을 철학적으로 정리했습니다. 폭력 정치, 증오 정치를 하는 사람들이 내세우는 자유가 커지면 커질수록 동시에 증오와 폭력도 커진다는 것을 밝히는 작업입니다. 역사적으로도 봐도 자유를 최대화하면 할수록 폭력도 최대화하는 경향이 있었습니다. 지금도 상황은 크게 다르지 않은 것 같습니다. 윤석열은 입만 열면 자유를 부르짖는데 정작 그의 행동은 모두 폭력적입니다. 공론장에서 자신의 의견을 말했다는 이유만으로 사지가 들려 쫓겨 나가는 사람들을 보면 윤석열의 자유가 폭력이라는 사실이 분명히 드러납니다.

나에게는 윤석열 정부 들어와서 구토증을 유발할 정도로 충격적인 사건이 몇 있었습니다. 그중 가장 심한 것을 꼽자면 윤석열과 오세훈이 찍힌 한 장의 사진입니다. 2022년 8월 우리나라에 큰 폭우가 내려 신림동 반지하에 살던 일가족이 참변을 당한 일이 있었습니다. 그때 대통령실에서는 윤석열이 참사 현장을 방문해 그곳을 물끄러미 내려다보는 사진을 국정 홍보에 활용했습니다. 나는 대통령이란 자가 국민의 죽음과 그 고통을 대하는 눈빛을 잊을 수가 없습니다. 한 시민이 반지하에 갇혀 죽었는데 대통령이란 자는 그 현장을 아무런 감정도 없이 '관찰'하고 있습니다. 이 한 장의 사진에 윤석열의 심성, 감성, 철학이 고스란히 드러납니다.

여기서 잠깐 윤석열의 관찰자적 태도에 대해서 잠깐 설명드리고자 합니다. 학문 연구에는 다양한 방법론이 있고, 또 그것을 구별하는 다양한 기준이 있습니다. 예를 들면 양적 연구와 질적 연구의 구별도 그 하나입니다. 조사연구와 문헌연구의 구별도 있습니다. 연구자의 관점을 기준으로 이루어진 구별도 있습니다. 그것이 바로 관찰자적 관점 연구와 참여자적 관점 연구의 구별입니다. 연구 대상이나 목적에 따라서 연구자는 관찰자적 관점이나 참여자적 관점 중 하나를 취할 수 있습니다.

이해를 돕기 위해 단순한 예를 들어 보겠습니다. A가 물의 끓는 점을 알기 위한 연구를 한다고 가정해보겠습니다. A는 표준 대기압(1기압, 101.325kPa) 조건에서 물이 100℃에 끓는다는 기존의 입장에 대한 의심을 가졌습니다. 따라서 그는 표준 대기압 조건을 갖춘 실험실에서 액체 상태의 물이 정확하게 증기로 변환되면서, 물 분자가 대기압과 같은 압력을 가지는 순간을 찾습니다. 이 실험 결과는 A의 믿음, 기대, 의도, 예상에 아무런 영향도 받지 않습니다. A가 어떤 입장을 취하든 실험 결과가 바뀌지 않는 상황에서 연구자가 취해야 할 태도가 관찰자적 관점입니다. 이와 달리 연구자의 참여자적 관점은 연구 결과에 영향을 미칩니다. B는 이번 대선에서 누가 대통령이 될지를 예측하는 연구를 진행하고 있습니다. B는 심층면접 조사를 실행합니다. 그런데 그는 이미 '강철수 후보'가 대통령이 되길 바라고 있으며, 실제로 그렇게 되리라고 믿고 있습니다. 이 경우 연구자 B의 의도와 예상은 실험 과정과 결과에 영향을 미치게 됩니다. 따라서 B의 관점은 이미 실험 과정과 결과에 관여 혹은 참여하게 되는 것입니다. 여기서 그치는 것이 아닙니다. B의 연구 결과는 이 대선에 어떤 식으로든 영향을 미칩니다. 따라서 연구자 B는 자신의 태도가 연구 과정이나 결과에 영향을 미치지 않도록 최선을 다해야 할 뿐만 아니라, 설령 그렇게 했다고 하더라도 자신이 완벽하게 관찰자적 관점에서 연구를 수행하지 않았음을 인정하고 연구 결과를 해석해야만 합니다.

두 가지 연구 방법론을 가지고 대통령이 어떤 태도를 취해야만 하는지를 함께 생각해보겠습니다. 대통령은 당연히 두 가지 관점을 모두 가져야 합니다. 객관적으로 사태를 파악하고 전망할 때는 가능하면 관찰자적 관점을 가져야 합니다. 이런 경우 대통령은 관련 전문가와 비서진의 담론이 활성화되도록 최대한 보장하고 권고해야만 합니다. 이때 대통령은 다른 참여자와 동등하게 담론 참여자로서 요구되는 규범을 성실하게 이행해야만 합니다. 이때 어떤 타당성 요구가 있는지에 대해 위르겐 하버마스가 《의사소통적 행위이론Theorie des kommunikativen Handelns》에서 말한 것을 중심으로 살펴보겠습니다. 하버마스에 따르면 의사소통적 담론에 참여하여 어떤 주장을 하는 사람은, 다른 참여자가 다음의 네 가지 기준을 가지고 타당성을 물어볼 때 그에 대해 언제든지 성실하게 답변해야만 합니다.

① 이해 가능성

이 타당성 요구를 받은 담론 참여자는 자신의 주장이 품고 있는 내용을 다른 참여자들이 모두 이해할 수 있도록 명료하고 논리적으로 표현해야만 합니다. 주장이 모호하거나 혼란스러우면 의사소통 자체가 성립하기 어렵습니다. 따라서 모든 참여자가 공유할 수 있는 언어와 논리로 표현해야 합니다. 이때 가장 많이 발생하는 어려움은 담론 참여자들이 핵심 단어의 의미를 서로 다르게 이해하는 경우입니다.

② 진리성

모든 담론 참여자는 항상 진리를 지향해야만 합니다. 무엇보다 참여자는 자신의 발화 내용이 사실에 부합한다는 것을 입증할 수 있어야만 합니다. 특히 객관적 세계에 대한 진술은 오류 가능성을 최소화해야 합니다. 무엇보다 사실에 대한 진술이나 데이터는 경험적으로 검증 가능하거나 이론적으로 신뢰 가능한 정보를 바탕으로 해야 합니다.

③ 정당성

담론에 참여하는 사람은 자신의 발언 내용이 사회, 정치, 문화적 맥락에서 볼 때 정당해야만 합니다. 담론 참여자는 적어도 담론이 수행되고 있는 시간과 장소에서 일반적으로 받아들이는 규범, 도덕, 법률, 관습 등의 사회적 합의와 일치하는 의견을 제시해야 합니다.

④ 진실성

담론 참여자는 자신의 의도를 진실되게 표현해야 합니다. 속이거나 기만하지 않아야 합니다. 진실성은 단순히 말로 증명되는 것이 아닙니다. '솔직히', '진심으로'라는 수사를 많이 사용하는 사람이 오히려 진실하지 않은 경우가 많습니다. 진실성은 자기가 한 말의 정합성으로 증명되어야 합니다. 오직 국민만을 보고 국정에 몰두하고 있다고 말한다고 해서 진실성이 입증되지는 않습니다. 얼마나 몰두했는지, 그리고 그 몰두의 시간이 얼마나 국민 전체를 위한 행위였는지가 입증되어야 합니다.

담론 참여의 네 가지 태도와 그동안 윤석열이 보여온 태도를 비교해보겠습니다.

① 이해 가능성

윤석열은 그동안 자기 자신과 극우 유튜브만 이해하고 동의하는 자유 개념을 사용했습니다. 앞에서 말한 것처럼 윤석열의 자유는 대한민국 국민에겐 폭력입니다.

② 진리성

윤석열은 처음부터 객관적인 데이터를 무시합니다. 그의 경제 관련 주장은 현실과 정반대입니다. '대파 사건'은 윤석열이 얼마나 진실을 외면해왔는지를 알려주는 상징적 사건입니다.

③ 정당성

윤석열 부부는 이 나라의 시민들이 일반적으로 합의하고 있는 규범으로는 이해할 수 없는 태도와 행동을 취했습니다. 이 부분을 설명할 필요조차 느끼지 못할 정도로 기형적인 행각을 벌여온 것이 윤석열 부부입니다.

④ 진실성

윤석열은 속된 말로 '입벌구'입니다. 그가 해온 모든 말이 거짓입니다. 그는 오로지 진실만을 말한다고 다짐하면서 다음과 같이 서로 모순되는 말은 스스럼없이 합니다. "특검을 거부하는 자가 범인이다." "특검은 반헌법적이고, 삼권분립에 어긋난다." 시대의 괴물이 대통령이었던 것입니다.

윤석열은 처음부터 관찰자적 관점으로 비서진, 참모진, 전문가와 담론에 참여할 능력을 가지고 있지 않은 것으로 보입니다. 그렇다면 그에게 올바른 참여자적 관점은 있었을까요? 대통령은 국민과의 소통에서는 관찰자적 관점보다는 참여자적 관점을 가져야 합니다. 왜냐하면 대통령의 태도가 곧바로 국민의 삶에 영향을 미치기 때문입니다. 대통령의 표정과 말 한마디는 어려운 현실을 이겨내는 힘이 될 수도 있습니다. 더구나 국민의 삶을 구체적으로 바꿀 수 있는 힘, 한 나라에서 가장 막강한 힘을 가진 사람이 대통령입니다. 그런 사람이 국민이 견뎌야 했던 참혹한 고통의 현장을 관찰만 하고 있습니다. 그 고통에 조금이라도 다가서기 위한 태도는 어디에도 없습니다. 더군다나 이 사진을 대통령실에서 홍보용으로 사용했다는 건 더욱 아연실색할 수밖에 없는 일일 것입니다.

윤석열에게는 타인의 고통에 공감하는 능력이 없습니다. 전쟁의 참상을 찍은 사진을 보는 사람 대부분은 그 고통에 공감합니다. 그 공감의 질과 양은 다를 수 있습니다. 하지만 최소한 얼굴에 작은 슬픔이라도 드러나는 것이 자연스러운 일입니다. 그래야 인간입니다. 그런데 다른 나라 사람도 아니고 이 나라의 국민이 반지하에 갇혀 고통스럽게 죽어간 현장에서 꿈쩍도 하지 않고 관찰하는 사람이 대통령일 수는 없습니다. 국민의 고통에 대해서는 아무런 감정도 없이 관찰만 해온 윤석열은 정작 관찰자적 관점으로 분석해야 할 선거 결과에 대해서는 극우 유튜버들에 감정이입을 하고 그들의 선동에 적극적으로 참여합니다. 윤석열은 참여해야 할 때는 관찰하고, 관찰해야 할 때는 참여하는 미성숙한 사람이었습니다.

윤석열은 대통령 후보 시절 이렇게 말한 바 있습니다. "극빈의 생활을 하고 배운 것이 없는 사람은 자유가 무엇인지도 모를 뿐 아니라 자유가 왜 개인에게 필요한지에 대한 그 필요성 자체를 느끼지를 못합니다." 이것은 일제 강점기 시절 일본인들이 우리나라 사람을 향해 했던 말과 놀랍도록 흡사합니다. "조선 사람들은 자유를 몰라, 가난하고 무지해서." 일본인만 그런 게 아니었습니다. 일부 조선 사람들도 같은 조선인들에게 같은 논리로 공격하곤 했지요. 프란츠 파농 Frantz Fanon은《검은 피부 하얀 가면Peau noire, masques blancs》에서 다음과 같이 말합니다. "제국주의의 가장 무서운 무기는 제국주의자의 눈빛으로 스스로를 감시하게 하는 것이다." 백인이 흑인에게 행한 가장 강력한 무기는 흑인이 백인의 눈빛으로 다른 흑인들을 관리 감독하게 한 것이었습니다. 일제 강점기 시절에도 다르지 않았죠. 그리고 우리나라의 대통령이란 사람이 제 나라의 국민에게 말하고 있습니다. 가난하고 무지하면 자유를 모른다고 말이죠. 자기 나라의 국민을 일본 사람의 눈빛으로 관찰하는 사람이 대통령 행세를 한 것입니다.

자유란 권리입니다. 모든 사람이 사람이라는 단 하나의 이유만으로 누리는 권리, 인권이자 주권입니다. 한국 사람이든 일본 사람이든, 여자든 남자든, 가톨릭이든 이슬람이든 상관없이 사람이라는 단 하나의 이유만으로 누릴 수 있어야 참 자유입니다. 이것이 인권으로의 자유입니다. 누구나 자기가 속한 공동체에 동등하게 관여할 수 있어야 참 자유입니다.

'공동의 것은 공동의 것으로' 만드는 데 참여하는 자유, 이것이 주권으로서의 자유입니다. 윤석열이 그토록 사랑하는 개념인 자유민주주의의 제1원칙은 공화국입니다. 공화국은 "공동의 것은 공동의 이익에 속하는 것이다Communia sunt quae ad utilitatem communem pertinent"(키케로, 《국가론》)가 실현되었을 때 자유의 나라가 되는 것입니다. 그런데 윤석열은 자유를 권리가 아니라 자격이라고 주장합니다. 자유를 자격이라고 믿으면 그때부터는 선별이 가능해집니다. 이 사람에게는 주고, 저 사람에게는 주지 않을 수 있다는 것이죠.

윤석열은 자신이 가장 감명 깊게 읽었다는 책으로 밀턴 프리드먼Milton Friedman의 《선택할 자유Free to choose》를 꼽았습니다. 밀턴 프리드먼은 이 책에서 "자유란 책임질 수 있는 사람만이 주장할 수 있는 것"이라고 말합니다. 이게 바로 윤석열이 생각하는 자유입니다. 윤석열의 자유는 모두가 누리는 권리로서의 자유가 아니라, 백화점에 가서 자기가 원하는 물건을 살 수 있는 능력과 자격으로서의 자유입니다. 윤석열이 이런 자유 이념으로 적을 적시하고 동지를 규합해왔다는 것을 생각해보면 끔찍합니다. 자유는 인류 역사에서 가장 많은 사람이 가장 격정적으로 저항해서 만들어온 개념입니다. 그래서 자유는 모든 인류의 소중한 자산입니다. 누가 감히 자격을 나눌 수 있는 게 아닙니다. 윤석열이야말로 자유의 이름으로 폭력을 저지르는 자유의 적입니다.

지금 현실 정치에서 윤석열을 제외하면 누구도 밀턴 프리드먼을 말하지 않습니다. 밀턴 프리드먼은 신자유주의를 대표하는 학자인데 2008년 금융위기 이후 이 사상은 끝났다고 평가받기 때문입니다. 그야말로 죽은 사상이죠. 죽었는데 돌아다니는 걸 우리는 좀비라고 합니다. 그래서 전 세계적으로 밀턴 프리드먼의 자유주의를 좀비 자유주의라고 부릅니다. 내가 만들어낸 말이 아니라 실제 밀턴 프리드먼과 그의 이론에 대한 일반적 평가입니다. 밀턴 프리드먼의 자유주의가 좀비 자유주의가 되었듯이 그를 신봉했던 윤석열은 지금 이 순간 좀비 대통령입니다. 죽었는데 살려고 바둥거리는 좀비 대통령이 바로 윤석열입니다.

윤석열 대통령의 취임사를 한번 들여다볼까요. "인류 역사를 돌이켜보면 자유로운 정치적 권리, 자유로운 시장이 숨 쉬고 있던 곳은 언제나 번영과 풍요가 꽃피었습니다. 번영과 풍요, 경제적 성장은 바로 자유의 확대입니다." 이 말은 아름답게 들리지만 조금만 깊숙이 들여다보아도 오류투성이입니다. 앞의 긴 문장은 다음과 같이 간단하게 정리할 수 있습니다. '자유는 번영이다. 번영은 자유다.' 이 말은 논리학을 공부할 때 피해야 할 아주 기본적인 오류를 저지르고 있습니다. '사과는 과일이다'를 윤석열처럼 바꾸면 '과일은 사과다'가 됩니다. 이는 명백한 오류 추리입니다. 그렇다면 윤석열이 취임사에서 진정 하고 싶은 말은 무엇이었을까요? '자유는 번영이다'를 말하고 싶었을까요, 아니면 '번영은 자유다'라고 말하고 싶었을까요? 이제 그가 무엇을 말하고 싶어했는지는 명확해졌습니다. 그는 번영한 사람들에게만 자유가 주어진다고 말하고 싶었던 것입니다. 번영을 자유로 보는 그의 허위의식 속에는 번영에 기여한 사람에게만 혹은 이미 번영한 사람에게만 자유가 주어질 기회와 권리와 자격이 있다는 의미가 내포되어 있습니다. 그래서 윤석열의 자유는 자유의 이름으로 자유를 파괴하는 폭력입니다.

자유와 혐오

윤석열하면 떠오르는 대표적인 이미지 중 하나는 불통일 것입니다. 그는 국민과 소통하지 않았습니다. 매우 중대한 문제조차 너무나 쉽고 간명하게 독단적으로 결정해왔습니다. 이를테면 탈원전 폐기나 의대 정원 확대 문제 등이 그렇습니다. 이것은 매우 복잡한 정치적인 문제인 만큼 국민 전체가 함께 논의하고, 설득하고, 결정하는 민주적 절차가 필요합니다. 그 사안에 찬성하든 반대하든 말이죠. 그런데 윤석열은 그만의 가치인 자유의 이름으로 결단해버립니다.

우리는 흔히 자유의 의미를 '그냥 내 마음대로, 내가 하고 싶은 대로'라고 생각하는 경우가 많습니다. 이런 것도 물론 자유라고 할 수 있습니다. 하지만 자유의 기원을 따져보면 그렇게 단순하지 않습니다. 자유라는 말은 처음 고대 그리스에서 생겨났습니다. 시민이 곧 자유인이었죠. 지금 우리가 생각하는 것처럼 정부나 집단이 나에게 간섭하지 말라는 그런 의미가 아니었습니다. 오히려 정반대였죠. 내가 속한 공동체에 가서 참여하고 소통하고 회의하는 것이 곧 자유였습니다. 지금 윤석열에겐 자유의 역사 중 가장 오랫동안 지속되어왔던 소통과 참여로서의 자유가 없습니다. 대신 그에게 자유는 자신이 점유하고 소유한 획득물입니다. 그래서 결국은 그 자신이 자유의 화신이 됩니다. 윤석열의 이런 행태를 정체성 정치라고 합니다. 신자유주의자이자 신보수주의를 신봉하는 네오콘인 프랜시스 후쿠야마Francis Fukuyama 같은 사람조차 《역사의 종말The end of history and the last man》에서 정체성 정치가 민주주의를 파괴한다고 말한 바 있습니다. 정체성 정치는 이렇게 자신과 특정 이데올로기를 일치시키고, 동시에 적을 지목합니다. 윤석열이 했던 정치가 바로 그러합니다. 다른 말로 하면 그의 정체성 정치는 민주주의를 파괴하는 혐오 정치입니다. 폭력의 정치에 맞서려면 우정의 정치가 필요합니다. 우정의 정치란 강자의 자유가 약자에게 폭력이 되지 않도록 하는 민주주의 과정입니다. 한 사람의 자유를 위해 온 국민을 고통으로 몰아넣는 폭력의 정치를 끝장내기 위해서는, 만인의 자유를 위해서는, 먼저 그 한 사람의 자유를 제약해야만 합니다.

정체성 정치가 국민을 위험에 빠뜨린다

정체성 정치에 관해 조금만 더 깊이 들어가보겠습니다. 세계에서 자유-민주적 기본질서라는 말을 처음 쓴 곳은 독일입니다. 따지고 보면 자유민주주의는 오류가 있는 말입니다. 민주 안에 자유라는 개념이 포함되기 때문입니다. 그런데 나치는 민주와 자유를 분리시킵니다. 나치는 바이마르공화국에서 민주적 절차에 따라 정권을 장악합니다. 정권을 장악한 이후 자유와 자유주의를 억압합니다. 결국에는 자유가 없는 민주적 절차로 절대 권력을 가지게 된 나치는 그렇게 구축된 법치로 자유만이 아니라 민주주의도 파괴합니다. 나치가 멸망한 후 독일은 다시는 나치 혹은 유사 나치가 등장하는 일이 없도록 자유와 민주를 결합하는 법치주의를 천명합니다. 독일 기본법에 천명된 자유-민주적 기본질서라는 말은 이처럼 참혹한 과거에 대한 반성에서 나온 개념입니다. 이 개념을 우리나라에 그대로 가져온 사람이 바로 계엄 선포와 쿠데타로 권력을 장악한 박정희입니다. 박정희는 잘한 것도 있고 못한 것도 있습니다만, 그에 대한 세부적인 평가와 무관하게 박정희가 자유의 이름으로 민주를 파괴한 것만큼은 분명합니다. 박정희는 항상 자유를 위한 투쟁을 강조했는데요, 독재자들은 왜 이렇게 투쟁을 좋아하는지 모르겠어요. 이렇게 자유를 향한 투쟁을 강조한 대표적인 인물로 히틀러가 있지요.

윤석열도 마찬가지입니다. 그는 자유의 전사를 자처한 대통령이었습니다. 그는 2023년 4·19 기념식에서 "4·19혁명 열사가 피로써 지켜낸 자유와 민주주의가 사기꾼에 농락당해서는 절대 안 된다"라고 말했습니다. 어김없이 적을 만들어내고 있습니다. 앞에서 정체성 정치는 자신과 특정 이데올로기를 일치시킨다고 했는데요, 윤석열이 보기에 자신은 곧 자유의 화신입니다. 그러니 자신의 적은 그 자체로 자유의 적이 됩니다. 본인에게 반대하는 자들은 자유라는 위대한 가치에 반대하는, 그래서 사라져야 할 무리에 불과합니다. 이 일을 완수하기 위해서 윤석열은 내란을 일으킵니다. 윤석열은 지금, 이 순간에도 자신을 자유를 위해 외롭고 치열하게 투쟁하는 전사 혹은 반국가주의 세력에게 핍박받는 희생자로 생각하고 있을 것입니다.

윤석열의 외롭고 치열한 투쟁이 무색하게 그가 노래한 자유에는 본래 적이 아니라 친구가 있어야 합니다. 더 정확히 말하면 적도 친구가 될 수 있고, 친구도 적이 될 수 있어야 자유입니다. 이 맥락에서 니체의 유명한 말이 있습니다. 그는 《인간적인, 너무나 인간적인 Menschliches, Allzumenschliches》에서 아리스토텔레스가 했다고 전해지는 '친구여, 친구란 없다네'라는 말을 절묘하게 비틉니다.

'친구여, 친구란 없다네.' 죽어가는 현자가 말했다. 그런데 나 살아 있는 바보는 이렇게 말하겠다. '적이여, 적이란 없다네.'

이게 자유주의이자 또 국가를 운영하는 사람이 가져야 할 태도여야만 합니다. 국가 지도자의 가장 중요한 의무는 국가를 지키는 것입니다. 국가를 지키려면 평화를 유지해야 하고 그러려면 적에게도 친구라고 할 줄 알아야 합니다. 동시에 친구라도 언제든 적이 될 수 있음을 감지해야만 합니다. 그런데 윤석열에게는 이런 자유가 없습니다. 국내 정치에서 하던 것처럼 국제 외교에서도 함부로 적을 적시합니다. 이란을 적이라고 말하고, 러시아를 적이라고 규정합니다. 중국을 향해서 준비되지 않은 채로 대만 문제에 개입하는 발언을 합니다. 그렇게 그는 국가 공동체 전체를 위험에 처하게 만듭니다. 정체성 정치를 하는 사람이 국가 지도자가 되면 국민이 위험해집니다. 이 사실을 잘 아는 미국과 일본은 우리나라를 이용해 자신의 이익을 극대화하고 있는데, 윤석열은 말합니다. "미국과 일본을 만나면서 계산하지 않는다." 이분은 지금 자유의 성전을 펼치고 있습니다. 국민이 이 성전을 덮어버려야 합니다. 그는 결코 이 성전을 스스로 덮지 않을 것입니다.

5

메타인지가 떨어지는 이가 대통령이 되면 벌어지는 일

모순에 관하여

윤석열 정부는 참 이상했습니다. 출범부터 지금 이 순간까지 윤석열 정부의 태도는 이해하기 어렵습니다. 총선에서 패배하고 지지율이 바닥을 기고 있어도 국정 기조를 바꾸지 않았습니다. 막스 베버Max Weber가 좋은 정치인이 갖추어야 한다고 말했던 눈치가 전혀 없습니다. 국민의 눈치를 살핀 적이 없습니다.

막스 베버는 《직업으로서의 정치Politik als Beruf》에서 정치인의 덕목으로 '눈치Augenmaß'를 제시합니다. 정치인의 눈치란 사회적, 정치적, 경제적 지도력에 있어 상황을 정확히 파악하고 적절한 결정을 내리는 능력입니다. 독일어 Augenmaß는 단순히 규칙이나 이론에 의존하지 않고, 현실의 복잡성을 직관적으로 이해하고 실질적으로 적용하는 능력, 곧 사태 파악 능력입니다. 이런 능력을 갖추기 위해서 대통령은 국민의 눈치를 살펴야 합니다. 또한 베버에 따르면 정치인은 자신의 신념에 따라서 정책을 세우고 실행하는 '신념 윤리Ethics of Conviction'에 빠지면 안 됩니다. 거꾸로 자신의 신념이 아니라 국민의 요구에 따라 정책을 세우고 그 정책의 결과에 대해 스스로 책임을 지는 '책임 윤리Ethics of Responsibility'를 따라야 합니다. 윤석열은 정반대로 행위했습니다. 그동안 이루어졌던 대국민 기자회견이나 담화에서 확인할 수 있는 것은 윤석열이 온통 자신의 '신념 윤리'에 빠져 있다는 사실입니다.

　총선에 패배한 이후 윤석열이 지지율을 올리려고 했다면 다른 방식으로 국민과 소통했어야만 했습니다. 특히 국민들이 이제껏 상상해왔던 모습과는 다른 새로운 상을 제시했어야만 합니다. 무엇보다 윤석열을 지지하지 않는 70퍼센트 정도 국민들의 생각을 알아차리려고 노력했어야만 합니다. 객관적 사태를 파악하고, 국민들의 눈치를 살피고, 그런 다음 새로운 윤석열의 가능성을 제시했어야만 합니다. 국민들이 총선 전의 윤석열과 총선 후의 윤석열이 다르다는 것을 알도록 했어야 했습니다. 국민들이 예상하는 것을 초과하여 변화했어야만 했습니다. 그런데 윤석열은 언제나 국민이 예상한 대로의 모습만 보여주었습니다. 더구나 윤석열은 대국민 기자회견에서 도이치모터스 주가조작이나 김건희의 특검에 관해 모순이라고 말했습니다. 도대체 무엇이 모순일까요?

　모순에는 여러 종류가 있는데요, 가장 잘 알려진 논리적 모순이 있습니다. 두 개의 명제가 동시에 참이거나 동시에 거짓일 수 없는 관계를 말합니다. 하나의 명제가 참이면 다른 명제는 반드시 거짓입니다. 따라서 모순된 두 명제에서 한 명제의 진리를 알면 다른 명제의 진리도 곧바로 추론할 수 있습니다. 보통 논리적 모순은 두 개의 명제 사이의 진리 관계를 지칭합니다. 그런데 윤석열이 말하는 모순은 이런 단순 추리가 아닌 듯합니다. 그가 말하는 모순을 이해하기 위해 삼단 논법으로 풀어보겠습니다. 국민들은 윤석열이 예전에 주장했던 문장을 토대로 다음과 같이 삼단 논법으로 추론을 합니다.

대전제 : 특검을 반대하는 사람은 모두 범인이다.
소전제 : 윤석열 부부가 특검을 반대한다.
결 론 : 윤석열 부부가 범인이다.

아주 간단한 추론입니다. 아무런 문제가 없습니다. 이 추론이 사실에 근거하지 않는다는 것을 입증하려면 추론의 두 전제, 곧 대전제와 소전제 중 하나를 반증하면 됩니다. 가장 쉬운 방법은 대전제보다 소전제를 반증하면 됩니다. 왜냐하면 대전제는 이미 본인이 자신의 입으로 말한 것이기 때문입니다. 따라서 소전제, 곧 '윤석열 부부가 특검을 반대한다'를 '윤석열 부부는 특검을 찬성한다'로 바꾸면 간단합니다. 하지만 윤석열은 반대의 것을 택합니다. 윤석열은 자신이 한 말인 대전제, '특검을 반대하는 사람은 모두 범인이다'를 부정합니다.

어느 순간부터 윤석열은 자신이 주장한 문장과 모순 관계에 있는 문장을 은연중에 흘립니다. '특검을 반대하는 사람은 모두 범인이다'에 모순인 문장은 '특검을 반대하는 사람은 그 누구도 범인이 아니다'입니다. 그런데 막상 그렇게 말하기는 민망한 윤석열은 자기가 말한 문장 자체가 모순이라고 주장합니다.

논리적 모순은 단 하나의 명제에서 발생할 수 없습니다. 명제와 명제 사이의 관계에서 발생합니다. 그런데도 그가 하나의 문장을 두고 모순을 말하는 것은 특검 자체의 정당성을 부정하기 위한 전략입니다. 윤석열은 다음과 같이 말하고 싶었습니다.

특검을 반대하는 사람이 모두 범인이다.
특검은 위헌이고 위법이다.
특검을 반대하는 사람은 위헌과 위법에 맞서는 의로운 사람이다.

윤석열은 이런 방식으로 사고하는 사람입니다. 논리적 연결고리를 고려하지 않는 법 기술자일 뿐입니다. 윤석열의 사고 체계에서 보면 김건희 특검은 위헌이고 위법입니다. 국민에게 위임받은 입법권을 가진 국회가 위헌적이고 위법적인 특검을 요구하는 것은 모순이라고 윤석열은 생각합니다. 자기 모순을 상대방에 뒤집어씌우면서도 아무런 갈등을 느끼지 않는 것, 이것을 가리켜 인지 왜곡이라고 합니다. 자기가 범하는 모순을 숨기기 위해 엉뚱한 논리를 가지고 다른 사람에게 그 모순을 뒤집어씌우는 것입니다.

　　윤석열이 구사하는 수사학은 오래전부터 지배자들이 흔하게 사용하는 기법 중 하나입니다. 누가 봐도 내가 모순인데 상대방이 모순을 저지르고 있는 것처럼 바꾸는 것이죠. 전형적인 지배자들의 논리입니다.

　　모순의 또 다른 형태는 수행적 모순입니다. 이를테면 "나는 말 못해요!"라고 말하는 식입니다. 말을 못 한다고 말하는 수행적 모순입니다. 이것이 모순임을 알면서도 일부러 모순을 수행하는 경우도 있습니다. 여기엔 긍정적인 지점과 부정적인 지점이 모두 존재합니다. 윤석열은 대국민 담화를 통해 국민에게 사과한 적이 두 번 있습니다. 그중 첫 번째는 "사과드리겠습니다"가 아니라 "사과를 드리고 있습니다"라고 말했습니다. 사과를 드리고 있다는 말은 이전부터 내가 한 모든 행동이 사과라는 뜻입니다. 그에 따르면 김건희의 디올 백 수수 사건이 생겨난 이후 대통령실을 비롯한 자신의 모든 행동이 사과 행동입니다. 그런데 국민 누구도 그들의 행동을 사과라고 생각하지 않습니다. 다시 말해 사과하지 않음으로써 사과하는 수행적 모순입니다. 이 또한 아주 나쁜 수사학적 기술의 변종입니다.

　　윤석열의 말에는 항상 주어가 불분명합니다. 누가 사과를 하고 있는지에 관해 명확하게 이야기하지 않습니다. 나를 나라고 하지 않고 3인칭 단수나 복수로 표현하는 건 자신을 비판 불가능한 존재로 높이는 것입니다. 예전에는 임금을 '너'라고 하지 못했죠. 너를 너라고 하지 못하는 모든 지칭은 '너'를 존칭하는 것입니다. 예를 들어 유치원이나 어린이집 같은 곳에서 선생님은 자신을 '나'라고 지칭하지 않습니다. '나' 대신 '선생님'이라고 표현합니다. 내가 하는 모든 말은 선생님이 하는 말이지 나의 말이 아니게 됩니다. 대통령의 어법 속에 있는 '사과'라는 말도 비슷한 의미가 숨어 있습니다. 대통령의 권위를 내세운 사과 속에 '무엇을' 사과할지, 앞으로 '어떻게' 할지가 없습니다. 이것은 대통령이 하는 모든 행위는 사과였고 그러므로 국민이 생각하는 방식의 사과는 없을 것이라는 선포일 뿐입니다.

논리적 모순과 수행적 모순에 이은 또 다른 모순은 변증법적 모순입니다. 변증법적 모순은 무조건 피해야만 하는 것이 아닙니다. 변증법적 모순은 부정적인 것에서 긍정적인 것을 찾고, 긍정적인 것에서 부정적인 찾는 것입니다. 변증법적 모순은 사고와 추리의 영역에서 발생하기보다는 존재 사태에서 일어나는 모순입니다. 존재의 세계에서 모순은 불가피한 것입니다. 좋은 것과 나쁜 것은 동전의 양면처럼 함께 붙어 있기 마련입니다. 그래서 변증법적 모순은 더 나은 사회로 나가기 위한 동력이 될 수도 있습니다. 정치란 기본적으로 권력을 놓고 충돌할 수밖에 없는 구조입니다. 좋은 정치란 이런 충돌을 통해 더 나은 세상을 상상할 수 있도록 하는 데 있습니다. 이 맥락에서 보면 윤석열 정부 정책 사이의 변증법적 모순은 어느 정도 용인될 수 있습니다. 국가 안의 불가피한 변증법적 모순과 충돌을 더 나은 세상으로 나아가는 동력으로 삼을 수 있다면 그 모순은 분명 긍정적이었을 것입니다. 하지만 윤석열은 국민들 사이에서 발생할 수밖에 없는 변증법적 모순을 발전의 동력으로 삼기는커녕 오히려 국민 대다수를 적으로 삼는 몹시 나쁜 이분법적 모순에 빠져 좌초하고 말았습니다.

윤석열의 인지부조화는 어디에서 오는가

윤석열이 이렇게 모순적으로 행동할 수밖에 없는 이유가 있습니다. 윤석열 정부가 초래했던 문제 대부분의 근원도 같은 이유에서 발생했습니다. 그를 파괴한 것은 바로 '메타인지Metacognition' 부족과 그에 따른 격심한 '인지 왜곡Cognitive Deficiency'입니다. 한마디로 그는 '인지부조화Cognitive Dissonance' 상태에 빠져 있습니다.

우선 그 개념부터 살펴보도록 하겠습니다. '인지Cognition'란 인간의 사고, 기억, 학습, 문제 해결 등을 포함한 정신적 과정을 가리킵니다. 단순히 아는 게 아니라 아는 것을 처리하는 과정까지 포함하는 개념입니다. 컴퓨터로 치면 메모리와 CPU를 다 아우른다고 볼 수 있습니다. 따라서 인지는 기본적으로 메타인지를 포함합니다. 메타인지란 내가 인지하고 있는지를 인지하는 것, 즉 자기 객관화의 문제입니다. 조금 어려운 말로 하면 자신의 인지 과정에 대한 인식과 통제 능력이 메타인지입니다. 메타인지가 뛰어나다는 것은 아는 것이 많다는 것을 의미하지 않습니다. 말을 능숙하게 잘하는 것도 메타인지와 무관합니다. 사람들이 나의 말을 얼마나 좋아하고 싫어할지를 객관적으로 판단하는 능력이 메타인지 능력입니다. 메타Meta라는 단어는 '넘어서, 뒤로, 위에서'라는 뜻입니다. 그래서 흔히 메타담론을 담론에 대한 담론, 메타미디어를 미디어에 대한 미디어라고 말하는 것입니다. 메타인지는 곧 인지에 대한 인지라고 할 수 있습니다.

인지부조화란 기본적으로 본인이 가진 생각과 실제 행동이 맞지 않을 때 일어나기 마련입니다. 개인의 신념, 태도, 행동 간에 모순이 생길 때 발생하는 인지부조화는 심리적으로 불편함을 야기합니다. 예전에는 이 부조화를 극복해야 할 불일치라고만 생각했습니다. 모순의 일종으로 본 것입니다. 그러다 인지부조화에 대한 체계적 연구와 이론이 생겨나면서부터 이 부조화는 단순 불일치나 논리적 모순이 아니라 생각과 행동이 서로 조화를 이루지 않는 불협화음의 일종으로 보기 시작했습니다. 여기서 한 가지 짚고 넘어갈 것은 불협화음이 나쁜가에 대한 의문입니다. 현대 음악에선 불협화음이 우리에게 더 많은 심미적 자극을 줄 때가 많습니다. 그림도 비슷한 측면이 있습니다. 조화와 균형, 자로 잰 듯 정확한 비율만 가지고는 좋은 예술작품을 만들 수 없습니다. 그러니 불협화음 자체가 나쁜 것은 아닙니다. 다만 일반적으로 우리가 불협화음을 들었을 때, 즉 인지부조화가 일어났을 때 어떤 불쾌감이 생기기 마련인데요, 문제는 '이 불쾌감을 어떻게 해소할 것인가'에 있습니다.

아마 생각과 행동이 완벽하게 일치하는 사람은 없을 겁니다. 그렇기에 누구나, 어떤 경우에나 인지부조화는 일어날 수 있습니다. 하지만 이때 메타인지가 안 되면 이 부조화를 인지 왜곡으로 해소하려고 합니다.

　예를 들어 어떤 사람이 어떤 카페에서 커피를 마셨다고 가정해 보겠습니다. 대부분 자주 가는 단골 카페가 있겠지만, 간혹 다른 카페에 갈 때도 있습니다. 그러면 두 가게의 커피의 향이나 맛 또는 가게의 분위기나 서비스를 비교하기 마련입니다. '어? 이번에 온 카페의 커피가 더 맛있네? 앞으로는 여기 와야겠다.' 뭐 이렇게 생각할 수 있습니다. 그런데 한 집에서만 30년 동안 커피를 마신 사람이라면 어떨까요? 이런 경우 다른 집 커피가 더 맛있으면 안 됩니다. 그럴 때 인지 왜곡을 시켜버립니다. '이 커피는 틀림없이 뭔가 잘못된 게 들어 있을 거야'라는 식입니다. 모두 그런 건 아니지만 한 조직에서만 생활한 사람에게서 이런 경향이 자주 나타납니다. 윤석열이 바로 그 전형적인 인물입니다. 그저 카페를 결정하는 수준이었다면 그래도 다행이었을 텐데 안타깝게도 윤석열은 대한민국 곳곳을 빠짐없이 망가뜨릴 수 있는, 아니 망가뜨린 최고 권력자였다는 것이 문제입니다.

　메타인지 능력이 탁월하게 좋을 필요까지는 없습니다. 윤석열의 메타인지 능력이 정상 범위에만 있었더라면 지금의 국란은 일어나지 않았을 것입니다. 정부 여당이 총선에서 무참히 패배했다면 '내가 잘못해서 총선에 패배했구나, 국정 수행을 잘못했구나, 국정 기조를 바꿔야겠다' 이렇게 생각하는 것이 정상입니다. 이렇게 아주 단순한 메타인지 능력도 그에게는 없었습니다. '나는 잘했는데 언론이 문제야.

나는 완벽한데 종북 언론과 야당이 우리 정부를 파괴하고 있어.' 이렇게 생각하고 있었습니다. 이런 대통령을 보좌하는 대통령실도 마찬가지였습니다. 그들은 홍보와 소통을 같은 의미로 사용해왔습니다. 홍보는 내 것을 알리는 것, 다시 말해 내 이야기를 하는 것에 방점이 찍혀 있습니다. 반면 소통의 핵심은 상대의 이야기를 듣는 것에 있습니다. 홍보는 일방적이지만, 소통은 상호적입니다. 상대방의 입장에서 대화할 수 있다는 것을 전제하지요. 하지만 메타인지가 부족하면 인지 왜곡은 물론이고 모든 경우에 자기 처지에서만 이야기합니다.

자기 입장의 극단적 표현이 바로 '격노'입니다. 전통 심리학에서는 화를 내면 화가 줄어들기 마련입니다. 하지만 인지부조화에서 비롯된 불쾌감을 인지 왜곡으로 해소하기 위해 화를 내는 경우는 그 반대입니다. 화가 화를 부르고, 분노는 더 큰 분노를 야기합니다. 그래서 윤석열은 늘 화를 냅니다. 화를 내다보니 더 화가 납니다. 격노하고 격노하고 또 격노합니다. 이 원인이 바로 인지부조화이고, 계속 이렇게 인지부조화가 생기는 근간이 바로 메타인지 능력의 부족에 있습니다. 내란수괴인 그가 아직도 화를 삼키지 못하고 계속 화를 내는 이유입니다.

인지 왜곡의 종류

인지 왜곡에 관해 몇 가지를 더 소개하겠습니다. 대표적으로 성급한 일반화에 기초한 낙인찍기입니다. 사람들은 보통 자신의 경쟁자들에게 가혹한 측면이 있습니다. 평상시에 그러지 않던 사람도 자신과 직접적인 경쟁 관계에 있는 사람에 한해서는 작은 행동 특징을 가지고 일반화하고 낙인찍기를 하려는 경향이 있습니다. 윤석열은 그 정도가 너무 심한 사람입니다. 이재명 대표, 조국 대표를 대하는 방식을 보면 잘 드러납니다. 몇 가지 특징을 가지고 특정한 사고로 일반화하고 범죄자로 낙인찍어버립니다. 과도한 일반화이고, 성급한 일반화이며, 동시에 경쟁자를 제거하는 가장 쉬운 방법이기도 합니다. 지난 3년간 윤석열이 정적 제거를 위해 감행한 대표적 인지 왜곡입니다.

다음으로 극대화와 극소화가 있습니다. 자신에게 유리한 건 크게 받아들이고 불리한 건 작게 치부해버립니다. 선거 결과가 나왔지만 이는 국정의 동기나 명분과는 관계가 없다고 생각합니다. 윤석열이 보기에 국정은 국가의 백년대계를 보고 결정하는 것이지 일희일비해선 안 됩니다. 그깟 선거 결과나 민심 따위를 따라가선 안 된다고 생각합니다. "선거 결과에 연연하지 말고, 흔들리지 말고, 국가를 위한 마음으로 굳세게 나갑시다." 이런 식입니다. 자신이 하는 국정의 가치는 높고 총선의 민심은 낮습니다. 자기에게 불리한 사태의 의미는 극소화, 자기 합리화에 필요한 가치는 극대화하는 인지 왜곡의 또 다른 방식입니다.

마지막으로 자기 오류를 부정하면서 유체 이탈하는 방법이 있습니다. 윤석열이 이재명 대표, 조국 대표와 만났을 때 보이는 태도가 여기에 해당합니다. 단 한 번 있었던 영수 회담에서 이재명 대표가 하는 모두 발언을 들어보면 하나하나가 윤석열을 겨냥하고 있음에도 정작 윤석열 자신은 이재명 대표의 발언 내용과 아무런 상관이 없는 것처럼 행동합니다. 이 모습은 억지로 연출한 것이 아닙니다. 윤석열은 진심으로 이재명 대표가 제기하는 국정의 난맥을 자기 책임이 아니라고 확신하고 있습니다. 이게 인지 왜곡 중 가장 많이 쓰이는 방식입니다. 자기를 향한 비판을 들으면서도 자기 문제나 자기 책임이 아니라고 외면하는 왜곡입니다.

이미 오래전부터 나는 방송을 통해서 윤석열의 인지부조화가 아주 심각한 단계에 이르렀다고 진단했습니다. 아무리 화를 내도 화는 줄어들지 않고, 그러면서 메타인지 능력은 날이 갈수록 심각하게 훼손되는 악순환이 반복되고 있었습니다. 문제를 외면하기는 쉽습니다. 반면 문제를 정확하게 인지하고 그에 맞는 대책을 세우고, 합당한 책임을 지고, 올바른 방향으로 나아가기는 매우 어렵습니다. 하지만 쉬운 길이 아니라 어려운 길을 택해야만 인지부조화에서 벗어날 수 있습니다.

실제로 윤석열이 자신의 인지부조화를 해결할 수 있는 길은 두 가지였습니다. 하나는 계속되는 담화문에서 보이는 것처럼 현실을 외면하고 자신의 내란 행위를 구국의 결단이라고 주장하는 길입니다. 다른 하나는 자신의 내란 혐의를 인정하고 하야하고 합당한 처벌을 받는 것입니다. 전자는 쉽지만 잘못된 길이고, 후자는 어렵지만 옳은 길이었습니다. 그는 지금까지 늘 그랬듯 전자를 택했습니다.

6

시스템 관리자의 한계에 갇힌 한동훈

장 폴 사르트르Jean Paul Sartre라는 철학자가 쓴 《구토La Nausée》라는 소설이 있습니다. 서른 살의 역사 연구가 로캉탱이 이유를 알 수 없는 구토 증세를 겪게 되면서 그 원인을 찾아가는 내용입니다. 이 작품으로 사르트르는 단번에 문제적 작가의 반열에 올랐고, 1964년에는 노벨문학상 수상자로 결정되었지만 그는 수상을 거부했습니다. 이 소설에서 구토가 의미하는 것은 무엇일까요?

우리가 사는 세상에는 이런저런 부조리가 끊임없이 발생하지만, 사람들 대부분은 이해하거나 참고 넘어가려고 노력합니다. 하지만 아무리 노력해도 도무지 이해하거나 인정할 수 없는 너무 큰 부조리를 마주하게 되면 어떻게 될까요? 로캉탱의 구토는 바로 그런 부조리에서 오는 증상을 가리킵니다.

앞에서도 말했지만 나에게는 윤석열 정부 들어선 후 이번 반란이 일어나기 전까지 구토가 일어날 정도로 충격적인 장면이 두 번 있었습니다. 하나는 앞에서 말씀드린 국민의 죽음을 윤석열이 관찰하던 장면이었고, 또 하나는 2024년 3월, 총선을 한창 앞두고 벌어졌습니다. 국민의힘 공천에 탈락한 분께서 이에 반발해 분신을 시도하는 일이 있었습니다. 이를 두고 한동훈 당시 비상대책위원장은 "당연히 시스템 공천의 결과"라고 일축했는데요, 그 모습이 구토증을 일으킬 만큼 충격적이었습니다. 도대체 이 시스템이라는 것이 무엇이길래 사람이 제 목숨을 던지는 처연한 모습 앞에서도 '당연한 결과'라고 말할 수 있을까요?

시스템system이란 일종의 규칙화된, 제도화된 체계입니다. 인간은 사회 속에서 발생하는 문제를 해결하기 위하여 다양한 방식의 규칙과 제도를 만들어왔습니다. 단순 사회에서는 규칙과 제도가 필요하지 않습니다. 간단한 규칙과 제도를 사용해서 문제를 해결할 수 있기 때문입니다. 더구나 단순 사회에서 어떤 일이 발생하면 관련된 모든 사람들이 그때그때 토론을 통해 협의하고 합의하여 문제를 해결할 수 있습니다. 하지만 우리는 이렇게 단순한 사회에 살고 있지 않습니다. 가정을 벗어나는 순간 우리는 매우 복잡한 사회 속에서 살아갑니다. 따라서 사회는 아주 복잡한 체계로 이루어져 있습니다. 이 맥락에서 탤컷 파슨스Talcott Parsons는 사회를 체계로 규정합니다. 그리고 사회 체계가 A(Adaptation, 적응), G(Goal Attainment, 목표 달성), I(Integration, 통합), L(Latency, 체계 유지 및 긴장 관리)라는 네 가지 기능을 수행한다고 말합니다.

　우리는 사회 체계, 곧 시스템으로부터 자유로운 세계에서 살 수 없습니다. 하지만 시스템은 니클라스 루만Niklas Ruhmann이 지적하듯이 자신을 구성했던 환경과 분리되어 자율적으로 작동하며, 스스로를 재생산합니다. 더구나 위르겐 하버마스의 관점을 따르면 현대사회의 체계는 자본시장 체계와 국가행정 체계가 지나치게 비대해집니다. 시스템이 비대해지면 비대해질수록 인간들의 의사소통은 권력과 자본에 의해 조정되는 경향이 강해집니다. 시스템은 기본적으로 일상생활에서 이루어지는 의사소통이나 인간성의 교환과는 거리가 멀어집니다. 사회적 복잡성의 증가에서 비롯되는 문제를 해결하는 과정에서 시스템은 점점 강화됩니다.

　하버마스에 따르면 시스템이 시스템의 논리 안에서만 작동하면 아무런 문제가 없습니다. 아무리 사회가 복잡해져도 모든 영역이 시스템으로 작동하는 것은 바람직하지 않습니다. 하버마스의 개념을 빌려서 말하면 시스템이 작동하지 않고 사람들이 스스로 담론을 통해서 문제를 해결하는 영역을 '생활 세계'라고 합니다. 삶의 세계인 셈이죠. 이 삶의 세계를 살아가다보면 복잡성이 너무 증가하게 마련이니, 이를 막기 위해 그 일부를 계속해서 시스템으로 옮깁니다. 공천 과정도 이런 식으로 시스템화되어왔습니다. 복잡성의 증가에 따라 생겨나는 예측 불가능성을 줄이고, 나아가 잘못된 개입이나 오염을 통해 자의성이 침투하는 것을 줄이기 위해서 정당은 공천의 시스템화를 강화해왔습니다. 하지만 시스템의 토대나 기본은 의사소통적 협의와 합의입니다. 시스템의 정당성 자체도 정치적으로 혹은 생활 세계 안에서 논의하고 토론할 수 있습니다. 예측 불가능성과 자의성을 줄이기 위해 시스템을 만들었지만, 그것에서 어떤 병리적 현상이 일어나면 진지하게 시스템화된 것에 대해 근본적인 문제를 제기할 수 있어야 합니다. 그렇지 않고 시스템의 논리로 생활 세계의 논리를 억압하는 것은 시스템 부조리입니다. 하버마스는 이러한 시스템 부조리를 시스템에 의한 생활 세계의 내적 식민지화라고 비판합니다.

시스템이란 생활 세계에서의 광범위한 동의를 기반으로 구축됩니다. 이때 시스템의 논리는 시스템 안에서만 작동해야 합니다. 그리고 시스템에서 문제가 생기면 생활 세계의 논리로 시스템을 바꾸어야 합니다. 그런데 반대의 경우가 많습니다. 시스템의 논리로 생활 세계의 논리를 지배하는 것입니다. 시스템은 결코 모든 문제를 해결하는 만능키가 아닙니다. 총선을 앞두고 분신을 시도한 분을 두고 했던 한동훈의 발언이야말로 생활 세계를 내적으로 식민지화한 시스템 지배자의 전형적인 모습을 보여줍니다.

한동훈을 예로 들긴 했지만 많은 사람들이 시스템을 오해하고 있습니다. 시스템이 마치 좋은 것, 합리적인 것, 정당한 것이라고들 착각합니다. 시스템이 정당화되려면 복잡성이 증가했다는 전제가 필요합니다. 어떤 행위 자체가 너무 복잡해서 그로부터 생겨날 수 있는 작용과 반작용과 부작용이 예측 불가능해질 때 정밀한 연구를 통해 시스템을 구축할 수 있습니다. 다시 말해 시스템은 짜인 구조일 뿐입니다. 그러니 시스템이 언제나 옳고, 누군가가 분신을 시도하더라도 그게 시스템이니 어쩔 수 없다는 말에는 논리도, 철학도 없습니다. 나는 잘 모르지만 선거에서 떨어지는 건 무척 고통스러운 일일 것입니다. 그 고통을 호소하는 당원을 당대표가 시스템 내부로 소환해 생명을 마치 기계처럼 취급하는 태도는 매우 위험해 보입니다. 시스템에 의한 생활 세계의 내적 식민지화에 오염된 정치인은 지도자가 아니라 관리자로서 만족해야 합니다. 지도자는 체계에 균열을 내는 카리스마가 있어야 합니다.

7

우리는 무감각과 싸워야 한다

윤석열은 나라를 사랑할까?

이런저런 조직 생활을 해보면 알 수 있지만, 신기하게도 대부분 어떤 조직의 장이 되면 그 조직을 사랑하는 마음이 커지기 마련입니다. 제가 참여하고 있는 테니스 동아리를 예로 들어보겠습니다. A 회원은 테니스 동아리를 너무 사랑해서 동아리 회장에 출마했고, 실제로 회장이 되었습니다. A는 회장이 된 후에 동아리 사랑이 커졌을까요, 아니면 오히려 작아졌을까요? 제가 보기에는 대부분 더 커집니다. 만약 선거에서 떨어진다면 당연히 사랑은 줄어듭니다. 작은 규모의 동아리에서만이 아니라 매우 큰 조직에서도 비슷한 현상이 일어납니다. 태권도 협회장이 되면 누구보다 태권도를 사랑할 것이고, 해병대 전우회 회장이 되면 해병대를 사랑하는 마음이 더 커질 것입니다. 매우 자연스러운 현상입니다.

다만 여기서 무엇을 사랑하는지에 관해서 좀 세심하게 나눠볼 필요가 있습니다. 극단적이지만 우리 사회에서 실제로 빈번하게 일어나는 예를 하나 들어보겠습니다. 어느 가정에서 아내가 남편과 이혼하고 싶어합니다. 이유는 가정폭력입니다. 그런데 가정폭력의 가해자인 남편은 지속적으로 '가족을 사랑한다'고 말합니다. 실제로 그렇습니다. 그는 가족을 사랑합니다. 아내에게 폭력을 행사하는 순간에도 본인은 가족을 사랑한다고 확신하고 있습니다. 이 남자가 거짓말을 하는 것일까요? 아닙니다. 이 남자는 진심으로 가족을 사랑합니다. 그는 실제로 가족을 위해 열심히 노력합니다. 하지만 이 남자에겐 심각한 문제가 있습니다. 그는 가족이라는 제도를 사랑하는 것이지 가족의 구성원을 사랑하는 것이 아닙니다. 다시 한번 물어봐야 합니다. "당신이 사랑한다는 건 가족이냐, 아니면 가족 구성원이냐?" 그게 같다고 생각하면 이 남자는 이 상태에서 벗어날 수 없습니다.

여기서 건강한 사랑, 정상적인 사랑은 가족 구성원을 사랑하는 것이지 가족이란 제도를 사랑하는 게 아닙니다. 가족 사랑이 곧 가족 구성원에 대한 사랑이 아니라 가족 구성원에 대한 사랑이 가족 사랑이어야만 합니다. 가족 구성원을 사랑하기 위해서 가족이라는 제도를 사랑할 수 있습니다. 물론 어떤 사람은 가족 구성원은 사랑하지만 가족이라는 제도를 사랑하지 않는 경우도 있을 수 있습니다. 타인에게 권고할 만한 상황은 아닙니다. 하지만 제도를 사랑한다면서 구성원을 학대하는 사람은 최악입니다. 윤석열의 태도가 여기에 해당합니다. 그는 국가주의자입니다. 국가를 사랑한다고 노래를 부릅니다. 그런데 다른 국가 구성원들이 국가를 망친다고 합니다. 그래서 그 구성원들을 모두 척결하겠다고 합니다. 구국의 결단이라고 떠듭니다. 윤석열은 자신의 비뚤어진 국가 사랑을 내세워 다른 국가 구성원인 국민에게 폭력을 행사합니다. 사실 윤석열은 대한민국 국민은 물론이거니와 대한민국 자체도 사랑하지 않습니다. 자기만의 대한민국, 자기가 왕인 대한민국을 사랑하는 것입니다. 하지만 대한민국은 민국이지 왕국이 아닙니다. 그의 국가 사랑이 위험한 까닭입니다.

애덤 스미스와《도덕감정론》

윤석열의 국가 사랑의 감정은 훼손된 감정입니다. 이를 확인하기 위해 누구나 아는 경제학자 애덤 스미스Adam Smith를 소환해보겠습니다. 아마도 애덤 스미스는 전 세계의 학자들에게 가장 많은 사랑을 받은 경제학자일 것입니다. 그런데 사실 그는 철학자입니다. 경제학자로 더 많이 알려졌지만 그가 대학교에서 처음으로 강의했던 과목은 논리학이었고, 주로 가르친 교육과정도 철학이었습니다. 그가 첫 번째로 쓴 책이 바로《도덕감정론The Theory of Moral Sentiments》(1759)입니다. 그가 그 유명한 책《국부론An Inquiry into the Nature and Causes of the Wealth of Nations》(1776)을 쓴 건 그로부터 17년 뒤입니다. 애덤 스미스 시절만 해도 경제학은 철학의 한 분과였습니다. 그 이전은 말할 것도 없습니다. 그래서 아리스토텔레스Aristoteles, 플라톤Platon, 크세노폰Xenophon 등 유명한 철학자들은 다 자신만의 경제학 이론이 있었습니다. 어쨌든 애덤 스미스는 철학자이자 경제학자입니다.

《국부론》이 워낙 유명한 터라, 많은 사람이 그를 경제학의 아버지로 알고 있습니다. 하지만 정확히 따지면 경제학이 아니라 현대 경제학의 제1세대라고 봐야 합니다. 앞에서도 얘기한 바 있지만 고대 경제학에서는 생산에서 소비까지 완결되는 단위가 가족이었습니다. 그러다 현대 경제학이 등장하면서 생산과 소비가 완결되는 단위가 국가로 넘어갑니다. 그래서 애덤 스미스의 저서 제목도《국부론》입니다. 대부분 철학자이기도 했던 1세대 경제학자들이 국민경제학을 탄생시킨 것입니다.

애덤 스미스의《국부론》에 매우 유명한 문장이 있습니다. "우리가 근사한 저녁 식사를 할 수 있는 것은 정육점 주인, 양조업자, 제빵업자의 자비심 덕분이 아니라 그들의 이기심 때문이다." 오늘날의 우리가 근사한 식탁을 차려놓고 맛있는 음식을 먹으려면 빵을 굽는 사람, 농부, 어부, 축산업자만으로 충분하지 않습니다. 수많은 사람들이 나의 식탁에 관여합니다. 심지어 세계인의 노동이 내 저녁 식탁에 참여합니다. 그렇다면 그 많은 사람들은 다른 사람의 식탁에 대한 걱정과 사랑 때문에 일을 하는 것일까요, 아니면 무엇보다 자기 이익과 자기 사랑 때문에 일을 하는 것일까요? 애덤 스미스의 대답은 물론 후자입니다. 더구나 오늘날처럼 글로벌 경제권에서는 더더욱 각자의 이기심이 우리 모두의 식탁을 풍요롭게 만들 것입니다. 그렇다면 국가가 부를 축적할 수 있는 가장 기본적인 이유도 국가를 사랑하는 국민의 마음보다 국민 각자의 자기 사랑이라고 말할 수 있을 것입니다.

물론 자기 이익 추구와 자기 사랑은 똑같은 말이 아닙니다. 자본주의가 자기 이익 추구와 자기 사랑이라는 두 가지 기반 위에서 성장하고 성숙한다고 할 때 자기 이익과 자기 사랑은 결정적인 차이가 있습니다. 자기 이익은 기본적으로 계약을 통해 성취됩니다. 더 많은 이익을 위해 우리는 모든 것을 계약의 대상으로 삼을 수 있습니다. 대표적으로 임금 계약이 여기에 해당합니다. 그러나 자본주의 사회에서조차 결코 계약을 통해서 양도할 수 없는 한 가지가 있습니다. 법으로도 혹은 아무리 가까운 사이에서도 내줄 수 없는 것, 바로 인격입니다. 인격은 결코 계약의 대상이 아닙니다. 이 맥락에서 자기 사랑이란 자기 스스로를 물건처럼 취급하지 않고 최소한의 인격을 지키는 행위입니다.

많은 이들이 이 정부가 이태원 참사를 대하는 모습, 채수근 해병 사건을 대하는 모습, 조선인이 강제 노역했던 일본의 사도 광산을 대하는 모습을 보면서 불편해하는 이유가 여기에 있습니다. 누군가의 인격을 물건처럼 취급하기 때문입니다. 또 하나의 이유가 더 있습니다. 최소한의 도덕 감정이 훼손당했다는 느낌 때문입니다. 애덤 스미스의 《도덕감정론》은 도덕적 규범이 어디서 왔는지, 어떻게 정당화될 수 있는지를 묻지 않습니다. 도덕적 판단의 뿌리가 이성이라고 생각하지도 않습니다. 이성은 무엇이고, 이성적 판단이란 무엇인지에 대해서도 다루지 않습니다. 왜냐하면 그는 인간에겐 기본적으로 '도덕감정'이라는 게 있다고 믿기 때문입니다. 나와 아무런 이해관계가 없어도 다른 사람의 불행이나 아픔을 대할 때 자기도 모르게 즉각적인 감각과 감성으로 공감하거나 아픔을 느끼는 감정, 그것이 애덤 스미스가 말하는 도덕감정입니다.

애덤 스미스는 가장 포악하고 극단적으로 법을 어기는 사람조차도 타인의 아픔과 고통을 마주할 땐 즉각적으로 반응한다고 말합니다. 예를 들어 심각한 범죄를 저질러 교도소에 있는 사람들조차도 누군가의 슬픈 사연을 접하면 같이 울기 마련입니다. 이게 도덕감정의 원천이라는 것입니다. 그런데 이런 감정이 훼손되면 어떻게 될까요? 윤석열과 그의 정부는 지난 3년 동안 바로 이 도덕감정을 훼손했습니다.

무감각과의 싸움

대부분의 서사는 그 안에 크고 작은 아픔을 품고 있습니다. 이 서사를 아는 사람은 당연히 그 아픔에 감각적으로 반응하게 마련입니다. 이 점에서 일반 시민과 정책 결정자와의 차이는 없습니다. 예를 들어 어떤 사람이 사도 광산의 서사를 듣게 되면 순간적으로 그때 그 시절 일제 강점기에 나라를 잃고 강제로 끌려가 고통받았을 사람들의 아픔을 떠올리게 마련입니다. 사람에 따라 몰입도가 다르고, 그 감각의 강도와 깊이가 다를 수는 있겠지만 즉각적인 반응은 누구에게나 있기 마련입니다. 보통의 경우 이런 감각을 바탕으로 도덕적 판단도 하고 정치적 선택도 합니다. 채수근 해병 사건이나 이태원 참사, 세월호 참사 모두 똑같습니다. 그런데 누군가 채 해병 사건을 들먹이면서 "사단장이 그렇게까지 큰 벌을 받아야 해요? 그냥 채 해병 말고 사단장을 좀 구제해주면 안 돼요?"라고 말합니다. 누군가로부터 이런 부탁을 받게 되면 여러분은 어떻게 하시겠습니까? 일반 사람은 채 해병에게 도덕감정을 이입할 것입니다. 그리고 부탁이 부당하다고 느낄 것입니다. 물론 이런 부탁을 쉽게 들어주겠다고 말하는 사람도 있을 수 있습니다. 무엇보다 채 해병의 고통에 대한 도덕감정이 없는 사람들이겠죠. 그렇다면 이 사람의 감각은 훼손될 것일까요? 아닙니다. 감각이 훼손된 것이 아니라 권력감각에 의해 도덕감각이 식민화된 것입니다. 누군가가 부탁한 것을 들어주지 않으면 자신의 권력감각이 훼손된다고 느끼는 사람은 도덕감각을 쉽게 제거합니다.

애덤 스미스의 《도덕감정론》에 따라 대부분의 사람은 다른 아픈 사람들 혹은 억울하게 죽임을 당한 사람들을 보면 즉각적으로 반응합니다. 하지만 우리 사회에는 자기 자신이 엄청난 권력을 가지고 있다는 일종의 과대망상에 빠진 사람이 있습니다. 이런 과대망상에 기초한 권력감각이 도덕감정을 압살한 경우는 허다합니다. 이게 심하면 자기를 버릴 수도 있고, 스스로에 대한 사랑을 잃어버릴 수도 있습니다. 윤석열과 그를 지지하는 사람들에겐 권력감각만이 살아있습니다.

김건희는 아마도 그 자신이 권력감각 기관인 것으로 보입니다. 신체 없는 권력기관의 전형입니다. 그는 돈이 없어서 디올 백을 받은 것이 아닙니다. 과대망상, 과대 권력감각 때문에 받은 것입니다. 디올 백을 거절하면 자신이 대단한 사람이라는 사실이 훼손됩니다. 김건희는 그게 싫었던 것입니다. 다른 모든 감각이 권력감각으로 수렴된 사람들에게는 신체가 없습니다. 오직 권력감각만 있습니다. 이런 사람들은 항상 권력에 굶주려 있습니다. 이런 사람은 권력을 위해 자신을 물건처럼 대상화시키고 사물화시킵니다. 자기 자신을 적어도 왕처럼 느끼는 것입니다. 다른 모든 신체적 감각을 권력감각으로 수렴시킨 사람은 무감각 상태에 빠집니다. 그래서 나는 오래전부터 이런 사람들과의 싸움을 무감각과의 싸움이라고 표현해왔습니다. 이렇게 감각이 없는 사람들의 집단과 정치적으로 대결하는 일은 매우 어렵고 고통스럽습니다. 무감각은 결국 이성이나 합리성조차 마비시켜 무사유로 발전할 수 있어서입니다.

윤석열 부부는 도덕감각이 권력감각에 의해 크게 훼손된 것으로 보입니다. 이들은 오래전부터 이 상태였을까요? 아니면 검찰 권력에 취하면서부터 그렇게 되었을까요? 알 수 없지만 분명한 것은 윤석열 부부가 무감각 상태이다보니 그들과 함께하는 사람들도 비슷하게 변해갑니다. 감각이 있는 사람들은 견디지 못해 떠났거나 쫓겨난 것으로 보입니다. 정부 주요 인사들의 인사청문회를 보면 윤석열의 주변에 모여든 사람은 모두 도덕감각이 훼손된 권력감각 기관들처럼 보입니다. 이들은 정말 놀랍도록 하나같이 비슷합니다. 아마 조금이라도 감각이 살아 있으면 수치심 때문에 견디지 못했을 것입니다. 하지만 그들은 아무렇지 않습니다. 물증에 기초한 도덕적 공격에도 전혀 흔들리지 않습니다. 도덕감각을 상실했기 때문에 가능한 일일 것입니다.

　나치의 시대가 끝나고 나서 나치의 폭력을 증언하려는 사람들이 가장 고통스러워했던 부분도 바로 이런 무감각입니다. 나치 시절 아우슈비츠를 경험한 프리모 레비Primo Levi는 무감각에서 받은 고통을 우리에게 알리고 있습니다. 《이것이 인간인가Se Questo è un Uomo》(1947)에서 그는 나치 강제수용소에서 생존한 경험을 바탕으로 인간이 극한 상황에서 인간성을 유지하려는 노력과, 억압의 구조를 면밀히 분석하고 있습니다. 그리고 《가라앉은 자와 구조된 자I sommersi e i salvati》(1986)에서는 홀로코스트 생존자의 죄책감과 기억의 역할을 깊이 파헤칩니다. 그는 가해자와 피해자의 복잡한 관계를 조명하면서 자신이 겪은 참상을 증언하기 위해 노력합니다. 그것은 증언할 수 없는 것을 증언하는 과정이었습니다. 그는 증언 과정의 괴로움을 견디지 못하고 스스로 세상을 떠난 동지와 동료 들을 무책임하다고 비판하면서 스스로는 아우슈비츠의 만행과 참상을 세상에 알리려고 무던히 노력했습니다. 하지만 그도 끝내 스스로 목숨을 끊었습니다. 그는 "아우슈비츠에서 겪은 것만큼 고통스러웠던 건 내 말을 듣는 사람들의 무감각"이라고 말하기도 했습니다. 우리 국민이 겪는 고통의 본질도 이와 다르지 않습니다. 우리가 무감각한 사람들에 의해서 통치당하면서 받는 고통만큼이나 이 고통에 대해 도덕감각을 잃어버린 사람들 때문에 새로운 고통이 밀려옵니다.

도덕적 무감각이 일상화된 세력들은 진실을 말하는 이들을 경멸하는 정치를 합니다. 누구나 그렇지만 진실을 말하는 데는 큰 용기가 필요합니다. 하지만 윤석열은 그런 귀한 사람을 감옥에 보내고, 고소 고발하기 일쑤입니다. 심지어 이번 내란에서는 그들을 죽이려고 했습니다. 잔인한 무감각증 환자입니다.

감각을 조금이라도 가진 우리가 감각을 상실한 세력과의 싸움에서 이기려면 감각을 계속 깨우는 방법밖에 없습니다. 여기서 말하는 감각이란 타인, 타자의 고통에 반응하는 도덕감각입니다. 사회·경제적으로 성공한 사람들, 일 중독에 빠져 자기 자신을 가혹하게 착취한 사람들일수록 이런 감각을 잃어버릴 위험성이 큽니다. 그래서 이 책을 읽고 있는 여러분에게도 묻습니다. 여러분은 최근 어디선가 들려오는 온갖 존재자의 고통을 느꼈습니까? 고양이와 강아지의 울음소리를 들었습니까? 만약 지난 6개월 동안 밖에서 고양이나 혹은 어떤 동물의 울음소리를 한 번도 들어본 적이 없다면, 존재자의 울음이 없었던 게 아니라 내가 그 소리를 들을 수 있는 감각을 잃어버린 것입니다. 이제라도 혹시 그렇게 울고 있는 고양이가 없는지 살펴보고, 귀를 기울여보면 좋겠습니다. 이 어렵고 고통스러운 싸움에서 지지 않기 위해서라도 말입니다.

혁명의 아침에 깨어나지 못한 철학자의 반성문
— 지체된 도덕감각의 비극

이 책을 쓰고 있는 논리적 연결고리에 따라 명제를 나열해보겠습니다.

1. 2024년 12월, 대한민국은 반혁명과 혁명 그리고 반혁명이 동시에 충돌한다.
2. 일반적으로 혁명이 먼저 일어나고 그에 대한 반혁명이 일어난다.
3. 윤석열의 반란은 반혁명이다.
4. 윤석열의 반란에 맞서 시민, 군인, 야당의 혁명이 일어났다.
5. 이번 내란은 반혁명이 먼저 있고 이를 되돌리려는 혁명이 뒤따르며 일어났다.
6. 윤석열의 내란은 87년 체제 이전으로의 회귀를 꿈꾸는 반혁명이다.

7. 우리의 시민의식은 촛불혁명을 통해 87년 체제를 넘어서는 혁명을 요구했다.

8. 87년 체제 이전으로의 회귀를 꿈꾸는 윤석열의 반혁명과, 87년 체제의 극복을 바라는 시민들의 의식 사이에는 너무 넓고 깊은 심연이 있다.

9. 윤석열의 반혁명은 시민의식의 혁명적 에너지 앞에서 좌절할 수밖에 없다.

10. 만약 윤석열의 반혁명이 성공한다면 제2의 4·3, 제2의 5·18이 재현될 수밖에 없다.

11. 윤석열의 반혁명이 진압되면 우리는 87년 체제에 머무를 것인지, 아니면 87년 체제를 극복할 것인지를 물을 수밖에 없다.

12. 박근혜, 윤석열과 같은 정치 괴물의 등장은 87년 체제가 잘못 작동해서가 아니라 너무 잘 작동해서 일어난 일이다.

13. 87년 체제를 극복하려는 혁명이 시작되어야만 유사 박근혜, 유사 윤석열을 막을 수 있다.

14. 87년 체제를 극복하는 혁명은 민족국가와 국민국가의 충돌과 모순을 극복할 수 있는 제7공화국을 열어야 한다.

15. 제7공화국은 사회국가와 세계국가의 성격을 보다 강화해야만 한다.

16. 제7공화국은 모든 사회 집단, 모든 지역 사회를 권력 구성의 주체로 인정하는 연방 체계로 가야 한다.

17. 통일은 연방을 확장하는 평화의 프로세스가 되어야 한다.

18. 제7공화국은 국가주의를 벗어나는 법 형식을 구현하여야 한다.

19. 제7공화국은 권리의 다원주의와 권력의 분산이 최대한 구현된 민주공화국을 지향한다.

20. 제7공화국은 사회소득과 기본소득을 결합하는 시민소득을 일반화하고, 사회서비스와 기본서비스를 결합하는 시민서비스를 일반화하는 공화주의적 복지 체제를 구축한다.

21. 제7공화국은 자유(지상)주의적 능력주의를 포용하는 정치적 자유주의를 확장한다.

22. 제7공화국은 법조주의를 극복하는 사법 개혁을 추진한다.

23. 제7공화국은 무사유, 무감각의 폭력이 확산하는 것을 방지하기 위하여 차별을 금지하고 차이를 존중하는 법과 제도와 교육을 확장한다.

24. 2025년 12월, 제7공화국을 열 수 있는 혁명의 아침이 열리고 있다.

25. 우리가 맞이하고 있는 혁명 속에는 반혁명의 요소가 남아 있다.

26. 혁명 속에 있는 반혁명에는 지체된 도덕감각과 절대적 자유의지가 있다.

27. 혁명을 위협하는 반혁명으로서의 절대적 자유는 공포정치의 부활이다.

28. 혁명이 반혁명을 극복하려면 공포 정치, 폭력 정치가 아니라 우정의 정치를 복원해야 한다.

29. 혁명을 위협하는 반혁명으로 지체된 도덕감각은 혁명의 아침을 열고 있는 소수자로부터 마이크를 빼앗을 수 있다.

30. 혁명이 반혁명을 극복하려면 무시의 정치가 아니라 상호 인정의

정치를 복원해야 한다.

30개의 명제를 제대로 이해하고 설명하려면 30권의 책이 필요할 것입니다. 이 책은 앞으로 펼쳐져야 할 수많은 담론의 아주 작은 몽타주라고 할 수 있습니다. 그런데 30개의 명제 중 특히 29~30번 명제는 지금 이 글을 쓰고 있는 나 자신을 향하고 있습니다. 최근 나는 나 자신의 도덕감각이 지체되어 있음을 확인하게 되었습니다. 반혁명과 혁명의 충돌이 불타던 2024년 12월 8일 나는 〈매불쇼〉에 출현하여 다음과 같이 말합니다. "어제 국회의사당 앞 집에서 어느 순간 자세히 보니까 주된 연령층이 20~30대 여성이었습니다. 깜짝 놀랐습니다. … 20~30대 남성들에게 알려주려고 합니다. 여자분들이 집회에 많이 나온다고 합니다." 이에 진행자가 철학과 교수로서 부적절한 발언이라고 지적했지만 나는 "(여성들이 많이 나온다는 게) 얼마나 철학적이냐"며 웃었습니다. 방송이 끝나고 나서도 내 발언의 문제점을 인지하지 못했습니다. 5일 동안 이리저리 숙소를 옮겨 다니며 국회와 방송 그리고 집회 현장을 왕래하며 지쳐 있었기 때문에 곧바로 광주로 돌아오는 기차에 올랐습니다. 천안을 지날 때쯤 〈김어준의 겸손은 힘들다 뉴스공장〉(이하 〈겸공〉)에서 다음 날 아침 급하게 방송에 출연해달라는 부탁을 받고 다시 기차에서 내려 서울로 돌아옵니다. 예약된 호텔에서 쉬려는데 문자가 오기 시작했습니다. 순간 내가 큰 잘못을 저질렀다는 생각이 들었습니다. 그래서 내 잘못을 정확하게 지적해준

분에게 사과하고, 올리려는 사과문이 적절한지도 물었습니다. 그러고
나서 댓글로 다음과 같이 사과문을 올렸습니다.

> 오늘 방송에서 제가 한 발언에 대해서 진심으로 사과드립니다.
> 2030 남성들이 집회 현장에 보이지 않은 점을 지적하며 깨어 있
> 는 여성들을 본받아서라도 시위 현장에 나타나길 바란단 내용의
> 사르카즘을 던진 것이었는데 상처를 드렸습니다. 물의 빚은 부
> 분에 대한 용서를 구하며 시위를 축제의 장으로 바꿔주신 용기
> 있는 여성분들께 응원과 지지를 보냅니다. 무엇보다 다시 이런
> 일이 없을 것을 약속드립니다.

사과문을 올리고 나서 잠을 잘 수가 없었습니다. 무엇보다 나 자
신의 도덕감각이 심각하게 지체되어 있음을 자각하게 되었습니다. 내
도덕감각을 제대로 고치려면 내 발언으로 타인이 받은 고통을 내가
신체적으로 인내해야만 한다고 여겼습니다. 그래서 밤새도록 사람들
의 비판을 받아들이고 다음 날 아침 〈겸공〉에 나갔습니다. 제작진에
게 어제 잘못에 대해 사과드리고 싶다고 양해를 구하고 다음과 같이
말했습니다. "성인지 감수성이 부족해서 잘못된 발언을 한 점을 사과
드립니다. 그리고 재발 방지를 약속하겠습니다."
방송을 마치고 광주로 돌아왔습니다. 많은 전화를 받았습니다.
욕설이 많았지만 나의 잘못에 대한 당연한 비판이라고 생각하고 수

용했습니다. 내 수업을 듣고 있는 학생들에게도 사과했습니다. "제가 잘못했습니다. 잘못했으면 비판을 받는 것이 당연합니다. 혹시라도 여러분의 자존심에 조금이라도 상처를 주었다면 죄송합니다." 이메일도 많았습니다. 가능하면 메일을 보내신 분들에게는 사과를 했습니다. 그런데 특히 한 분의 비판이 나의 지체된 도덕감각, 다시 말해 무감각을 정확하게 비판해주셨습니다. 그 일부를 소개하겠습니다.

안녕하세요, 박교수님. 나는 미국 ○○○대학에서 ○○를 가르치고 있는 ○○○입니다. 박구용 교수님 열심히 찾아 듣는 팬입니다. 가장 잔인한 폭력성의 근간은 무감각이라고 가르쳐주셨습니다. 박교수님의 이번 시위에 참여한 젊은 여성들에 대한 근본적인 존중 없는 무감각한 농담이 어떻게 잔인한 폭력으로 작동하였는지, 교수님께서 주신 가르침으로 교수님의 핵심을 볼 수 있었습니다. 〈매불쇼〉에서 제대로 된 분석과 사과를 해주십시오. 이번 기회가 민주화 세력 내부에 엄연히 존재하는 여성에 대한 비민주적인 시각을 드러내고 인정하고 함께 극복할 수 있는 기회가 될 수 있습니다. 메타비평 기대합니다. 박교수님이기 때문에 가능하다고 생각합니다. 2017/2018 미투 이후의 한국 사회를 사는 여성들에게 차별과 비아냥은 더 이상 직설법으로 존재하기 어렵습니다. 이러한 농담의 공간들이 웃음과 폭력이 나뉘는 곳이고 예민하게 감각하고 사유하여야 하는 공간입니다. 감각과 사유가 어떻게 철학과 법의 근간인지를 나에게 가르쳐주신 박교수님께서 이번 기회를 통해 정말 철저히 사유하는 것이 어떤 것인지를 몸소 보여주실 것이라 믿고 기대합니다. 존경과 안타까움을 함께 보냅니다.

너무나 고맙고 죄송한 비판이었습니다. 그래서 사과하는 메일을 보냈습니다. 그리고 다음 날 답장을 받았습니다. 아주 긴 답장이었습니다. 나는 다시 한번 정확하게 깨닫게 되었습니다. 나의 감각은 고통받아온 타인, 특히 젠더 폭력에 의해서 고통받아온 여성에 대해서 전혀 무감각했습니다. 나의 무감각이 많은 사람들에게 큰 고통을 주었다는 것을 명확하게 알게 되었습니다. 그래서 다음 날 이분에게 보낸 사과문을 교정하여 다음과 같이 페이스북에 사과문을 올렸습니다.

변명의 여지가 없습니다. 실수가 아니라 명백한 잘못입니다. 제 잘못에 대한 비판을 겸허하게 받겠습니다. 저의 무례하고 성인지 감수성이 부족한 발언에 대해 다시 한번 진심으로 사과드립니다. 〈매불쇼〉에서 명백히 잘못된 성차별 발언을 하였고, 이후 사과의 표현과 방식도 부적절하였습니다. 나는 잔인한 폭력의 뿌리가 무사유와 무감각에 있다고 주장하며 이를 가르쳐왔습니다. 그러나 이번 제 발언은 바로 그 무감각, 특히 젠더 폭력으로 인해 여성들이 받는 고통에 있어서 무감각함을 드러내는 것이었습니다. 저의 감각이 저의 생각을 위배하고 있었습니다. 제 감각을 고치지 못한 잘못입니다. 앞으로 이런 일이 재발하지 않도록 최선의 노력을 다하겠습니다. 긴장과 불안의 연속인 광장에 용기를 내어 나오신 여성들이 용감한 시민임을 명심하여 그동안의 발언과 행동을 반성하겠습니다. 남성과 여성 간의 친밀성이 아니라 시민과 시민, 사람과 사람 사이의 친밀성을 우선시하는 사회적 훈련, 문화적 훈련 그리고 예술적 훈련을 통해 변화하겠습니다. 언론 활동을 중단하고 자숙하면서 젠더 민주주의에 대해 깊이 성찰하는 시간을 갖겠습니다. 다시 한번 분노하고 상심하신 모든 분들께 머리 숙여 사과드립니다.

이 사과문을 올린 다음 견딜 수 없는 자책이 밀려왔습니다. 무엇보다 나 자신이 그동안 수도 없이 폭력의 뿌리가 무감각, 무사유라고 했지만, 나 자신이 무감각에 빠져 있다는 것이 부끄러웠습니다. 그런데 페이스북 댓글을 보면서 또 다른 걱정이 들었습니다. 간단하게 말하면 비난받을 만한 태도가 아니라는 의견도 있다는 내용이었습니다. 바로 다음과 같이 말씀드렸습니다. "아닙니다. 명백한 잘못입니다. 논쟁의 여지가 없습니다. 나는 고쳐가겠습니다. 시민혁명에 찬물을 부어버린 나의 어리석음을 성찰하겠습니다. 그러니 부탁입니다. 이 문제에 대해서 논의하지 마시길 바랍니다. 간곡한 부탁입니다."

잘못을 인식하고, 나의 무감각을 질책하고, 어떻게 나의 무감각을 극복할 것인지에 대한 생각을 정리했습니다. 공식 일정도 가능하면 모두 정리했습니다. 그런데 어느 순간 참을 수 없는 슬픔, 누구하고도 나눌 수 없는 고통이 밀려왔습니다. 연구실이 감옥이 되었습니다. 이유는 단 하나였습니다. 지체된 도덕적 감각에서 비롯된 나의 잘못에 대한 형벌은 탄핵의 아침, 끓어오르는 광장에 나아갈 수 없는 것이었습니다. 성인이 된 이후로 나는 내 나름의 방식으로 항상 혁명의 대열 어딘가에 있었습니다. 이번에는 더 큰 책임감을 느끼고 5일 동안 대열에 참여했습니다. 그런데 지금 나는 연구실에 갇혀 있습니다. 내가 가장 사랑하는 공간이 이 순간은 저주의 공간입니다.

다시 한번 생각을 가다듬어보았습니다. 나의 무감각은 단순히 여성들이 견뎌야만 했던 고통에 한정된 것이었을까요? 아니었습니다. 젠더 고통에 대한 나의 무감각은 사실 광장에 대한 무감각, 무사유에서 출발한 것이었습니다. 나는 국회의사당 앞에서 수많은 2030 여성들을 보고 깜짝 놀랐습니다. 그리고 너무 좋았습니다. 그래서 페이스북이 다음과 같이 썼습니다. "고통스럽지만, 대부분의 참여자가 청년이어서 위로가 되었습니다." 사실 나의 놀람, 기쁨 자체가 지체된 것이었습니다. 나는 한참 동안 광장을 사변적으로만 생각해왔습니다. 우리 모두가 무관심하거나 혹은 관념적으로 사유하는 동안 광장은 이미 저들의 것이었습니다. 이미 오래전부터 광장을 지키고 있었던 저들에 대해서 나는 무감각, 무사유했습니다. 그 때문에 너무 쉽게 놀랐고, 기대했고, 급기야 무례했습니다.

혁명에는 언제나 반혁명이 뒤따릅니다. (여)성혁명은 남성과 여성이 새로운 관계에 진입하는 것입니다. '성적인 협상의 세계, 친밀성이라는 새로운 용어가 전면에 부상하는 관계들의 세계'(앤서니 기든스 Anthony Giddens)입니다. 고정된 성역할에서 벗어나 다채로운 만남과 사랑을 나누는 세계가 펼쳐지고 있습니다. 여성이 남성을 지배하거나 그 반대의 경우를 지향하는 의식과 행동은 반혁명입니다. 반혁명 세력은 두 성의 갈등과 증오를 자양분으로 성장합니다. 그래서 나는 이미 오랫동안 '친밀성의 생산'을 주제로 연구를 진행하고 있습니다. 그 과정에서 젠더 폭력과 갈등에 대한 이야기나 이론에 대해서 나름의 정리를 하고 있었습니다. 하지만 광장의 변화에 무감각했고 무사유했습니다. 그러니 젠더 폭력에 대한 도덕감각의 지체조차 알아차리지 못한 것입니다. 이를 깨달은 순간 나는 확실하게 알았습니다. 아마도 나의 지체된 도덕감각 때문에 그동안 말없이 고통받은 사람들이 많았을 것이라 확신합니다. 알아야 할 것을 몰랐습니다. 나 역시 오이디푸스처럼 자신의 눈을 파는 반성을 해야만 합니다. 지체된 도덕감각에 대한 처벌을 달게 받아야 합니다. 여기에 생각이 이른 그 순간부터 이 책을 쓰기 시작했습니다. 며칠 동안 쉬지 않고 그동안 해왔던 이야기를 되새기며 이 책을 쓰고 있습니다. 이 책은 지체된 도덕감각에 대한 처벌로 혁명의 아침에 떠오르는 해돋이를 시민들과 함께 마주하지 못하는 한 철학자의 반성문입니다.

한강 작가의 문학, 기억을 넘어서는 서사가 되다

한강 작가의 노벨상 수상은 기적입니다. 한강의 노벨상 수상은 동학 주권혁명의 농민군, 3·1독립혁명의 독립군, 5·18시민혁명의 시민군, 그리고 그들의 부름을 받고 응답한 이 나라의 모든 시민과 난민이 함께 이루어낸 기적입니다. 내가 한강 작가의 작품 세계에 대해서 쓴 글이 있습니다. 제목은 '한강 문학은 통치술에 대한 감각적 불복종'입니다.

한강 문학은 통치술에 대한 감각적 불복종
한강 문학은 폭력의 작동과 효과의 내피를 파고든다. 개인적이면서 지극히 정치적인 서사다. 폭력 자체가 직접적이고 주관적

이면서 상징적이고 체계적으로 작용하기 때문이다. 한강 작품은 타자의 다름과 낯섦에 대한 물리적 폭력이나 그것을 사용하고 이용하는 도구적 폭력에만 집중하지 않는다. 그보다 그의 작품은 폭력의 작동 방식과 효과에 더 깊이 접근한다.

폭력은 가장 직접적이고 주관적인 경우조차 복종에 대한 명령이고 불복종에 대한 징벌이다. '폭력'='인간 본성'이라는 널리 유포된 등식은 폭력에 대한 인준에 앞서 '폭력은 선악의 저편'이라는 담론을 확산시킨다. 이 담론에서도 폭력은 악으로 묘사되지만 언젠가 극복될 과정으로서의 악일 뿐이다. 야만에서 문명으로의, 신화에서 계몽으로의 발전 논리에는 이렇게 폭력의 정당화가 숨어 있다. 한강 문학은 이들에 의해 이런 방식으로, 이런 목적을 위해 행사되는 폭력의 작동 방식, 곧 통치술에 대한 감각적 불복종이다.

고통은 폭력의 직접적 효과다. 굴복과 체념의 내면화는 심층적 효과다. 고통, 굴복, 체념으로 이어지는 폭력의 최종 효과는 무감각nonsense이라는 괴물의 난립이다. 무감각은 폭력의 최종 효과이면서 동시에 새로운 폭력을 저지르고 널리 퍼뜨리는 사악한 힘이다. 한강 작품은 이 무감각이라는 괴물과의 끝없는 싸움이다.

"나는 싸우고 있습니다. 날마다 혼자서 싸웁니다. 살아남았다는, 아직도 살아 있다는 치욕과 싸웁니다. 내가 인간이라는 사실과 싸웁니다. 오직 죽음만이 그 사실로부터 앞당겨 벗어날 유일한 길이란 생각과 싸웁니다. 선생은, 나와 같은 인간인 선생은 어떤 대답을 나에게 해줄 수 있습니까?"(《소년이 온다》)

무사유가 '생각 없음'이 아니듯 무감각도 '감각 없음'이 아니다. 무사유와 무감각은 소극적인 무기력증이기보다 적극적인 무시의 활동이다. 무사유와 무감각은 생각과 감각을 적으로 적시하고 파괴한다. 폭력은 망각 속에 감금시키고, 고통은 마취제로 은폐시킨다. 무사유와 무감각의 시대가 곧 폭력의 시대다. 특히 무감각에서 자양분을 제공받은 폭력은 잔인하고 가혹하다.

'지금, 여기.' 무감각이 부르는 승리의 노래만이 점점 더 크게 울려 퍼지고 있다. 니체가 신의 죽음을 선포한 이후 인간은 참으로 인간적인 사회, 각자가 자신의 꿈을 마음껏 펼치는 세계를 꿈꾸었다. 천륜이 무너져도 인륜이 바로 서면 된다고 생각했다. 신의 부름이 사라져도 역사의 부름에 응답하면 될 일이었다.

그러나 니체가 죽은 뒤 100년도 되지 않아 푸코는 인간의 죽음을 선언한다. 인간의 본질이 깨졌다. 인간이 인간일 수 있는 가능성도 조건도 사라졌다. 탈신성, 탈인륜의 벼랑 끝에선 '나'를 '나'이게 해주는 모든 가치와 의미가 사라졌다. 심지어 삶이 죽음보다 더 좋다는 가치조차 위협받고 있다. 무의미의 시대, 그야말로 순수한 무無의 시대다.

'지금, 여기.' 무사유, 무감각, 무의미의 시대와 장소, 순수를 강요하는 시대와 장소의 딸과 아들로서 살아가는 우리는 어떤 변명도 할 수 없다. 어떤 존재도 나와 너에게 그 가치를 따르라고 하지 않았다. 어떤 본질도 나와 너에게 그렇게 생각하고 행동하라고 명령하지 않았다. 나와 너가 무에서 순수하게 생각하고 감각한 것이다. 무, 순수한 무는 순수한 자유다(사르트르). 그러니 나와 너의 생각과 감각, 그리고 무사유와 무감각도 나와 너의 자유이고 나와 너의 책임이다.

한강의 문학은 '지금, 여기'에서 펼쳐지는 이야기다. 니체에 따르면 "예술은 종교가 몰락한 곳에서 두각을 나타낸다." 니체는 어딘가 낡았다. 종교만이 아니라 역사와 도덕, 심지어 감각조차 무너진 곳에서 삶과 세계는 예술을 통해서만 가까스로 정당화될 수 있다. 한강 작품이 어렵다고 한다. 힘들다고 한다. 그래서일까? 그래서다. 한강 작품에선 벌거벗은 의식, 벌거벗은 몸이 겪어야 하는 폭력과 저항의 날 이미지가 펼쳐진다. 날 이미지가 꾸미는 이야기 속에는 출구도 출구를 향한 등불도 보이지 않는다. 이념의 지도도 역사의 부름도 없다. 타인의 고통을 날것인 채로 받아들이는 작가의 몸, 타자가 된 몸의 감각이 이야기의 시작이고 끝이다. 그렇다. '지금, 여기.' 순수한 무의 시대에 몸으로 고통받은 예술가, 감각적으로 상처받은 예술만이 우리를 위로할 수 있다.

추하다고 한다. 재미가 없다고 한다. 그렇다. 한강 작품은 아주 쓰고 때로 추한 예술이다. 부드러운 식감을 위해 개를 오토바이에 묶어 죽을 때까지 끌고 다니는 사람들, 육식을 거부하는 딸의 입을 벌려 고기를 쑤셔 넣는 아버지, 온몸에 화려한 꽃을 그리고 처제와 동물적 성행위를 하는 예술가, 성기를 꺼내 탁자에 올려놓게 하고 나무 자로 내려치겠다고 위협하는 사람들, 총에 맞고, 몽둥이에 맞고, 칼에 베여 죽은 사람들의 이야기는 그저 듣는 것조차 힘들다. 예술에서 삶을 긍정하고 즐거움을 찾고 싶은 사람들, 고통에 대한 감수성을 상실한 사람들에겐 다가가기 힘들 수 있다. 하지만 설탕이 폭탄만큼 위험한 시대에 달콤한 후식 같은 작품은 예술이 아니라 상품이다. 더구나 순수의 시대에 순수한 서정은 폭력에 대한 저항이 아니라 인준이다. 폭력과 싸우기 위해서 예술은 폭력의 효과인 고통을 자기 안으로 끌어들일 수밖에 없다.

예술 형식에서 한강의 작품은 이질적이고 심지어 적대적인 요소들을 다층적으로 연결하는 '시적 산문'의 혁신으로 평가받는다. 산문이 시와 닮았다고들 한다. 시처럼 아름답다고 한

다. 그러나 한강 작품은 순수해서, 리듬이 아름다워서 '시적'
인 것이 아니다. 그에게 '시적'인 것은 음악적 리듬이고, 이 리
듬은 고통받는 타자에 대한 신체적이고 유기체적인 미메시스
에서 생겨난다. 감각적이지만 동시에 어떤 장식도 허용하지 않
은 절제가 '시적'이다. 절제된 감각은 따뜻하기보다 차갑고 싸
늘하다. 고통받는 신체가 써 내려간 시이기 때문이다.

미학의 관점에서 한강 작품이 이룬 가장 큰 성취는 청각적이
고 시각적이면서 동시에 후각적이고 촉각적인 이미지를 함
께 생산하는 다층적 구성이다. 청각적 이미지는 고통받는 신체
의 리듬이고 박자다. 시각과 후각, 그리고 촉각적 이미지는 구
조와 주체, 플롯과 주제의 관계를 비춘다. 한강 작품의 구조
와 플롯은 시각과 후각의 이미지를 통해 계속해서 미끄러지
며 차이의 향연을 펼친다.

반면 주제와 주체는 끝없는 분열과 변화 속에서 예민하면서 동
시에 단단한 감수성sensibility을 이어가는 촉각 이미지를 산출
한다. 이 맥락에서 한강 작품의 깊이는 시대의 배열보다 장소
의 배치에 관심을 기울여야 제대로 느낄 수 있다. 이 경우《채
식주의자》,《소년이 온다》,《작별하지 않는다》는 다른 시대
가 아니라 다른 장소의 이야기이다. 각기 다른 장소에서, 정상
적으로 통치가 이루어지는 장소에서, 무엇보다 정상적으로 통
치되기 때문에 점점 더 커지지만 점점 더 보이지 않는 폭력

에 저항하는 이야기이다. 아무나 느낄 수 없고, 아무나 느끼려
고 하지 않는 이야기, 그 이야기를 세계가 함께 나눌 수 있다
는 것. 이것은 기적이다.

한강 작가는 앞서서 가신 이들이 어떻게 지금 오늘을 살아가는
우리를 돕고 있는지를 작품 속에서 보여줍니다. 그리고 이번 계엄 선
포로 시작된 내란에서 국회의 구성원들, 시민들, 심지어 일부 군인들
까지 압도적 폭력에 맞서 싸우다 먼저 가신 선배들을 따랐습니다.

한강을 통해 고통의 우리 역사가 세계의 이야기가 되다

나는 2006년부터 2012년까지 역사철학 연구에 집중했습니다.
정치인들이 역사적 인물들을 소환하여 자신의 정치에 동원하는 것을
비판하는 역사철학이 필요하다고 생각했기 때문입니다. 이 맥락에서
먼저 '역사의 부름과 부름의 정치'를 구별할 필요가 있다고 생각하여
관련 글을 〈한겨레〉에 보냈습니다. 역사가 현재와 과거의 끝없는 대
화라고 하지만, 당시 나는 잘못된 대화는 미래를 병들게 할 수 있다고
보았습니다. 진정한 대화는 대등한 인격들의 만남을 전제로 합니다.
서로가 이름을 부르고 대답할 때 만남은 소통이고 연대입니다. 그러
나 나는 호명하는 주체이고 너는 응답하는 객체일 뿐인 역사적 만남
은 은폐와 과장으로 얼룩진 정치적 수사이고 명령일 뿐입니다.

탄핵 트라우마를 이야기하는 지금의 뻔뻔스러운 국민의힘 의원들처럼 그때도 역사를 왜곡하는 나쁜 정치가 판을 치고 있었습니다. 뉴라이트 세력은 일본 제국주의 세력과 친일파를 근대화의 기수로, 쿠데타의 주역을 혁명 전사로 왜곡하고 은폐하고 있었습니다. 과장과 은폐 뒤에 숨은 정치적 목적이 역사적 인물들을 도구화하고 있었던 것입니다.

진정한 역사적 대화는 죽은 자의 부름에 산 자가 대답할 때, 그래서 앞서간 선조들을 우리가 뒤따를 때 이루어집니다. 강자에 대한 굴복과 기생이 자연의 법칙이라면, 시민 주권을 찾기 위한 저항은 자유의 원칙입니다. 우리 역사에서 권력자들은 오랫동안 자연법칙의 노예였습니다. 자유와 주권을 향한 저항의 주체는 언제나 농민·민중·시민이었습니다. 이들의 저항은 '우리 안팎의 타자'를 무력화하고 지배하려는 전략이 아니라, 타자와 더불어 소통하고 연대하기 위한 과정이었습니다. 이들이 싸운 대상은 타자가 아니라, 타자의 억압적 지배였습니다.

우리 현대사에서 진정한 의미의 주권을 찾아가는 저항은 동학의 주권혁명에서 시작되었습니다. 귀천 없는 만민 평등을 외쳤던 농민군은 관군뿐만 아니라 일본군과도 싸워야 했습니다. 이 나라의 권력자들이 내란의 수괴 윤석열의 눈치를 살피듯, 조선 말의 권력자들 역시 백성의 뜻을 존중하기보다 중국이나 일본에 기생하는 길을 택했습니다. 민족 공동체의 주체성 없이는 개인의 자율성도 없다는 것을 깨달은 농민군을 뒤따른 것은 3·1독립혁명의 민중이자 민족이었습니다. 주권재민, 민주공화국을 꿈꾸었던 그들은 겨울바람의 고목처럼 처절하게 싸우다 조국의 산과 들에 피 흘리며 쓰러졌습니다. 농민군도 독립군도 죽었지만 이승을 떠나서 저승으로 갈 수 없었습니다. 그들은 구천에 머무를 수밖에 없었습니다. 그들의 구천은 다른 곳이 아닙니다. 독립운동과 민주화운동, 민중항쟁의 장소 곳곳에서 먼저 간 이들을 따르던 모든 사람들, 민중과 시민의 가슴이 먼저 간 선조들의 구천이었습니다. 이 나라가 위기에 처할 때마다 구천에 머물던 선조들은 불꽃처럼 살아나 우리를 부르곤 했습니다. 그들의 부름이 없었다면, 그들과의 연대의식이 없었다면 1980년 5월 광주 시민들은 또 어떻게 자유와 평등을 위해 죽음의 공포에 맞서 싸울 수 있었겠습니까? 1980년 5월 광주 시민들은 민주공화국을 향한 주권혁명과 독립혁명의 과정에서 이름도 명예도 없이 먼저 가신 열사들의 뒤를 따랐습니다. 그 덕에 1980년 5월은 군인과 독재자, 그리고 그들과 공생하거나 기생한 사람들이 구성한 반민주공화국과, 농민군·독립군·시민군의 뒤를 따라 주권자인 국민이 만들어가는 민주공화국 사이를 가르는 심연이 되었습니다. 이 심연의 뜻을 철학적으로 세우기 위해 나는 그동안의 연구를 2012년 《부정의 역사철학: 역사상실에 맞선 철학적 도전》(도서출판 길)으로 내놓았습니다.

《부정의 역사철학》에서 나는 역사상실에 맞서고자 했습니다. 다만 역사상실을 극복하기 위해 전통적인 역사주의로 되돌아가자고 제안한 것은 아닙니다. 이미 구조주의와 포스트모더니즘에 의한 역사주의 비판의 세례를 받은 이후의 학자로서 나는 역사상실을 부추기는 탈현대적 이론만이 아니라, 현대의 단순한 진보적 역사주의를 동시에 극복할 수 있는 새로운 역사철학을 제안했습니다.

역사상실에 대한 나의 철학적 도전은 《부정의 역사철학》에서 방법론을 가리키는 '부정' 개념에 집약됩니다. 부정이란 새로운 변증법, 특히 베냐민Walter Benjamin과 아도르노의 변증법에서 가장 중요한 개념입니다. 부정은 한 마디로 '비판', 특히 자기 부정으로서의 비판입니다. 나는 부정의 방법론을 네 가지 역사 개념의 관계로 설명합니다.

① 사실로서의 역사, ② 이념으로서의 역사, ③ 소통으로서의 역사, ④ 바깥으로의 역사입니다. 나는 네 가지 역사에 위계질서를 세우지 않습니다. 나는 네 가지 역사의 개념들을 새로운 판짜기 속에 배치하는 '다층적 역사비판 이론'을 제시합니다. 이 과정에서 부정의 의미가 스스로를 드러냅니다. ①에서는 실재적 사건과 부재하는 사건 사이의 간극이 부정되어야 하므로 이념이 요청됩니다. ②에서 관계들의 총체로서 이념은 이미 자기를 넘어선 다른 이념을 수용하여 다수화되어야 합니다. 그러므로 여기서 소통이 요구됩니다. 그런데 ③ 소통으로서의 역사에서는 바깥이라는 개념이 중요합니다. 소통이란 곧 '나' 개인도 아니고 '우리'라는 전체도 아닌 '나'와 '너' 사이의 존재로서 '상호주관적 주체'의 관계입니다. 이 '상호주관적 주체', 곧 '상호주체'에서 '나'로 이루어진 '우리'는 이미 타자로서 '너'를 포함하며, '너'

로 이루어진 다른 '우리' 역시 타자로서 '나'를 포함합니다. 그러므로 '상호주체'에서는 복수의 공동체가 존재하면서 이 공동체가 서로 뫼비우스의 띠처럼 연결됩니다. 바로 이런 관계가 ④ 바깥으로(에서)의 역사적 관계입니다. 이처럼 바깥으로 나가는 '상호주관적 주체'의 관점에서 나는 역사를 다음과 같은 관점에서 볼 것을 제안했습니다.

> 역사가 타자를 배제, 감금, 억압하기 위한 이데올로기적인 장치로 전락하지 않기 위해서는 승리보다 패배에, 기쁨보다 슬픔에, 행복보다 고통에 관심을 기울여야 한다.
>
> 《부정의 역사철학》, 28쪽

싸우다가 먼저 간 사람들의 패배, 슬픔, 고통은 역사에 잘 기록되지 않습니다. 부재의 역사가 된 역사입니다. 이 부재의 역사는 살아 있는 사람들의 가슴, 곧 먼저 죽은 자들의 구천에 무의식적 기억의 흔적으로만 남아 있습니다. 나는 연구자로서 이 무의식적 기억을 발굴하는 작업을 해왔습니다. 이 작업이 필요한 이유는 이 무의식적 기억이 일부 정치인에 의해서 왜곡되거나 혹은 단순한 기념식 기억만으로 축소되지 않도록 해야만 하기 때문입니다. 고통의 역사 기억은 기억을 넘어서는 서사, 곧 '이야기'가 되어야 합니다. 이야기되어야만 패배와 슬픔, 고통은 새로운 역사의 거름이 될 수 있습니다. 바로 이 '이야기'가 한강 작가를 통해서 세계의 이야기가 되었습니다. 윤석열의 내란이 없었다면 우리는 하루 이틀이 아니라 몇 날 며칠 날이 새도록 한강 작가의 노벨상 수상을 노래하는 축제를 벌였을 것입니다. 내란만 없었다면 지금 우리는 민주공화국 대한민국 역사에서 가장 아름다운 축제 속에 있었을 것입니다. 그리고 이 축제는 우리 모두를 더 멋진 나라로 이끌어갈 힘을 주었을 것입니다.

1980년 5월 이후 대한민국의 정치는 반민주독재국 세력과 민주공화국 세력의 싸움이었습니다. 그리고 서서히 전세가 반민주독재국에서 민주공화국으로 기울어져왔습니다. 윤석열은 이러한 변화를 또다시 쿠데타를 통해 역전시키려고 했습니다. 만약 이번 반란이 성공했다면 우리는 또 한참 동안, 기약할 수 없는 시간 동안 1980년 5월 이전의 반민주독재국에서 살아야만 했을 것입니다. 참으로 끔찍한 일입니다. 구천을 떠돌며 우리의 가슴에 남아 이 나라가 끔찍한 나라로 역주행하지 않도록 우리를 깨우고 불러내신 농민군, 독립군, 시민군에게 감사드립니다.

3부

반혁명을 이겨낼
혁명을 위하여

1

제7공화국을 향한 길

민주주의와 법치주의의 조화

혁명의 아침이 밝았습니다. 반혁명 군사반란의 주범, 내란수괴 윤석열의 탄핵을 국회가 의결했습니다. 연구실 감옥에 자신을 감금하고 있던 저도 이 역사적 현장에 가지 않을 수 없었습니다. 다시 한번 꼭 확인하고 싶었던 것이 있었습니다. 동학의 주권혁명, 3·1의 독립혁명, 5·18의 시민혁명, 그리고 촛불혁명의 정치철학적 가치가 2024년 12·3내란에 맞선 '빛의 혁명'에서 어떻게 전승되고 있는지를 확인하고 싶었습니다. 저는 다음을 확인했습니다.

2024 빛의 혁명은 민주주의와 법치주의의 아름다운 조화이다.

무슨 말일까요? 민주주의와 법치주의의 조화는 무슨 가치가 있나요? 역사적으로 민주주의와 법치주의가 충돌하면 폭력의 시대가 열렸습니다. 반면 평화는 민주주의와 법치주의의 조화 속에 가능했습니다. 이를 이해하기 위해서 민주주의와 법치주의를 구별하여 이야기해보겠습니다. 먼저 민주주의는 시민 주권자의 자기 통치 체계입니다. 민주주의는 주권자인 시민이 공동으로 삶을 구성하고 조율하기 위해 의견과 의지를 조율하는 과정입니다. 이 과정을 규율하는 시민법이 없다면 민주주의는 스스로 어떤 것이 민주적 절차인지도 결정해야 합니다. 법치주의가 형성되기 전의 민주주의는 이 맥락에서 보면 순수한 이론적 사고실험입니다. 현대사회에서 어떤 법도 없는 상태의 민주주의를 상상한다는 것은 사고실험에서만 가능하기 때문입니다. 이 맥락에서 법치주의 없는 순수한 민주주의를 상상한 철학이 바로 토머스 홉스Thomas Hobbes, 존 로크John Locke, 장 자크 루소Jean Jacques Rousseau, 이마누엘 칸트Immanuel Kant가 사고실험을 통해 기획한 사회계약론입니다. 그런데 이들 사회계약론자들이 설계한 사고실험에서 시민들은 대부분 같은 욕망 체계와 같은 사고 체계를 가진 인간입니다. 물론 네 명의 철학자가 생각하는 인간의 욕망 체계와 사고 체계는 서로 다릅니다. 하지만 한 철학자의 사고실험에서는 인간이 같은 욕망 체계와 사고 체계를 가진 동일한 사람입니다. 따라서 이질적 개인들의 사회계약이 아니라 동질적 개인들의 사회계약이 이루어집니다. 이질성 없는 동질성의 세계에서 민주주의는 불필요한 제도이거나 관념적

허구일 뿐입니다. 현실의 민주주의는 서로 다른 욕망 체계와 사고 체계를 가진 사람들이 충돌합니다. 그 때문에 법치주의가 무너진 민주주의는 폭력을 동반하는 것이 일반적입니다. 프랑스혁명이나 러시아혁명은 깊숙이 폭력을 내장하고 있었습니다. 비록 그 폭력이 폭력에 대한 폭력, 그래서 정의로운 폭력 혹은 신성한 폭력이라고 말할 수 있을지라도 폭력임은 분명합니다. 실제로 이 폭력은 그것의 정당화 가능성과 무관하게 혁명에서 반혁명이 자라나게 하는 자양분이었습니다. 지금도 대부분의 나라에서 법치주의의 힘으로 규율되지 않는 주권자들의 민주주의를 위한 항쟁이 폭력적으로 나타나는 것을 확인할 수 있습니다.

민주주의 항쟁은 대부분 잘못된 법치주의나 법률주의에 대한 비판에서 시작합니다. 실정법이 민주주의를 억압하거나 혹은 법 집행 과정과 절차가 민주주의를 교란하는 경우 법치주의는 법치주의가 아니라 법률주의 혹은 법조주의Juristocracy로 변질됩니다. 현대사회에서 이루어진 민주주의 항쟁은 대부분 법률주의나 법조주의와의 대결이었습니다. 따라서 법률주의, 법조주의, 심지어 법치주의의 관점에서 보더라도 현대의 민주화운동은 폭력적이었습니다. 하지만 동학의 주권혁명에서부터 3·1운동의 독립혁명, 그리고 5·18시민혁명은 철저하게 법치주의에 기반한 민주주의의 구현이었습니다. 무엇보다 현대 법철학적 맥락에서 5·18민주화운동은 매우 중요한 의미를 갖습니다. 5·18민주화운동에서 시민들과 시민군은 민주주의와 법치주의의 조화를 가장 아름답게 구현했습니다. 이때부터 한국의 민주화운동은 세계의 모범이 되었습니다. 5·18민주화운동에서 민주주의와 법치주의의 조화가 구현되기 이전에 그것의 충돌 때문에 일어난 가장 비극적인 사건이 여순항쟁과 4·3항쟁입니다. 두 항쟁에서 희생된 시민과 국민의 간절한 희망이 바로 민주주의와 법치주의의 조화였습니다. 이들이 바람이 5.18민중항쟁에서 현실이 되었습니다. 5.18민중항쟁에서 현실이 된 민주주의와 법치주의의 조화가 가장 아름답게 재현된 사건이 1987년 6월항쟁부터 시작된 촛불혁명과 함께 2024년, '빛의 혁명'입니다.

앞에서 설명한 고전적 사회계약론에서처럼 한 나라의 시민이 모두 동일한 욕구 체계와 사고 체계를 가지고 있다면 '법치주의 없는 민주주의'는 가능합니다. 하지만 이런 것은 아주 오래된 단순한 사회 같은 곳에서 수천 년 동안 비슷한 생활을 해온 사람들끼리 사회계약을 할 때에만 가능한 신화입니다. 복잡성이 증가한 현대사회에서는 불가능한 일입니다. 이 불가능한 일을 가능하다고 생각한 것이 아리안 민족이라는 동일성 위에 국가사회주의를 구현하려 했던 나치입니다. 나치는 권력을 장악하고 확장하는 과정에서 민주주의와 법치주의를 분리시켰습니다. 이론적으로는 카를 슈미트가 '법치주의 없는 민주주의', '민주주의 없는 법치주의'가 가능하다는 정치철학을 제시했습니다. 그의 생각처럼 민족적 동일성이 확고하다면 그럴 수도 있습니다. 하지만 국가는 하나의 민족이 구성할 수 있는 체계가 아닙니다. 더구나 하나의 민족이란 존재하지 않습니다. 하나의 민족은 환상이고 신화입니다. 설령 어떤 유사성을 가진 민족이 있다고 할지라도 그들은 서로 다른 욕망 체계와 사고 체계를 가지고 있습니다. 같은 욕망 체계, 같은 사고 체계를 가진 민족은 없습니다. 따라서 '법치주의 없는 민주주의', '민주주의 없는 법치주의'는 불가능하며, 이를 위한 모든 정치적 행위는 곧바로 폭력입니다. 이를 슈미트의 말에서 확인할 수 있습니다.

> 만약에 민주주의적 동일성이 진지하게 받아들여진다면 긴급한 상황에 특히 위급한 경우에는 어떤 방법으로든지 표현된 저항할 수 없는 인민의 의지라는 유일한 기준 앞에서 어떠한 다른 헌법상의 제도도 허용될 수 없다.[9]

민족의 동질성 위에 구축된 민주주의, 나아가 절대적 평등에 기초하는 법치주의가 나치입니다. 이 경우 법치주의는 국가 이전에, 혹은 국가와 무관하게 존재하는 도덕적 권리의 보호로 축소됩니다. 스스럼없이 도덕재판, 정치재판을 일삼는 법조주의자들의 법치주의나 마찬가지입니다. 법치주의는 도덕적 권리인 인권이 법적 기본권으로 번역될 때부터 실현 가능합니다. 인권을 기초로 다른 나라의 주권을 침해하

---

9 카를 슈미트, 《현대 의회주의의 정신사적 상황》, 나종석 옮김, 도서출판 길, 2012, 35쪽.

거나, 주관적 정의관을 토대로 판결을 내리는 것은 법치주의가 아니라 민주주의를 파괴하는 법치주의, 곧 법률주의 아니면 법조주의입니다.

　　법조주의는 법 기술자 통치 체계를 의미합니다. 민주적 통제를 받지 않는 법 기술자들이 거꾸로 민주주의를 통제하는 체계입니다. 벨라 포콜Béla Pokol이나 랜 허슐Ran Hirschl과 같은 학자들이 최근 들어 법조주의가 지나치게 강화되고 있는 현실을 비판합니다. 법조주의, 곧 주리스토크라시는 본래 나치가 민주적 절차를 통해 권력을 장악했던 과거를 되풀이하지 않기 위해서 고안되었던 법체계, 특히 헌법재판소와 같은 제도를 통해 민주주의의 위험성을 통제하려 했던 데서 비롯되었습니다. 나치는 법의 통제가 허약한 민주적 방식으로 권력을 장악하고 확장했습니다. 하지만 이것만이 전부는 아닙니다. 사실 권력을 어느 정도 장악한 나치는 민주주의를 무시한 법치주의로 폭력을 키웠습니다. 우리도 유사한 경험이 있습니다.[10]

　　쿠데타로 권력을 장악한 박정희는 그가 처음 생각했고, 약속했던 것처럼 군으로 돌아갈 수 없었습니다. 처음부터 거짓말을 한 것은 아닐 수도 있습니다. 다만 권력을 장악하는 과정에서 그는 돌이킬 수 없는 폭력을 사용했습니다. 만약 그가 약속한 것처럼 돌아갔다면 그는 자신이 사용한 폭력의 또 다른 제물이 되었을 것입니다. 다른 모든

10　대한민국 초대 농림부 장관을 지낸 조봉암은 우리나라 최초의 정치 학살과 사법 살인의 희생자다. 사법재판의 형식을 갖춘 정치재판으로 민주주의를 파괴한 역사는 윤석열의 내란에까지 이어지고 있다.

쿠데타 세력이 그랬듯이 그들은 권력을 놓을 수가 없었습니다. 어쨌든 처음 박정희는 최소한의 형식적 민주주의 체계에서 대통령이 됩니다. 그 당시의 법치주의는 민주주의를 통제할 힘이 없었습니다. 대통령이 된 박정희는 이제 '민주주의 없는 법치주의 체계'인 유신을 단행합니다. 이를 새로운 유형으로 계승한 독재자가 전두환입니다. 저들의 '민주주의 없는 법치주의'에 맞서 1980년 5월 시민혁명의 주체들은 '법치주의 없는 민주주의'를 내세우며 투쟁하지 않았습니다. 1980년 5월 이후 대한민국의 모든 시민혁명의 주체들은 법치주의와 민주주의의 조화와 균형을 유지하는, 세계사의 유례가 없는 주권자였습니다.

공정성과 공공성을 잃는 순간 법치주의는 그 정당성을 상실하게 됩니다. 이 경우 법치주의는 민주주의를 통해서 교정되어야 합니다. 그런데 이 과정에서 민주주의가 법치주의의 통제를 받지 않는 단계에 이르는 순간, 민주주의 역시 다수의 폭력으로 왜곡될 수 있습니다. 실제로 이런 왜곡은 민주주의 역사에서 쉽게 확인할 수 있습니다. 그리고 이 왜곡은 항상 민주적 혁명에서 반혁명의 씨앗이 되어왔습니다. 우리의 경우는 달랐습니다. 1980년 5월 시민혁명 이후 민주화운동은 법률주의나 법조주의와 싸웠지 정당한 법치주의와 싸우지 않았습니다.

현대의 법체계에서는 국가가 모든 폭력을 독점합니다. 국가의 폭력 독점의 정당성은 철학적으로는 의심스러운 것이었습니다. 그런데도 세속 국가의 가장 중요한 특징으로 자리 잡은 것은 확실합니다. 국가의 폭력 독점은 유용한 만큼 위험합니다. 이 위험성을 줄이기 위해 국가의 폭력은 헌법과 법률을 통해서 정당화되어야만 합니다. 이 경우에만 국가의 폭력을 공적 권력, 곧 공권력이라고 합니다. 헌법과 법률을 위반한 모든 국가의 권력 행사는 더 이상 공적이지 않고 폭력, 곧 국가폭력이 됩니다. 더구나 헌법과 법률을 심각하게 위반했다고 보기 어려운 경우에도 민주적 통제를 받지 않는 주리스토크라시도 새로운 유형의 국가폭력이라고 할 수 있습니다. 우리는 역사에서 행정부의 검사나 사법부의 판사가 모두 주리스토크라시에 기반한 국가폭력을 휘두르는 경우를 쉽게 확인할 수 있습니다. 이를 교정할 수 있는 유일한 주체는 주권자 시민입니다.

주권를 뜻하는 단어 sovereign의 사전적 의미는 '최고의 정치적 권력 또는 주권을 소유하거나 보유하고 있는 사람'을 가리키거나 혹은 '우월한 자, 통치차, 주인, 다른 사람보다 우월하거나 권력을 가진 사람'을 가리킵니다. 인류사에서는 오랫동안 위의 두 가지 요소를 모두 가진 인격체를 가리켜 주권자로 불렀고, 이 주권자는 대개 황제나 제왕, 곧 군주였습니다. 유럽사에서 sovereign은 16세기까지도 군주의 권력을 지칭하는 용어였습니다. 군주만이 주권자였던 것입니다. 그리고 앞에서 말했던 것처럼 주권 권력은 살릴 능력은 없지만 죽일 수는 있는 힘, 곧 폭력의 사용 권력이었습니다. 이때까지 subject는 주체가 아니었습니다. subject는 '다른 사람의 통제 또는 지배를 받는 사람',

'특히 정부나 통치자에게 충성을 빚지는 사람'이며, 이는 곧 하인을 가리키는 servant에 가까운 말이었습니다. servant는 '남성 또는 여성 개인 또는 가사도우미, 주인이나 영주에게 봉사해야 할 의무, 다른 사람에게 고용되어 명령의 대상이 되는 의무를 진 사람'입니다. 그러니 subject는 군주나 귀족이 아닐 뿐만 아니라 시민도 천민도 아닌 하인을 가리켰습니다. 시민이 주권자가 된 것을 민주주의라고 합니다. 고대 그리스에서 시민은 가족의 수장, 곧 가장이었습니다. 이때 시민은 사적 공간인 가족, 곧 오이코스의 수장이지만 가족 내부의 일, 곧 경제적 업무에 종사하지 않았습니다. 시민은 가장이자 자유인으로서 공공에 복무하지 않는 사람, 곧 정치에 참여하는 사람을 가리키는 말이었습니다. 세계 민주주의 역사는 모든 사람이 시민이 되는 과정이면서 동시에 이 시민이 세계의 주체subject가 되고, 이 주체가 하인이 아니라 주권자가 되는 과정이었습니다. 주권자가 군주나 양반만이 아니라 모든 백성이라는 자유의식, 주권의식의 확장이 민주주의 역사입니다. 우리의 경우 민주주의 역사가 동학의 주권혁명에서 시작된 까닭입니다. 그리고 동학 이후 우리의 주권자들은 민주주의와 법치주의의 아름다운 조화를 이루어왔습니다.

제7공화국을 향한 길

빛의 혁명이 국회의 탄핵 의결을 통해 아침을 맞이했습니다. 이제부터가 진정한 혁명의 시작입니다. 윤석열 내란의 수사와 재판, 헌재의 탄핵 심판 및 다가올 대선은 빛의 혁명이 넘어야 할 고비입니다. 어느 하나 쉬운 일이 없습니다. 그리고 그럴 수가 없다고 굳게 믿고 있지만 헌재가 계엄을 정당한 통치 행위로 판결하며 탄핵을 기각할 경우 상상조차 할 수 없는 폭력과 고통이 우리를 지배할 것입니다. 이런 일이 없기를 바라면서 탄핵이 인용되고 윤석열 내란이 합당한 형사적 판결을 받는다는 가정하에서 빛의 혁명이 가야 할 길을 그려보고자 합니다.

앞에서 저는 이 책의 논리적 연결고리를 30개의 명제로 말했습니다. 지금까지는 1명제에서 13명제까지의 내용을 몽타주 형식으로 이야기했습니다. 이제부터는 14명제부터 30명제까지의 내용을 같은 방식으로 이야기하려고 합니다. 몽타주는 체계적인 서술이 아니라 산산이 흩어진 사유의 조각들을 엉성한 줄로 연결하는 방법입니다.

빛의 혁명은 87년 체제를 극복하는 제7공화국을 열어야 합니다. 저는 제7공화국이 '따뜻한 민주주의 공화국'이길 바랍니다. 이를 위해 제7공화국은 사회소득과 기본소득을 결합하는 시민소득을 일반화하고, 사회서비스와 기본서비스를 결합하는 시민서비스를 일반화하는 공화주의, 곧 '공동의 것을 공동의 것으로' 돌리는 공화국이길 바랍니다. 물론 이에 앞서 제7공화국은 법률주의와 법조주의를 극복하는 법체계를 구축해만 합니다. 나는 이 과정이 상징 투쟁과 공포 정치로 변질되지 않아야 한다고 생각합니다. 법치주의와 민주주의가 조화

를 이루어온 우리 민주주의 역사, 광장의 역사에서 대열을 정비해야
만 합니다. 반민주독재국에 남아 있고 싶지 않은 모든 시민, 모든 정
치인이 함께 거버넌스를 구축해야만 합니다. 좌와 우가 합의할 수 있
는 정치, 진보와 보수가 협의할 수 있는 이념이 우리의 미래가 되어야
합니다. 공포 정치, 폭력 정치가 아니라 우정의 정치를 실현해야 합니
다. 이 모든 과정에서 가장 유념하길 바라는 것 하나를 말씀드리겠습
니다.

　촛불혁명 이후 나를 포함한 기성세대 중 많은 시민이 광장에서
멀어졌습니다. 촛불혁명이 저물어갈 때까지 광장을 지켜온 사람들은
어쩌면 그동안 언어를 빼앗긴 시민이었습니다. 촛불혁명이 불타오르
던 순간, 아주 잠깐 그들에게 마이크가 쥐어졌습니다. 하지만 아주 잠
깐이었을 뿐입니다. 그들에게 마이크를 빼앗는 순간 촛불혁명은 끝
이 났습니다. 더 이상 앞으로 나아가지 못했습니다. 그래서 윤석열이
라는 괴물이 태어났습니다. 그때에도 언어를 빼앗긴 시민들은 광장을
지키고 있었습니다. 아주 작은 마이크, 더 작은 스피커만이 그들과 함
께했습니다. 이번에는 달라야 합니다. '빛의 혁명'을 이끌었던 시민,
아주 잠깐 제대로 된 마이크와 스피커가 주어진 시민이 제7공화국의
주인이 되어야 합니다. 그들에게 빼앗긴 언어를 돌려주어야 합니다.

　87년 헌법은 낡은 지 오래입니다. 국민을 통합할 힘을 잃었습니
다. 약자의 편에서만이 아니라 강자의 편에서 보아도 정의를 보장하
지 못하니 매사에 생사를 건 싸움이 벌어집니다. 이긴 놈은 살맛이지

만 진 놈은 죽을 맛입니다. 죽도록 싸울 수밖에 없습니다. 심지어 반민주독재국으로 역주행하는 경우조차 내 편이면 함께 싸웁니다. 정치적 양극화를 극복할 길이 보이지 않습니다. 싸움판을 뒤집을 살판나는 개헌이 필요합니다. 낡은 집 부수고 새집 짓자는 말이 아닙니다. 87년 체제의 헌법에 대한 전면적 부정을 하자는 것이 아닙니다. 고치고 다듬어 함께 살 만한 집으로 바꾸는 개헌을 상상할 때입니다.

수차례 언급한 것처럼 법치주의와 법률주의는 다릅니다. '법을 이용한 통치'는 법률주의, 법조주의입니다. '법에 의한 협치'가 바로 법치주의입니다. 법률주의가 내세우는 법은 권력자의 반민주적 지배수단입니다. 반면 법치주의에서 법은 민주적 권력과 권리의 체계입니다. 87년 탄생한 현행 헌법은 이 나라에선 처음으로 법치주의와 민주주의를 결합시켰습니다. 그토록 자랑스러운 헌법이 어느덧 정의와 멀어진 헌 법이 되었습니다.

국민 통합, 시민 연대의 원천으로서 이 나라 헌법이 천명한 정의의 원칙은 균등(공정)입니다. 헌법 전문에 두 차례 균등이 나옵니다. '정치·경제·사회·문화의 모든 영역에 있어서 각인의 기회를 균등히 하고'가 첫 번째고, '국민 생활의 균등한 향상을 기하고'가 두 번째입니다. '기회 균등'과 '생활 균등'을 정의의 두 원칙으로 선언한 것입니다. 하지만 헌법 곳곳에 균등이 아니라 차등이 독점과 독식을 용인·조장하고 있습니다.

차등이 나쁜 것은 결코 아닙니다. 미국 철학자 존 롤스John Rawls의 말처럼 최소 수혜자에게 최대의 이익이 가는 차등은 오히려 정의롭습니다. 하지만 많이 받은 자들이 더 많이 가져가는 독점과 독식은 나라를 망치는 독약입니다. 87년 헌법 속에는 크게 ① 승자독식, ② 중앙 권력 독점, ③ 담론 독점이라는 세 가지 독소가 숨어 있습니다. 분산, 분점, 분권하는 개헌은 촛불혁명과 빛의 혁명을 이끌었던 주권자의 명령입니다.

승자독식

승자독식을 차단할 권력 분산에 대한 논의는 권력 구조 개편에 집중됩니다. '대통령제냐, 의원내각제냐, 이원집정부제냐'를 넘어 '어떤 대통령제냐, 어떤 의원내각제냐'와 같이 구체적 담론을 펼쳐야 합니다. 제왕적 대통령 못지않게 권력을 세습하려는 국회가 생겨나는 것도 견제해야 합니다. 적대적 지역 패권을 기반으로 공존하는 정당과 의회의 구조로는 정권 교체나 권력 교체가 불가능해질 수 있습니다. 한동안 혼자 다 먹는 대통령제만큼 자기들끼리 계속 나눠 먹는 의원내각제도 위험합니다. 가능하면 많이 나누고, 필요하면 언제나 바꿀 수 있는 권력만이 건강합니다. 다수만이 아니라 소수 시민의 의견과 의지를 최대한 반영할 수 있는 권력구조를 만들려면 선거제도 개편도 함께 논의해야 합니다. 무엇보다 서로 이질적인 집단이 함께 협치하고 통치하는 다원적 정당 체계와 권력 구조를 가능하게 해야만 합니다.

조국혁신당을 새로운 형식과 내용의 다원적 정당으로 인정하고 협력하는 의식을 가져야 합니다. 나눌수록 더 건강하다는 것을 잊어서는 안 됩니다. 나는 무엇보다 소수 정당들과 연합이 가능하도록 권력 구조를 바꾸어야 한다고 생각합니다. 여기서 구체적인 이야기를 하기는 어렵습니다. 다만 한 가지 생각해보았으면 하는 문제를 제기하는 데 만족하겠습니다. 많은 학자들이 '4년 중임제' 개헌을 주장합니다. 합당한 근거는 충분합니다. 권력의 안정성, 지속 가능한 정책 수행 등은 중임제를 뒷받침하는 가장 강력한 근거입니다. 이 점에 이견은 없습니다. 다만 저는 세계의 변화 속도와 방향을 감안할 때 중임제는 지체된 권력 구조를 양산할 위험이 크다고 생각합니다. 복잡성 증가의 낙차를 고려할 때 최고 권력은 가능하면 빨리 바뀌는 것이 더 안전하다고 생각합니다. 토론이 필요한 부분입니다.

중앙 권력 독점

중앙 권력의 독점을 권력기관과 수도 이전으로 완화하자는 의견이 많았습니다. 하지만 그렇게 해소될 중앙 패권이 아닙니다. 지방 분권형 개헌이 절실한 까닭입니다. 5·16쿠데타 세력이 헌법에서 삭제했지만 87년 부활한 지방자치(헌법 제8장)의 뼈대를 먼저 지역자치의 프레임으로 바꿔야 합니다. 지방이란 말 속에는 중앙 서울의 독점 이데올로기가 숨어 있습니다. 서울도 부산이나 광주처럼 지역입니다. 중앙 정부보다 더 잘할 수 있는 일은 지역 정부가 도맡아야 합니다.

교육·문화, 보건·복지, 생활·환경 등의 분야에서 지역자치 정부가 자율적 정책 결정권과 예산 편성 권한을 가져야 합니다. 민생 정치와 생활 정치의 무대는 지역이고, 주인공은 시민입니다. 자치가 가장 정의로운 사회 통합의 길이라는 사실은 이미 입증되었습니다. 더구나 지금과 같은 수도권 중심의 중앙 권력을 이대로 방치하면 우리의 자본주의 체계가 위험합니다. 자본주의는 성장하지 않으면 몰락하는 특성을 가지고 있습니다. 성장의 가장 큰 동력은 사람입니다. 사람이 있어야 성장도 가능합니다. 지금의 출산율을 유지하면 우리는 곧 성장을 멈추게 됩니다. 성장은커녕 퇴화를 넘어 소멸할 위기에 처해 있습니다. 수도권에서 출산율은 늘어나기 어렵습니다. 지금의 수도권 인구는 출산의 지방 외주화에 의지해서 지탱되고 있습니다. 서울은 점점 위험합니다. 길은 하나입니다. 수도권과 유사한, 하지만 질적으로 다른 대도시 형성이 필요합니다. 이를 위해서는 무엇보다 법적 지평에서 중앙 권력을 분산시켜야 합니다.

담론 독점

기본권을 확장하는 개헌을 하자는 요구는 오래되었습니다. 주권자인 국민의 당연한 요구입니다. 하지만 그전에 국민만이 기본권의 담지자로 명시된 헌법을 바꾸어야 합니다. 인권의 헌법적 표현인 기본권은 국적과 상관없이 이 나라에 거주하는 모든 사람이 누려야 할 권리입니다. 주권은 국민에게 있지만, 인권은 모든 사람에게 있습니다. 국민만이 아니라 세계시민 모두가 이 나라에서 존엄한 삶을 살아갈 권리, 곧 기본권을 갖는다고 표명할 때가 되었습니다.

헌법에는 '국민'이라는 단어가 총 69번 나옵니다. 그중에 최소 20번은 사람이나 시민으로 바꾸어야 합니다. 여기서 멈추어서도 안 됩니다. 시민과 국민이 못 된 사람, 시민과 국민이지만 사실상 소외된 사람, 언어를 빼앗긴 사람, 마이크와 스피커가 있어도 담론 자원이 부족한 사람들에게 기본권을 확장하는 개헌이 이루어져야 합니다.

다시 한번 제7공화국을 위한 혁명을 세 가지로 정리해보겠습니다. 개헌의 방향은 권력 구조 개편과 권리 체계 개혁으로 나뉩니다.

권력 구조 개편

권력 구조 개편은 단임 대통령제를 폐지하고 중임 대통령제, 의원내각제, 이원집정부제 중 하나를 선택하는 것일 수 있습니다. 선악의 문제가 아닙니다. 국민이 선호하는 중임제는 단임제보다 부패를 더 키우고, 더 감출 수 있습니다. 의원내각제는 일본처럼 나눠 먹기 권력 세습을 고착화시킬 수 있습니다. 이원집정부제는 무책임한 포퓰리즘의 과밀화를 불러올 수 있습니다. 그러니 인기투표하듯 결정할 일도 아니고 몇몇 전문가들이 기획할 일도 아닙니다. 전 국민적 토론이 필요합니다. 대통령이 왕처럼, 국회의원이 귀족처럼 행세하는 권력 구조 틀을 깨야 합니다. 중앙 패권에서 지역 자치로 패러다임을 전환하는 분권형 권력 구조의 새 판을 짜야 합니다. 여기서 '헌법=권리 체계'라는 민주적 법치의 본질이 드러납니다. 권리 체계로서 헌법은 두 기둥, 인권과 주권으로 세워집니다.

권리 체계 개혁

권리 체계 개혁은 기회 균등을 넘어 국민의 실제적 주권 행사를 보장하는 생활 균등으로 나아가야 합니다. 경제민주화를 지향하는 개혁 입법과 사회적 결사체의 주권을 키우는 선거법 개정을 기초로 헌법 개정을 단행해야 합니다. 권력 구조만 바꾸는 일부 개정으로 제7공화국을 열겠다는 정치인은 제 몫에 목을 맨 자들일 가능성이 높습니다.

개헌의 핵심 주체

개헌의 핵심은 주체, 곧 시민 주권자입니다. 지금까지 아홉 번의 개헌 중에서 3차(2공화국)와 9차(6공화국)를 제외하면 모두 대통령이 주관한 개헌이었습니다. 국회가 주도했던 3차와 9차 때도 국민은 주변부로 밀려났습니다. 이번에야말로 주권자인 국민, 더구나 빛의 혁명을 이끌었던 아웃사이더들이 명실상부한 개헌의 주체가 되어야 합니다. 시민 참여형 개헌은 이미 세계적 현상입니다. 그러니 국회와 국민이 함께 시민의회를 만들어 개헌을 추진하는 길을 찾아야 합니다. 그 길에 가능한 많은 정당과 정당의 지도자가 합류하도록 해야만 합니다.

2

더 나은 정치를 위한 상상

치안이 아니라 정치

정치란 무엇일까요? 공적 담론에서 이루어지는 대부분의 주제가 정치입니다. 어떤 사람들은 정치에 대해서 거침없이 말합니다. 또 어떤 사람들은 정치 담론을 거부합니다. 어떤 태도를 보이든 사람은 정치와 무관할 수 없습니다. 홀로 살 수 없기 때문입니다. 다른 사람과 더불어 살아가는 과정에 정치 혹은 정치적인 것이 생겨납니다.

정치Politics는 고대 그리스의 폴리스Polis에서 유래한 말입니다. 폴리스는 도시국가를 가리키는 말이지만 보다 좁혀서 보면 경제 공동체인 가족을 가리키는 오이코스Oikos와 대비되는 정치 공동체를 가리킵니다. 정치 공동체로서 폴리스의 가장 중요한 역할은 두 가지입니다. 하나는 대내외적 치안과 질서 유지, 그리고 법을 집행하는 것입니다. 폴리스의 이 역할을 중심으로 형성된 국가를 가리켜 헤겔은 그의 저서 《법철학》에서 '비상국가' 혹은 '오성국가'라고 불렀습니다. 다른 말로 하면 치안국가, 경찰국가라고도 부를 수 있습니다. 폴리스의 두 번째 역할은 '정의를 실현'(플라톤)하거나 '공동체의 선Common Good을 추구하는 활동'(아리스토텔레스)입니다. 폴리스의 두 번째 역할이 전통적인 의미에서 정치입니다.

고대사회에서 정치는 직업이 아니었습니다. 시민의 가장 중요한 활동이 정치였습니다. 시민이 곧 정치인이었습니다. 이들은 폴리스의 두 가지 역할 중 하나 이상에 참여했습니다. 현대사회에서 정치인 역시 두 가지 역할에 모두 종사합니다. 하지만 고대사회에서 정치인이 담당했던 역할 중 많은 부분, 특히 치안과 관련한 부분은 대부분 군인과 경찰, 관료와 공무원들에게 이전되었습니다. 이 과정에서 직업으로서의 정치인이 등장했습니다.

막스 베버는 관료주의와 직업으로서의 정치인의 등장을 처음 철학적으로 포착한 사회학자였습니다. 법학과 법철학을 연구했던 그는 사회학의 문을 연 학자라고 할 수 있는데요, 그가 쓴 저서 중 하나가 《직업으로서의 정치》입니다. 이 책을 중심으로 정치에 관해 좀 더 이야기해보겠습니다. 우리나라에서는 최근 이 책을 '소명으로서의 정치'라고 번역해야 한다고 주장하는 학자가 많습니다. Beruf라는 독일어 단어는 영어 vocation과 같고, 우리말로는 천직, 소명이라는 뜻이기 때문에 자연스러운 주장이라고 볼 수 있습니다.

서양의 3대 종교인 그리스도교, 이슬람교, 유대교에는 몇 가지 공통점이 있습니다. 이들 종교는 흔히 말하는 구약을 공유합니다. 그리고 이들 종교는 '부름과 응답'의 체계입니다. 신은 부르는 자입니다. 신은 늘 선지자를 불러 임무를 부여합니다. 선지자는 그 부름에 응답해야만 합니다. 부름이 계시이자 소명이라면, 응답은 계몽이고 복종입니다. 이 부름을 calling, vocation이라고 할 수 있습니다. 예전에는 신의 부름을 받는 사람이 사제나 선지자로 국한되었고, 일반인들은 부름을 받는다고 생각하지 않았습니다. 마르틴 루터^{Martin Luther}의 종교개혁은 모든 사람이 신의 부름에 응답할 수 있다는 프레임 전환이었습니다. 누구나 신의 부름에 응답한다고 믿게 되었고, 이게 직업의 뿌리가 되었습니다. 다시 말해 나의 직업은 신께서 나에게 부여한 일종의 책무이고 소명인 것입니다. 이런 맥락에서 막스 베버가 단순한 '직업'이 아니라 '소명'으로서 정치를 하라고 주문한 것일까요?

　　신이 부여한 소명이나 역사적 사명에 따라 정치를 할 수 있습니다. 더구나 이번 내란에서 극도로 위험한 상황에서 한 정치인의 선택이 신과 역사에 대한 복무라고 생각하는 경우도 있을 것입니다. 하지만 나는 더 이상 현대사회의 정치가 신이나 역사의 '부름에 따름'의 서사로 환원되어서는 안 된다고 생각합니다. 세속 국가에서 정치인은 소명이 아니라 직업으로서 정치를 하는 것이 더 바람직하다고 생각합니다. 물론 정치인은 다른 어떤 직업보다 더 투철한 직업윤리를 가져야 한다고 생각합니다. 제가 생각하는 정치인의 가장 중요한 직업윤리는 '부름과 따름'입니다. 베버도 이 맥락에서 다시 해석해야만 합니다.

베버는 정치인의 직업윤리로 다음 세 가지를 주문합니다. 첫째, 열정Leidenschaft입니다. 단순한 열정이 아닙니다. 사건과 사태를 파고드는 열정Leidenschaft in der Sache입니다. 독일어 단어 열정에는 '고통을 감수한다'는 뜻이 있습니다. 그러니 정치인은 고통을 감수하면서 사태와 사건을 파고드는 열정으로 문제를 해결할 수 있어야 합니다. 그런 정치인은 카리스마를 가지게 되며 열정적인 지지자도 생겨나기 마련입니다.

둘째, 책임Verantwortung입니다. 정치인은 소신보다 책임이 중요합니다. 소신은 의지와 의도입니다. 그 의지와 의도가 소명이나 사명에 기초하면 위험할 수 있습니다. 정치인의 의지와 의도가 소명이나 사명에 기초하고 있고, 이것이 신념윤리로 구축되면 곧바로 공포 정치가 시작됩니다. 앞에서 여러 차례 말씀드린 것처럼 혁명 속의 반혁명은 이와 같은 신념의 윤리에 기초한 도덕정치에서 비롯된 것입니다. 자세히 관찰하면 대부분의 극우들은 이런 방식으로 정치를 이해하고 있습니다. 하지만 정치인의 직업윤리는 소신이 아니라 책임이 되어야 합니다. 정치인이 져야 할 책임은 결과에 대한 책임입니다. 그 결과가 비록 정치인이 의도하거나 예측한 것이 아니라고 할지라도, 정치인은 그 결과에 책임을 져야만 합니다. 책임윤리를 가진 정치인에게 가장 중요한 덕목 중 하나는 악과의 싸움입니다. 군사반란이나 내란을 일으킨 악에 대해서는 단호하게 대처하는 것이 정치인의 직업윤리입니다. 베버는 이에 대해 다음과 같이 말합니다.

> 우주론적인 사랑 윤리의 귀결은 '악에는 힘으로 대항하지 말라'
> 이지만, 반대로 정치가에게는 '악에는 힘으로 대항할지어다. 그
> 렇지 않으면 그대는 악의 증대에 대한 책임이 있느니라'라는 명
> 제가 타당하기 때문입니다.[11]

셋째, 눈치Augenmaß입니다. 한마디로 말하면 사태를 파악하는 감각입니다. 정치인에게 필요한 감각은 크게 두 가지, ① 권력감각과 ② 도덕감각입니다. 권력감각이 없는 정치인은 쉽게 퇴출됩니다. 도덕감각에 대해서는 이미 앞에서 말한 것처럼 국민, 시민, 난민, 소수자, 타자, 더 나아가 모든 존재가 감내하는 고통에 대한 감수성입니다. 정치인의 도덕감각은 균형이 잡혀 있어야 합니다. 따라서 정치인의 균형은 기준과 척도를 눈앞에 제시하는 균형입니다. 사물과 사람에 대하여 거리를 두고 관찰하면서, 동시에 사물과 사람의 고통에 참여하는 것이 정치인이 갖추어야 할 직업윤리입니다. 베버는 거리두기를 강조합니다. 그는 '거리 상실Distanzlosigkeit'은 정치인에게 큰 죄라고 말합니다. 이 점에서 분명 정치인도 관찰자적 관점이 필요합니다. 앞

---

11 막스 베버, 《직업으로서의 학문/직업으로서의 정치》, 이상률 옮김, 문예출판사, 1999, 135쪽.

에서 이미 언급한 것처럼 사건 현장에 도착한 경찰과 공무원, 기자는 관찰자적 관점으로 사태를 파악하는 것이 우선일 수 있습니다. 하지만 정치인은 사건과 사태에 참여자적 관점을 가져야만 합니다. 베버가 전자를 강조한 것은 그 당시 미디어가 발달하지 않은 상황과 관계가 있습니다.

막스 베버가 말한 정치인의 세 가지 직업윤리는 언제나 '부름과 따름'의 맥락에서 재해석할 수 있습니다. '누구의 부름에 따를 것인가?'의 물음이 가장 중요합니다. 치안에만 관심을 가진 정치인은 도덕감각이 퇴화될 위험이 큽니다. 그들의 몸과 마음은 어느 순간 권력감각 기관으로 전락합니다. 이때 정치는 '권력에의 참여' 이상도 이하도 아닙니다. 정치는 정치단체(=국가)의 지도 또는 그 지도에 영향을 주는 행위로 제한될 수밖에 없습니다. 이 맥락에서 베버는 정치를 국가 내외부의 인간(집단) 상호 간에 행해지는 권력의 분배에 관여하거나 영향을 미치려는 노력으로 설명합니다.

두 사람이 만나면 두 사람 사이에서 권력이 생겨납니다. 권력은 사람에 의한 사람의 지배를 가리킵니다. 한 사람이 다른 사람을 움직이는 힘이 곧 권력입니다. 이 맥락에서 권력이 없는 사람은 생존할 수 없습니다. 다른 사람을 움직일 수 없다면 인간은 생존하지 못합니다. 권력은 생존의 조건입니다. 여기서 발달한 것이 권력감각이고, 이 감각으로 권력을 지향하는 것이 미시적 의미에서 정치입니다. 누구나 더 많은 권력을 가지고자 합니다. 더 많은 권력은 이제 생존이 아니라 인정과 명예의 조건이 됩니다. 이 단계에 이르면 정치는 전문화되기 시작하고, 직업으로서의 정치인이 등장합니다. 전통사회의 정치인과 현대사회의 정치인의 차이는 그 직업이 생계형인지 아닌지의 문제입니다. 전통사회의 정치인은 정치를 위해for 살아가는 시민, 귀족, 군주였습니다. 현대사회의 정치인은 정치에 의해by 살아가는 사람, 생계형 직업인인 경우가 많습니다. 순수 불로소득자가 없는 현대사회에서 ① for와 ② by가 결합할 수밖에 없습니다.

현대사회에서 정치와 행정은 엄격하게 구별됩니다. 행정에서 선출직의 주요 업무는 정치적입니다. 행정 관료는 법체계에 기초해서 도구적 합리성을 기반으로 업무를 추진합니다. 행정 관료주의는 합리주의에 기반합니다. 이때 합리성의 기준은 내적 정합성입니다. 따라서 관료가 중심이 된 행정은 법을 기준으로 보면 매우 합리적으로 작동합니다. 이처럼 내적 정합성에만 관심을 기울이다보면 행정은 어느 순간 현실과 호흡하지 못하고 멀어집니다. 다시 말해 법적으로는 정당하고 행정적으로는 합리적이지만, 현실과는 거리가 멀어지는 것입니다. 이런 관료주의의 한계를 극복하기 위해 선출직 공무원, 곧 정치인 행정가가 필요합니다. 이들에게는 카리스마가 주어집니다. 이 카리스마로 정치인은 관료주의 체계를 뒤흔들어서 현실과 호흡할 수 있도록 해야만 합니다. 베버에 따르면 전통적인 사회에서 정치 지도자의 카리스마는 주술과 예언의 능력에서 비롯되었습니다. 반면 현대 정치인의 카리스마는 선거와 지지자 그룹에서 발생합니다. 윤석열과 그의 지지자들은 너무 오래된 방식으로 카리스마를 구축하려다가 좌초하고 말았습니다.

정치와 도덕의 관계

정치가 고향으로 삼아야 할 에토스Ethos, 직업으로서의 정치의 윤리적 토대에 대해서 살펴보았습니다. 여기서 근본적인 의문을 제기하는 사람도 있을 것입니다. 정치와 윤리를 완전히 다른 문제로 바라보는 사람들입니다. 대표적인 사람이 카를 슈미트입니다.

카를 슈미트는 저서 《정치적인 것의 개념Der Begriff des Politischen》에서 단순히 정치적 개념을 설명하는 것이 아니라, 정치 그 자체의 본질을 탐구하는 깊이 있는 철학적 질문을 제기하고 정치적인 것의 범주적 구별을 시도했습니다. 기존의 정치철학에서는 정치와 과학, 정치와 도덕, 정치와 예술, 정치와 경제가 뚜렷하게 구별되지 않았다고 생각했기 때문입니다. 그에 따르면 과학은 참과 거짓, 도덕은 옳음과 그름, 예술은 아름다움과 추함, 경제는 이득과 손해를 가르는 것입니다. 이것들과 범주적으로 구별할 수 있는 정치는 적과 동지의 싸움이라는 것이 그의 생각입니다. 정치를 다른 분야와 구별하고 싶어하는 사람들에게는 매력적으로 다가오는 생각입니다. 특히 정치와 도덕을 구별하고 싶어하는 사람들은 여전히 카를 슈미트를 따릅니다.

전통사회에서는 동양, 서양 할 것 없이 아주 오랫동안 정치보다 도덕이 위에 있었습니다. 대부분의 사상가들은 도덕을 실현하는 것이 곧 정치라고 믿었습니다. 공자와 맹자가 그러했고, 플라톤이 그러했습니다. 이 이론에는 도덕을 통해 정치를 어느 정도 규율할 수 있다는 장점이 있습니다. 도덕 기준을 가지고 정치의 마지노선을 정할 수 있기 때문입니다. 다시 말해 도덕이 최소 요건으로 정치를 규제한다면 정치의 타락을 막을 수 있습니다. 다만 이렇게 정치가 도덕의 종속변수로 전락할 때, 즉 정치가 도덕을 실현하는 것이라고 정의할 때 벌어지는 문제가 있습니다. 예를 들어 한 가정의 아버지가 도덕적으로 완벽한 사람이라면 어떨까요? 가족들이 편안할까요? 어쩌면 숨이 막히지는 않을까요?

　　도덕정치를 가족이 아니라 국가로 확대하면 이른바 공포정치가 이루어집니다. 이미 언급한 것처럼 프랑스혁명 내부의 반혁명을 키운 로베스피에르가 공포정치의 주인공입니다. 로베스피에르는 인류 역사상 가장 도덕적인 정치인이라고 할 수 있습니다. 하늘을 우러러 한 점 부끄러움이 없는 사람은 타인의 작은 차이를 인정하지 못하고, 작은 잘못을 용서하지 않습니다. 로베스피에르로 인해 프랑스혁명은 질곡으로 가게 됩니다. 이렇게 도덕이 정치를 압도하게 되면 공포정치가 발생합니다. 반혁명의 전형적 특징이 도덕정치, 공포정치입니다.

　　전체주의자들의 개인적인 삶을 보면 도덕적인 경우가 적지 않습니다. 이들이 정말로 도덕적이라는 말은 아닙니다. 다른 사람이 볼 때는 어떨지 모르겠지만 자신 스스로가 도덕적이라고 굳게 믿고 있다는 것입니다. 히틀러도 이런 부류의 사람이었습니다. 그들의 삶을 들여다보면 아주 단순하게 생활하는 경우가 많습니다. 이런 단순성과 순수성을 도덕성이라고 오해하기 쉽습니다. 그런 사람 주위에 많은 이들이 모여들게 되면서 도덕정치는 공포정치로 바뀝니다.

극단적인 또 하나의 예가 고대 그리스의 도편陶片추방법입니다. 고대 그리스에서 민주주의를 제도적으로 처음 안착시킨 사람이 클레이스테네스Kleisthenes라는 정치인입니다. 고대 그리스의 폴리스는 혈족으로 이루어진 네 개 부족을 중심으로 구성되었습니다. 이 네 부족의 대표들이 와서 토론하면서 국가의 운영 방안을 결정했지요. 그러다 클레이스테네스가 개혁을 하기 위해 네 부족 중심의 그리스를 열개 지역 중심의 그리스로 정치체제를 바꿉니다. 지역 자치를 처음으로 체계화한 것입니다. 이 지역을 중심으로 정치의 기반 단위를 재구성하고, 각 지역마다 대표를 선정하여 폴리스에 참여하도록 했습니다. 이와 같은 정치의 기본 단위인 지역을 데모스demos라고 부릅니다. 이렇게 '데모스가 통치의 중심에 서는 체제'가 구성되고, 이를 가리켜 데모크라시democracy, 곧 민주주의라고 부릅니다.

고대 그리스는 군주정을 기초로 귀족정과 민주정이 혼합된 정치체제인 경우가 많았습니다. 그런데 군주정은 곧장 참주정에 의해서 좌초되는 경우가 흔했습니다. 참주로 불리는 사람이 통치하는 참주정이 군주정보다 더 많았습니다. 혈통과 관계없이 실력에 따라 군주의 자리를 찬탈하기도 하고, 신분을 뛰어넘어 군주가 되기도 했습니다.

클레이스테네스는 참주의 횡포를 막기 위해 데모스의 대표들이 도자기에 조각을 던져 참주를 추방하자는 의견이 다수가 나오면 일정 기간 동안 국외로 추방하는 제도를 만들었습니다. 오늘날의 관점에서 보면 일종의 대통령 탄핵이라고 볼 수 있는 제도입니다. 한 사람을 참주로 앉혀놓고 도덕적으로 문제가 있을 경우, 그것도 시민들의 주관적인 도덕감정에 따라서 쉽게 탄핵할 수 있도록 만든 도편추방제는 오히려 민주주의를 파괴하는 경향이 강했습니다. 민주주의가 법치주의에 의해 규율되지 않으면 언제나 반혁명적 공포정치로 타락할 수 있음을 보여주는 경우입니다.

그렇다면 반대의 경우는 어떨까요? "도덕은 그렇게 중요하지 않아. 정치가 중요해. 정치적으로만 성공하면 그만이야." 이런 주장을 가장 처음 한 사람이 마키아벨리Niccolò Machiavelli입니다. 마키아벨리의 이론에 따르면 도덕은 철저하게 정치의 바깥 편에 존재할 뿐 정치에 끼어들어선 안 됩니다. 여기서도 문제가 발생합니다. 모든 인간은 두 사람만 모이면 그 사이에서도 권력이 발생합니다. 인간이란 결국 일상에서 사람과 사람 사이에 발생하는 권력을 내 것으로 만들고 싶어하는 존재입니다. 이것이 미시적 의미의 정치 곧 '삶으로서의 정치'입니다. 연인이나 부부 혹은 동료 사이에서도 '삶으로서의 정치'는 있습니다. 우리가 속한 사회나 집단을 생각해보면 모든 인간은 삶으로서의 정치를 합니다. 이렇게 권력을 내 것으로 만들고 싶어하는 욕망 자체는 문제가 되지 않습니다. 다만 사람과 사람 사이에서 발생하는 모든 권력을 특정인이 전부 독점하려고 할 경우, 정치는 폭력으로 변질됩니다.

직업으로서의 정치인도 마찬가지입니다. 하나의 국가에는 관료직이나 재화 등을 비롯해 무수히 많은 공적 재원이 있습니다. 이런 공적인 재원을 획득, 유지, 확산, 행사하려는 행위가 좁은 의미의 '직업으로서의 정치'입니다. 그러니 사적인 재원과 공적인 재원이라는 차이만 있을 뿐 모든 인간은 다 권력 지향적이라고 할 수 있습니다. 니체는 이것을 '힘에의 의지'라고 표현하기도 했습니다.

사적·공적으로 존재하는 정치를 오직 힘을 향한 의지로만 해석하면 도덕은 설 자리가 없습니다. 이 경우 정치는 그동안 억눌려왔던 도덕적 명령에서 자유로워질 수 있습니다. 그런데 이 경우 사회는 그야말로 정글이 되어버립니다. 수단과 방법을 가리지 않고 권력만 쟁취하면 그만이라고 생각하는 사람들은 권력을 마구잡이로 행사해버릴 수 있습니다. 따라서 정치가 도덕을 지배하는 관계든, 도덕이 정치를 지배하는 관계든 다 위험하다고 볼 수 있습니다. 따라서 나는 정치는 도덕적인 관점, 실용적인 관점, 문화적인 관점이 균형을 이루어야 한다고 생각합니다.

21세기 정치는 어떻게 정의되어야 할까?

21세기 정치는 어떻게 정의되어야 할까요? 저는 우선 카를 슈미트와 자크 랑시에르Jacques Ranciere의 제안에 따라 정치가 아니라 정치적인 것에 대해서 말할 필요가 있다고 생각합니다. 이유는 간단합니다.

> 정치가 아니라 정치적인 것에 대해 말하는 것은 우리가 통치
> 책략이 아니라 법, 권력, 공동체의 원리들에 대해 말하는 것임
> 을 가리킨다.(…) 정치적인 것은 공통의 삶의 심급을 그 대상으
> 로 삼는다.[12]

정치는 권력 행사로 축소될 수 있지만, 참으로 정치적인 것은
'공동의 것을 공동의 것으로 만드는 과정'이어야 합니다. 여기서 정치
는 온전하게 민주주의와 만나야 합니다.

앞에서 언급한 것처럼 민주주의는 데모스의 지배 체계입니다. 데
모스는 형식적으로는 지역 또는 지역 대표를 지칭합니다. 하지만 이
전까지 데모스는 통치할 자격, 곧 근본이 없는 자들을 가리켰습니다.

> 민주주의 주체인 (…) 데모스(인민)는 공동체 성원들의 모임도
> 노동하는 주민 계급도 아니다. 데모스란 (…) 셈해지지 않은 것
> 들에 대한 셈을 공동체 전체와 동일시하는 것을 가능하게 해준
> 다.(241쪽)

---

12   자크 랑시에르, 《정치적인 것의 가장자리에서》, 양창렬 옮김, 도서출판 길, 2008, 15쪽. 이하 쪽
수만 표시.

그렇다고 데모스가 열등한 자는 아닙니다. 데모스는 말할 능력이 없는 자가 아닙니다. 데모스는 "말하지 않아야 하는데 말하는 자, 몫이 없는 것에 참여하는/몫을 갖는 자"(242쪽)입니다. 주권혁명, 독립혁명, 시민혁명, 촛불혁명, 그리고 빛의 혁명에서 말하는 자가 곧 데모스입니다. 민주주의에서 정치적인 것은 다름 아닌 데모스의 말입니다. 그리고 정치는 '데모스의 부름에 따름'이어야 합니다.

민주주의를 부정하는 정치는 데모스를 팬덤이이나 개딸 혹은 편협한 소수자라고 왜곡합니다.

> 민주주의를 폄훼하려는 비판은 정치적 데모스를 구성하는 무
> 無를 탐욕스러운 대중들이나 무지한 하층민의 과잉으로 끊임없
> 이 환원해왔다.(243쪽)

이번 반란에서 우리는 민주주의를 폄훼하는 정치가 아니라 파괴하는 정치, 다시 말해 정치가 아닌 치안, 그것도 데모스를 죽이려는 치안을 보았습니다. 민주 정치가 아니라 참주 정치를 하려고 했던 것입니다. 이들과 맞서 싸운 사람 중에 나는 광장에서 몫이 없는 자들을 보았습니다. 국회의원 한 명 남아 있지 않은 국회의사당 문 앞에서 새벽까지 '탄핵하라'를 외친 사람들이 있었습니다. 그중에 이 나라에서 몫 없는 자들이 있었습니다. 모두가 떠난 자리를 지켜온 사람도 몫이 없는 자들이었습니다. 이제 새로운 공화국에서 정치는 몫이 없는 자

들의 몫을 더하는(플러스) 셈법을 찾아야 합니다. 정상적 셈법만으로는 그 길을 찾을 수 없습니다. 다른 셈법을 찾아가는 것이 정치가 되어야 합니다. 몫이 없는 자들이 만들어낸 빛의 혁명은 기존의 질서와 분배의 규칙을 회복하는 것이 아니라 새로운 질서와 분배의 방식으로 요구합니다. 치안이 아니라 정치가 시작되어야 합니다.

3

혐오의 정치를 넘어 우정의 정치로

빛의 혁명의 부름에 따르는 정치는 혐오의 정치가 아니라 우정의 정치를 해야만 합니다. 혐오의 정치는 혁명을 반혁명으로 뒤집는 행위입니다. 혐오의 정치는 상대의 악마화를 통해 반사이익을 노리는 적대적 공존의 정치입니다. 사실 87년 체제에서 거대 양당은 혐오의 정치에 책임이 있습니다. 비록 영남 패권주의에 기생하는 보수정당이 더 많은 책임이 있다는 것이 명백하더라도, 민주당 역시 이 문제에 책임의식을 가져야 합니다. 타자 불신 사회에서 타자 혐오 사회로의 전환은 단순히 혐오 정치를 넘어 정치의 소멸이자 정치의 종말입니다. 그 끝이 윤석열의 내란입니다.

'정치=전쟁' 등식에 사로잡히면 정치는 '이기는 기술'로 환원되어 실종됩니다. 대립, 갈등, 구별, 분열, 모순이 그 자체로 나쁜 것은 아닙니다. 심지어 적대적antagonism 경쟁조차 정치에서는 때로 정치의 경계선과 내외부의 배치에 대해 근본적 의문을 제기함으로써, 새로운 질서의 생성을 만들어낼 수도 있습니다. 제도 안에는 없는 것처럼 보이는 성(학벌, 세대, 지역, 인종) 차별에 대한 의식과 체감이 불쾌의 감각과 불만의 의식으로 중첩되고 이것이 갈등과 대립으로 표출되면 결국 적대의 가동과 실천적 적대화가 강화될 수 있습니다. 정치는 억압하는 권력이 아니라 생산하는 권력의 욕망 체계가 되어야 합니다. 정치는 분열과 모순, 심지어 적대 속에서 화해와 우정의 가능성을 찾아야 합니다. 적대의 정치에 대해 이탄희 전 의원은 꾸준히 문제를 제기해왔습니다.

> 대한민국 정치는 암흑깁니다. 정치 양극화가 세상을 망치고 있습니다. 국민들 입장에서는 내 대표가 사라졌습니다. 국회의원 300명 중에 내 처지를 대변하는 사람이 없습니다. 전 국민 무대표 상태, 정치 실종의 상태입니다.

반사이익 정치 구조에서는 일 잘하기 경쟁이 없다고 그는 말합니다. 정치의 다양성, 종의 다양성이 미래라는 이탄희의 바람을 어떻게 다시 찾아올 수 있을까요? 이는 단순히 정치만의 문제가 아닐 수도 있습니다. 오히려 삶의 방식 혹은 세계관과 연결될 수도 있습니다. 그래서 혐오의 정치를 넘어 우정의 정치로 가기 위해 잠깐 사랑에 대해 이야기하고자 합니다.

존재형 사랑과 소유형 사랑

철학, 한자로 哲學에서 '철'은 밝음을 의미합니다. 밝음은 동서 고금을 가리지 않고 진리에 대한 은유적 표현이었습니다. 진리는 어 둡다기보다 밝다는 생각이 지배적이었기 때문입니다. 철학을 영어로 풀어 쓰면 사랑, 벗이라는 뜻인 philos와 지혜, 진리라는 의미를 가진 sophia가 합쳐진 말입니다. 따라서 철학은 진리의 벗 또는 진리를 사 랑하는 태도라고 할 수 있습니다. 여기서 진리를 사랑한다는 건 어떤 의미일까요? 진리를 내 것으로 만든다는 의미인가요? 아니면 진리와 함께 무언가를 한다는 것인가요? 이 문제를 풀기 위해선 우선 사랑에 관해 알아볼 필요가 있겠습니다.

사랑의 대상은 당연히 여러 가지가 있을 수 있습니다. 아주 기본 적으로는 사람을 사랑할 수 있고, 생명을 사랑할 수도 있고, 사물을 사랑할 수도 있습니다. 어떤 규범이나 조직, 제도를 사랑하는 것도 가 능하지요. 이를테면 "우리나라를 사랑한다"라고 말한다면 그건 대한 민국을 구성하는 제도를 사랑한다는 의미에 가깝습니다. 나라는 곧 제도이자 규범이니까요. 이 맥락에서 가족 구성원이 아니라 가족이라 는 제도를 사랑하는 경우를 앞에서 살펴보았습니다.

사랑이라는 주제와 관련해서 가장 유명한 철학자는 단연 에리히 프롬Erich Fromm입니다. 《자유로부터의 도피Escape from Freedom》, 《사랑의 기술The Art of Loving》 같은 책으로 널리 알려졌지요. 이보다 더 유명한 책도 있습니다. 〈뉴욕타임스〉에서 1999년 12월 31일, 새로운 밀레니엄 시대를 준비하면서 지난 100년 간 인류 역사에 큰 영향력을 미친 100권의 책을 꼽은 바 있는데요, 여기에 선정된 《소유냐 존재냐To Have or to Be》입니다. 이 책의 원제는 'To Have or to Be'입니다. 다소 오해가 있을 수 있겠지만 이 책의 내용을 최대한 압축하면 세계를 have 동사적 관점에서 볼 것이냐, be 동사적 관점에서 볼 것이냐, 나아가 have 동사 유형으로 살아갈 것이냐, be 동사 유형으로 살아갈 것이냐의 문제가 철학적으로 이야기되고 있습니다.

우리가 산이나 들에서 예쁜 꽃을 보면 어떤 마음이 드나요? 꺾어서 가져가고 싶다고 한 번쯤은 생각해본 적이 있을 겁니다. 한편으로는 그 자체로 두고 즐기고 싶을 수도 있습니다. 전자는 소유의 관점에 가깝고, 후자는 존재의 관점에 가깝습니다. 어느 날 집 담장 아래에 예쁜 꽃이 피었는데 이 꽃을 새롭게 보고, 즐기고, 함께 노니는 사고 방식. 이를 존재 지향적 삶의 방식이라고 할 수 있습니다. 에리히 프롬은 존재 지향적 방식으로 삶을 구성하고 사랑하는 것을 사랑의 기술이라고 말합니다.

꺾어서 갖고 싶다는 마음, 소유하고 싶다는 마음이 더 클 수도 있습니다. 남녀 사이에도 그럴 수 있지요. 그런 마음을 확인하는 절차가 결혼이라는 주장도 있습니다. 흔히 결혼이라고 하면 사랑에 관한 최종적인 확인이라고 생각하지만, 결혼은 정신과 육체에 관한 독점적 소유권을 요구하는 제도적 절차라고 보는 학자도 많습니다.

만약 존재 지향적인 사랑에 관한 열망은 사라지고 소유 지향적인 사랑만이 존재한다면 어떻게 될까요? 누군가의 육체와 영혼이 온전히 내 것이 되는 그 순간 상대를 향한 사랑과 욕망은 사라질 가능성이 커집니다. 존재형 사랑이란 상대의 변화에 관한 예민한 반응입니다. 하지만 상대를 소유하게 되면 그런 관심과 반응은 사그라들 수밖에 없습니다. 소유한다는 건 기본적으로 취득하고 점유하고 매매하고 사용할 수 있다는 의미입니다. 사람으로 치면 상대를 언제든 내 마음대로 움직일 수 있고, 내가 원하는 대로 따르게 하는 것인데요, 여기엔 상대를 향한 관심도 변화에 관한 예민한 반응도 필요치 않습니다. 그래서 소유형으로 사랑하면 그 순간 사랑은 멈추고 맙니다.

소유의 정치와 혐오의 정치를 극복하는 우정의 정치

정치로 이야기를 전환해보겠습니다. 혐오의 정치가 소유 프레임이라면, 우정의 정치는 존재 프레임입니다. 여기서 정치에 감정을 끌어들이는 데 거부감이 있을 것입니다. 사랑, 우정, 신뢰와 같은 감정은 결국 형제애, 민족애와 유사한 집단주의 정치로의 회귀라고 비판하는 사람도 있을 것입니다. 한나 아렌트는 사랑 담론을 두고 비정치적인apolitical 정도가 아니라 그것에 해가 되는 반정치적anti-political 요소가 많다고 비판합니다. 이런 비판을 받아들이면서, 우정의 정치는 인종과 종교의 같음, 혹은 다른 형태의 동질성, 유사성에 근거한 정치, 지역 패권주의를 반대해야 합니다.

우정의 정치는 소유의 정치와 혐오의 정치를 동시에 극복하려는 프레임입니다. 현대사회에서 상대방을 내 소유로 만드는 가장 적절한 수단이 두 가지 있습니다. 바로 돈과 권력입니다. 돈과 권력은 다른 사람을 움직이게 할 수 있는 조종 매체입니다. 그래서 사람들은 돈과 권력에 몰입합니다. 돈과 권력으로 이루려고 했던 목적이 사랑이라고 말할 수도 있습니다. 하지만 이 사랑은 돈과 권력의 노예에 대한 사랑, 곧 사랑하기에 대한 사랑일 뿐입니다. 돈과 권력을 수단으로 한 사랑은 결국 돈과 권력을 목적으로 만듭니다. 돈만큼 권력도 무섭습니다.

막스 베버는 권력을 '타인의 의지에 반해서 자신의 의지를 관철시킬 수 있는 개연성'이라고 정의했습니다. 하지만 한나 아렌트는 베버가 말한 권력은 권력이 아니라 폭력이라고 비판합니다. 한 사례를 상상해보죠. 두 남녀가 만나 사랑했습니다. 그런데 어느 순간부터 한 사람의 의지만 관철되고 다른 사람은 그 의지에 따라서 움직이게 됩니다. 이 경우 한 사람이 권력을 가지게 된 것일까요, 아니면 폭력을 행사하고 있는 것일까요? 권력과 폭력을 구별하기는 매우 어렵습니다.

전통적인 사회에서는 폭력과 권력의 경계가 모호했습니다. 지금도 마찬가지입니다. 하지만 규범적으로 권력과 폭력을 나눌 수 있어야 정의를 지향하는 정치가 가능합니다. 이 지점에서 한나 아렌트와 위르겐 하버마스의 정치철학이 크게 기여합니다. 그들에 따르면 다른 사람의 의지에 반해서 그를 움직이게 만드는 것은 폭력입니다. 그럼 권력은 무엇일까요? 나와 다른 사람이 모은 의견과 의지가 권력입니다. 이렇게 폭력과 권력을 구별하는 순간 권력의 가치가 드러납니다. 폭력은 권력을 무너뜨릴 순 있지만 결코 권력을 생산하지 못합니다. 한나 아렌트가 말한바, 권력은 총구에서 나올 수 없습니다. 박정희, 전두환, 윤석열의 총구에서 나온 것은 명백히 폭력입니다. 그리고 그에 맞서 새로운 대한민국을 꿈꾸는 주권자 시민의 의견과 의지가 권력입니다.

한나 아렌트가 규정하는 폭력은 내 의지로 상대방의 의지를 꺾는 것이고, 권력은 너와 내가 공동으로 모은 뜻과 의견과 의지입니다. 예를 들어 누군가가 다른 사람들의 의지나 의사에 상관없이 자기 마음대로만 하면 그건 폭력입니다. 하지만 사람들과 의견을 모으고 그렇게 모인 의견을 실현하는 사람은 진정한 의미에서 권력자입니다. 시민과 시민이 모은 의견과 의지가 권력이라는 이 권력의 부름에 따르는 사람이 권력자이기 때문입니다. 한나 아렌트나 위르겐 하버마스 같은 진보적인 정치철학자들이 보기에 권력자란 존재하는 모든 공간에서 사람들이 만나 때로 소통하고, 때로 싸우면서 이것만큼은 함께 하자고 합의하고 협의한 것을 현실로 이루는 정치인입니다.

권력을 형성하는 데 함께하거나, 형성된 권력을 실현하는 게 아니라 다양한 형태로 형성된 의견과 의지를 소유하려고 하는 순간 정치인은 기껏해야 소유의 정치인으로서 치안에 참여하는 것입니다. 따라서 우리는 좋은 정치인과 나쁜 정치인을 나누기 위해서 어떤 정치인이 우리의 뜻을 실현하려고 하는지, 우리의 뜻을 소유하고 자기 것으로 활용하려고 하는지 살펴야 합니다.

사람을 소유하고 지배하려고 하는 사람은 긴 시간으로 보면 언젠가 정치적으로 퇴출되기 마련입니다. 적어도 진보적이거나 좌파적인 성향을 지닌 사람은 소유형 정치인에 관한 반감이 매우 강합니다.

우리나라에서 대중적 이념 정당이 탄생하게 된 배경

이제 시선을 우리나라로 돌려, 노무현 대통령이 나오기 이전, 김대중 대통령이 정치를 주도하던 시절을 생각해보겠습니다. 김대중은 우리의 의견과 의지를 모아서 그걸 실현한다기보다 대중을 선도하고 이끌어가는 지도자에 가까웠습니다. 그 당시 민주당의 모습도 그러했습니다. 의원들이 어떤 방향을 정하면 당원이나 지지자들을 그쪽으로 이끌어가는 방식이었습니다. 그때까지만 해도 대한민국의 역사에 당원들이 스스로 당의 방향을 정해본 적이 없습니다. 19세기 이전에는 유럽도 마찬가지였습니다. 이런 방식으로 운영되는 정당을 간부 정당이라고 합니다.

김대중 대통령은 민주당이 간부 정당을 벗어나 대중적 이념 정당으로 가야 한다고 말했습니다. 하지만 당시 그의 말을 이해한 정치인은 많지 않았습니다. 여기서 간부 정당의 형태를 깨는 첫 번째 사건이 바로 '노사모(노무현을 사랑하는 사람들의 모임)' 현상이었습니다. 노사모 현상 위에서 집권한 참여정부는 '깨어 있는 시민의 조직된 힘'으로 정치를 하려고 했습니다. 하지만 그 당시 참여정부를 이끌었던 정치인들은 미국에서 밀려오는 정치 개혁에 흡수되어 '원내 정당' 체계로의 전환에 적극적으로 동조합니다. 이렇게 참여정부는 386 운동권의 주도로 인해 원내 정당으로 전환되었고, 이 때문에 당원 중심의 대중 정당을 향한 시민의 열망을 알아차리지 못했습니다. 시민이 변하면 정치도 변해야 한다는 사실을 몰랐습니다. 시민이 어떻게 변하고 있는지를 몰랐기 때문입니다.

《문파: 새로운 주권자의 이상한 출현》(메디치, 2017)에서 나는 이 문제를 철학적으로 파고들었습니다. 여기서 자세히 말할 수는 없지만 나는 하나의 '정치적 현상'에 주목했습니다. 이 책에서 '실체 없이 작동하는 현상으로서 주권자의 등장'을 분석했습니다. 시민이 변했습니다. 이제 정치가 변해야 합니다.

현상은 현상일 뿐이라고 한가하게 딴소리하는 사람은 사태의 복잡성을 놓치고 있는 것입니다. 반면 정치 현상에 목을 맨 보수언론은 자기 진영 정치인의 지지율만 오르면 '안철수 현상', '이준석 현상', '윤석열 현상', '한동훈 현상' 운운하는데, 권력 탈진이 저들의 식탐을 키운 부작용입니다. 현상現象은 복합적인 의미 지평을 가지고 있습니다. '지각할 수 있는 사물의 외적 상태'라는 우리말 풀이로는 부족합니다. 소동파의 가야금 시琴詩에 실마리가 있습니다. '가야금에 소리가 있다 하면 / 갑 속에 두었을 땐 왜 안 울리나 / 가야금 소리 손가락 끝에서 나는 거라면 / 어찌 그대 손가락에서 소리가 들리지 않나.' 시에서 현상은 소리입니다. 소리의 실체는 가야금도, 손가락도 아닙니다. 현상은 있지만 실체는 없습니다. 가야금과 손가락의 만남이 소리 현상을 만드는 것입니다.

현상의 실체를 찾으려는 동서고금의 모든 시도는 실패했습니다. 이를 알아챈 서양철학의 저수지 칸트는 현상phenomenon 너머의 실체를 '알 수 없으니 말할 수 없는 물 자체Ding an sich'에 가둡니다. 뒤이어 헤겔은 모든 현상의 제자리 지정Darstellung을 철학의 과제로 삼습니다. 그 이후 한참 현상학이 득세합니다. 독일 현상학자 하이데거에 따르면 '밝은 데에 자기 자신을 그 자체로 내보이는 것'이 현상입니다. 우리는 매일 수많은 현상과 만나며 살아갑니다. 물리적 현상에서 심미적 현상에 이르는 삼라만상이 현상으로 체험됩니다. 출퇴근길에 경험하는 자동차 현상은 사람과 사물을 옮기는 힘입니다. 그런데 3만 개가 넘는 부품을 모조리, 틈마다 샅샅이 뒤져봐도 현상의 실체는 없습니다. 3만 개 이상 부품의 탁월한 만남이 밖으로 드러내는 힘이 자동차의 현상입니다.

현상에는 실제가 없으니 그것을 찾으려는 시도는 실패할 수밖에 없습니다. 더구나 없는 것을 소유하려는 시도는 환상입니다. 이런 환상에 취한 정치인이 안철수, 이준석, 윤석열, 한동훈만 있는 것은 아닙니다. 민주당에도 이런 정치인들은 많습니다. 이들은 '○○○ 현상'에 도취한 나머지 있지도 않은 실체를 찾아 소유하려고 오랜 기간 헛물을 켜왔습니다. 다만 '○○○ 현상'도 못 만들면서 다른 정치인의 현상을 왜곡하거나 자기 소유로 바꾸려고 하는 정치인은 퇴출되었습니다.

김대중 대통령 시절에만 해도 좌우 관계없이 우리나라의 언론이나 학계에서는 자신들이 여론을 이끌어간다는 의식이 팽배했습니다. 조·중·동뿐만 아니라 〈한겨레〉나 〈경향신문〉 기자들도 최소한 진보 진영만큼은 우리가 이끌어간다는 식의 사고에서 크게 벗어나지 못했습니다. 나도 마찬가지였습니다. 대학에서 연구에 몰두하면서 내가 혹은 내가 소속된 대학이 진리의 전당이라고 생각했습니다. 지금도 이렇게 생각하는 사람들이 있습니다. 하지만 진리가 대학에서 독점적으로 생산되던 시절은 끝났습니다. 지식을 독점적으로 만들어내는 지식인도 물론 없습니다. 지식인들은 이제 생산된 지식을 받아쓰는 입장에 놓여 있을 뿐입니다. 정치와 언론의 영역에서도 마찬가지입니다. 그들도 시민들이 모은 의견과 의지를 받아쓰기할 수 있어야 합니다.

하지만 많은 정치인과 언론인들이 이 부분을 착각하고 있습니다. '노사모'가 등장했을 때, '문파'가 등장했을 때, '개딸'이 등장했을 때 알레르기 반응을 일으키는 정치인과 언론인이 여기에 해당합니다. 전문적으로 훈련받은 지식인 계층들은 대부분 이런 굴레에서 벗어나지 못하고 있습니다. 이런 사람들은 자기가 배우고 생각해온 프레임이나 이론에 맞지 않는 사건과 사태를 이해하거나 해석하려고 노력하지 않습니다. 그저 폄훼하고 배제하고 감금하기에 바쁩니다. 문파나 개딸은 조직이나 실체가 없습니다. 자기가 조직이라고 주장하거나, 실체가 되고 싶어하는 사람만 있지요. 이들이 바로 형성된 권력을 독점적으로 소유하려는 소유 정치꾼 혹은 극우 유튜버입니다.

하지만 이걸 보고 현상을 뒤집으려 해서는 안 됩니다. 자동차를 움직이게 해주는 건 자동차의 헤아릴 수 없이 수많은 부품입니다. 그 부품은 자동차의 본질로 환원되지 않습니다. 자동차를 움직이게 하는 현상은 있습니다. 작동도 합니다. 그런데 그 자동차의 본질은 내가 소유할 수 없습니다.

마찬가지로 문파나 개딸이라는 현상이 나타났다면, 정치하는 사람은 국민들이 어떻게 의견을 모았는지, 그 의지가 무엇인지, 그걸 받아서 어떻게 정치를 할지 고민해야 합니다. 시민들이 새롭게 만들어내는 정치 현상을 이해하고 해석하고 실천해야지, 그 자체를 소유하려 해서는 안 됩니다. 실제로 지금 더불어민주당을 보면 그렇게 형성된 권력을 실현하려는 사람들이 권력을 얻고 당의 간부가 되는 대중적 이념 정당의 형태를 강화하고 있습니다. 지난 총선에서 민주당이 당원 중심의 대중 정당으로 전환되지 않았다면 이번 내란은 어쩌면 성공했을지도 모릅니다.

참고로 세계적인 추세는 대중적 이념 정당이 해체되고 원내 정당으로 가려는 경향이 극명하게 드러납니다. 그 원인으로는 세상이 복잡해지고 있다는 이유를 꼽을 수 있습니다. 세상이 복잡해지면 복잡해질수록 당원들의 의견과 의지보다는 전문적으로 사태를 분석하는 사람들이 당을 이끌어가는 게 훨씬 효율적이기 때문입니다. 그래서 원내에 진출한 의원들과 어떤 분야의 전문가들이 정당의 중심에 자리하게 되기 쉽습니다. 이것을 원내 정당이라고 합니다. 유럽의 경우는 대중적 이념 정당과 원내 정당의 혼합된 모습이 많이 나타납니다. 미국은 처음부터 지금까지 원내 정당의 형태를 계속 유지하고 있습니다. 대중적 이념 정당과 원내 정당 중 무엇이 더 좋고 나쁘다고 확정할 수는 없습니다. 나는 더구나 이 책에서 이에 관해 논할 생각이 없습니다. 둘 다 장점과 단점이 분명히 존재합니다. 다만 우리나라는 이전까지는 한 번도 당원 중심의 대중 정당의 모습을 갖춘 적이 없었습니다. 정의당이나 진보당은 이념 정당이라고 보아야 합니다. 대중적 이념 정당이 되려면 대중적이고 또 이념적이어야 합니다. 정의당과 진보당은 대중적 이념 정당을 표방했으나 대중의 지지를 받지 못했으니 대중적 이념 정당이라고 보기 어렵습니다. 최근 더불어민주당의 모습을 보면 노사모-문파-개딸로 이어지는 흐름 속에 당원들이 정당의 간부와 정치적인 방향을 함께 결정하고 있습니다. 우리나라에서 첫 번째 당원 중심 대중 정당이 탄생한 것입니다.

언급한 것처럼 당원 중심 대중 정당에는 장점과 단점이 모두 있습니다. 대표적 단점으로는 당이 폐쇄적인 방향으로 질주할 수 있다는 것입니다. 이런 문제를 효과적으로 극복하는 것이 현재 더불어민주당이 해결해야 할 가장 큰 과제일 것입니다. 민주당이 더 나은 수권 정당이 되려면 당의 안과 바깥에서 모두 차이를 존중하고 다름과 협력하는 능력을 갖추어야만 합니다. 이를 위한 나의 잠정적 대안은 세 가지입니다. ① 민주당은 전방위적 행위자 네트워크를 형성하며 문제 해결 능력을 갖춘 정당이 되어야 합니다. ② 민주당은 원내와 원외가 서로를 견제하고 경쟁하는 다공적porous 정당이 되어야 합니다. ③ 민주당은 다른 소수 정당과 연합 정당, 연합 정권을 이룰 수 있어야 합니다. 이를 위해 민주당은 직접민주주의와 간접민주주의 사이에 결사체 민주주의, 심의 민주주의의 다양한 통로를 구축할 수 있어야 합니다. 이 과정에서 우정의 정치가 실현되어야만 강력한 집권 세력이 될 수 있습니다.

헤겔의 말을 다시 떠올려보겠습니다. "미네르바의 부엉이는 황혼이 깃들 무렵에야 비로소 날갯짓을 시작한다." 이 명제는 나 같은 학자만이 아니라 정치인도 그 뜻을 새겨볼 가치가 있습니다. 학자나 정치인이 시민을 계몽시키던 시대는 끝났습니다. 이제 학자와 정치인은 시민들의 뜻을 따라야 합니다. '부름에 따름'이 정치인의 윤리입니다. 거리에서, 광장에서 당원들 사이에서 형성되고 있는 의견과 의지를 소유하려는 정치는 곧바로 퇴출당하는 시대입니다. 무섭다고 피할 수 없습니다. 틀렸다고 소리쳐도 메아리가 없습니다. 이것이 시대의 흐름이라는 것을 '빛의 혁명'이 가르치고 있습니다.

4

정치에서 합리성의 원칙

진리의 검증이 트릴레마에 빠질 수밖에 없는 이유

철학과 떼려야 뗄 수 없는 관계에 있는 단어를 하나 꼽자면 두말할 나위 없이 진리입니다. 그렇다면 여기서 필연적으로 하나의 질문이 발생합니다. 진리는 그 자체로 존재할 수 있을까요? 예를 들어 여러분이 지금 읽고 있는 《빛의 혁명과 반혁명 사이》를 예로 들면 '여기에 책이 있다는 명제'가 진리일까요? 아니면 이 '책 자체'가 진리일까요?

책 자체가 아니라, 책이 있다는 명제가 진리라고 여기는 것을 인식론이라고 합니다. 이 인식론이야말로 현대사회 진리론의 가장 큰 분과입니다. 현대사회 이전에는 그렇지 않았죠. 그 당시 진리론의 핵심은 책이 있다는 명제가 아니라 책 그 자체가 진리인지 아닌지만을 따졌습니다. 이것이 존재론입니다.

어떤 명제가 진리인지를, 다른 말로 참인지 거짓인지를 어떻게 검증할 수 있을까요? 이를테면 'A는 지혜롭다'라는 명제를 던진다면 이것은 참인가요? 거짓인가요? 이 명제를 검증하기 위해서는 먼저 지혜로운 사람과 지혜롭지 않은 사람의 기준에 대해 생각해볼 필요가 있습니다. 당연히 여러 가지 기준을 근거로 내세울 수 있겠죠. 분석 능력이 있는가? 이해 능력이 있는가? 비판 능력이 있는가? 등등 여러 가지 지점을 고려해 판단할 것입니다. 그런데 만약 여기서 한 걸음 더 들어가 그 기준 자체의 정당성을 검증한다면 어떻게 되나요? 다시 말해 'A는 지혜로운가?'를 검증하기 위해 그 기준으로 '분석 능력이 있는가?'를 내세웠다면 '분석 능력이 있다는 건 무엇인가?'를 또 검증합니다. 이런 식으로 지혜로운지를 검증하기 위해 지혜롭다는 기준의 정당성을 검증하고, 그 정당성의 정당성을 검증하고, 또 그 정당성의 정당성의 정당성을 검증해야 하는 사태가 발생할 수 있습니다. 결국 진리를 검증하기 위해 끝도 없이 계속 그 기준을 소급해 들어가야만 합니다.

방금 진리를 판단하는 기준에 대해서 이야기할 때 또 하나의 심각한 문제가 등장합니다. 지혜로운지 그렇지 않은지를 검증하려면 여러분께서 직접 만난 A가 아니라 사실로서의 A를 검증해야 할 텐데, 우리가 그 사실에 접근할 수가 있는가 하는 문제입니다. 다시 말해 참과 거짓을 검증하려면 사실로서의 A에 접근해야 하는데 그럴 수가 없습니다. 어떤 과학자도, 어떤 철학자도 혹은 어떤 초인적인 존재라도 사실 그 자체에 접근할 수는 없습니다. 사실이라고 말하는 사실일 뿐이지 그것이 실제 사실은 아니라는 것이죠. 그 누구도 사실에 접근할 수 없기 때문에 결국은 주관에 기댈 수밖에 없습니다. 이 주관에 기대면 누구는 A가 지혜롭다고 말할 것이고, 또 누구는 A가 지혜롭지 않다고 말하겠지요. 그렇다면 어느 하나를 주장하는 쪽이 아니라 중립적인 사람을 내세워 A가 지혜로운지 그렇지 않은지를 검증해야 합니다. 그래서 이걸 검증하기 위해 어떤 중립적인 사람을 내세웠는데 누구는 그 사람이 중립적이라고 주장하고, 또 누구는 그 사람이 중립적이지 않다고 주장하면 하는 수 없이 그 사람이 중립적인지 아닌지를 중립적인 입장에서 판단하는 사람을 다시 내세워야 합니다. 앞서 기준의 정당성의 정당성을 검증할 때처럼 이 역시 무한 소급의 굴레에 빠지게 됩니다.

현대사회에서 진리를 검증하는 모든 절차는 '뮌히하우젠 트릴레마Münchhausen trilemma'에 봉착합니다. 둘 중 하나를 선택해야 하는 상황에서 둘 다 답이 아닐 때 딜레마에 빠졌다고 말하는데요, 트릴레마는 셋 중 하나를 선택해야 하는 상황에서 셋 다 답이 아니 경우입니다. 다시 말해 어떤 명제가 진리인지 아닌지를 검증하기 위해서는 ① 순환논증을 펼치거나, 앞에서 살펴본 것처럼 ② 무한 소급에 빠지거나, ③ 더 이상 물을 수 없는 공리를 내세우는 트릴레마 상황에 빠질 수밖에 없다는 것입니다. 먼저 순환논증에 대해 간단하게 예를 들면 이렇습니다.

아이가 엄마에게 묻습니다.

아이 : 우리 집 부자야?

엄마 : 아니 가난해.

아이 : 왜 가난해?

엄마 : 돈이 없으니까.

아이 : 왜 돈이 없어?

엄마 : 가난하니까.

이렇게 되풀이되는 것을 순환논증이라고 합니다. 대부분의 진리 체계는 이렇게 순환논증에 빠질 가능성이 매우 높습니다. 아니면 앞에서 본 것처럼 무한히 근거를 찾아서 가야 합니다. 앞서 말했던 것처럼 'A는 지혜롭다'는 명제가 참인 것을 검증하기 위해 근거 B를 들고, 근거 B가 옳다는 걸 검증하기 위해 근거 C를 들고, 근거 C가 옳다는 걸 검증하기 위해 근거 D를 들고…… 이렇게 무한히 이어지는 것이지요. 이를 악무한, 나쁜 무한이라고 합니다. 세 번째는 소위 '입틀막'으로 마무리하는 전략입니다. 처음부터 묻지 못하게 합니다. 'A는 지혜롭다. 반박은 받지 않는다. 끝' 해버리는 겁니다. 조금 위험하기는 하지만 수학과 논리의 지식 체계가 여기에 해당합니다. 유클리드 원론의 첫 번째 명제, '점은 부피를 갖지 않는 것'에 대해 그 근거를 물을 수는 없습니다. 삼단논법의 대전제의 타당성을 이 추론 자체에서는 물을 수 없습니다. 이 때문에 수학을 일컬어 약속의 학문이자 기호의 학문이라고 부릅니다.

의식하는 나는 어디에 있는가?

진리 검증의 트릴레마로 인해 현대사회에서 말하는 진리론은 결국 진리의 최종 근거가 될 수 있는 것은 따로 없다는 결론에 이릅니다. 최종 근거는 오로지 '나'입니다. '내가 생각한다Cogito'는 게 유일한 근거입니다. 이런 맥락에서 나온 유명한 말이 바로 르네 데카르트René Descartes의 "나는 생각한다. 그러므로 나는 존재한다Cogito, ergo sum"입니다. 이마누엘 칸트는 여기서 한 걸음 더 나아가 '생각하는 나'보다 더 중요한 근거는 '내가 생각한다는 의식'이라고 말합니다. 내가 생각한다는 의식을 가지고 진리의 판을 짜기 때문에 진리가 내적으로 구성된다는 것입니다. 진리, 정의, 아름다움에 관한 주장을 하려는 사람은 모두 '나의 생각이라는 의식'을 가져야 합니다.

모든 진리의 최종 근거로서 생각하는 나, 의식하는 나는 누구이며, 어디에 존재할까요? 이 질문을 정치인들에게 던질 필요가 있습니다. 요즘 국민의힘 정치인들을 보면 자신이 지금 어디에 있는지, 누구인지 헷갈리는 것으로 보입니다. 나는 내가 맺어온 관계의 집합입니다. 수많은 관계를 맺으면서 내가 했던 행위와 내가 뱉은 말이 있습니다. 그 모든 것이 나를 형성합니다. 정치인은 더 그렇겠지요. 세상 누구도 자신이 뱉은 말의 바깥에 존재할 수 없습니다. 그런데 정치인들을 보면 내 발언은 나와 관계 없고, 다른 정치인의 발언은 관계 있는 것처럼 생각하는 경우가 있습니다. 결국 의식은 우리의 발언 속에, 우리가 맺어온 관계 속에 있는데 말이죠.

꼭 정치인이 아니라 저 같은 학자도 마찬가지입니다. 나는 다양한 방송과 강연을 통해 많은 말을 합니다. 나는 이 과정에서 나의 말과 행동이 '나의 생각이라는 의식'을 가져야 합니다. 나의 생각이 아닌데 실수로 나온 말이라고 변명해서는 안 됩니다. 실수가 아니라 잘못임을 인정하고 사과해야 합니다. 나 자신부터 그렇게 해야 합니다. 이 책은 나의 잘못에 대한 명백한 인정의 기초 위에서 쓴 것입니다.

현대의 합리성

다시 합리성 개념을 조금 더 자세하게 살펴보겠습니다. 현대사회의 합리성이 무엇인지를 살피기에 앞서 과연 현대사회 혹은 현대화란 무엇일까요? 이 개념에 있어서는 우리나라만의 특성이 하나 드러납니다. 무엇보다 지금 장년층에게 현대화는 곧 서구화였습니다. '현대화=서구화'를 가장 강력하게 추진한 사람이 박정희와 정주영이었습니다. 그들에 대한 평가와 상관없이 장년층은 그들의 세례를 받고 성장했습니다. 그런데 청년층은 다릅니다. 이들은 더 이상 서구화가 현대화라고 생각하지 않습니다. 20~30대는 그 누구도 서구가 현대의 표상이라고 생각하지 않습니다. 이제 현대화는 서구화가 아니게 되었습니다. 이제 현대화는 합리화입니다.

합리화와 합리성은 매우 복잡하고 어려운 철학적 사회학적 주제입니다. 학문적 담론을 뒤로 하고 우리의 주제와 관련해서 간단하게 영역에 따라 달리 나타나는 합리성에 대해 살펴보겠습니다. 첫째, 과학에서 합리성은 입증 가능성입니다. 입증이 가능하다는 의미는 반복적으로 증명이 가능하다는 의미이므로 예측이 가능하다는 뜻이고, 예측이 가능하다는 말은 곧 계산이 가능하다는 뜻입니다. 그러므로 과학에서의 합리성은 증명 가능성, 예측 가능성, 계산 가능성이 하나의 묶음으로 나타납니다. 이것이 가능할 때 우리는 과학적이다 혹은 과학적 합리성이 있다고 말할 수 있습니다.

둘째, 경영에서의 합리성은 곧 타산성입니다. 더 쉬운 말로 이윤 창출입니다. 효율성과 유용성이 경영의 합리성과 연결됩니다. 또 다른 영역으로 셋째, 관료적 합리성을 들 수 있겠습니다. 앞에서 이미 언급했지만 정치의 합리성이 무엇인지를 살피기 위해서 다시 한번 반복해서 이야기하겠습니다. 앞서 언급한 것처럼 관료적 합리성은 내적 정합성과 연관되어 있습니다. 관료적 합리성의 문제는 행정 체계 안에서의 합리성이 강화되면 될수록 현실적 합리성과 멀어진다는 것입니다. 관료주의가 완벽하게 이뤄지면 이뤄질수록 행정은 감옥처럼 세상과 분리 고립됩니다.

어떤 공무원이 한치의 부끄러움도 없이 깨끗하고 완벽하게 임무를 완수했습니다. 주변 공무원들과 상급자들로부터 합리성이 인정되어 포상도 받았습니다. 그런데 정작 세상과는 너무나 동떨어져 있다면 큰 문제입니다. 하나의 사회가 이런 체제로 계속 가면 그 사회는 망할 수밖에 없습니다. 이걸 막으려면 내부적으로 완벽한 내적 정합성을 가진 이 체계를 한 번씩 흔들어줘야만 합니다. 관료주의가 강화되면 될수록 행정은 내적 정합성에 의해 아주 합리적으로 일을 처리하게 됩니다. 그런데 외부의 시민, 더구나 난민의 눈으로 바라보면 이들은 현실과 동떨어져 있을 뿐 아니라, 아주 부정한 집단처럼 보입니다. 행정 관료 체계는 스스로 자기를 바꿀 수 없습니다. 행정 관료의 합리성이 내적 정합성이기 때문입니다. 이 맥락에서 법도 마찬가지입니다. 이들의 체계를 깨뜨릴 수 있는 유일한 방법이 바로 선출직 정치인의 카리스마입니다. 검찰과 경찰, 그리고 법원도 선출직이 필요한 이유가 여기에 있습니다.

선거에서 당선되어 관료들의 내적 정합성을 깨뜨려야만 하는 정치인은 다시 법과 도덕이 요구하는 합리성을 갖추어야 합니다. 그렇다면 법과 도덕의 합리성은 무엇일까요? 이 답은 전통사회냐 현대사회냐에 따라 아주 큰 차이가 있습니다. 전통적인 사회에서는 선생님과 제자, 부모와 자식, 남편과 아내, 군주와 신하에게 각각 다른 도덕규범이 있다고 보았습니다. 옛 도덕의 체계는 역할 중심의 이념 체계였습니다. 이런 전통적인 도덕 체계가 반드시 나쁘다고 할 수는 없지만, 그렇다고 이것이 현대사회의 도덕적·법적 규범의 원칙이 될 수는 없습니다. 개개인이 어릴 때부터 학습되어 자신의 역할에 맞는 특별한 도덕규범을 가질 수는 있겠지만, 우리가 함께 공동으로 사회를 구성하고 조율할 때는 공통의 법과 공통의 도덕을 지켜야만 합니다. 그래서 현대사회의 법적·도덕적 규범이 갖춰야 할 합리성의 기준은 공정성입니다.

법과 도덕 그리고 정치의 합리성

지난 22대 총선에서 조국 대표의 조국혁신당은 그야말로 돌풍이었습니다. 조국 대표는 2심까지(2024년 11월 기준) 유죄 판결을 받았는데도 왜 그렇게 많은 사람들의 지지를 받았을까요? 도덕에 관한 사람들의 기준은 다를 수 있지만, 현대사회의 도덕적·법적 규범의 최종 뿌리에서 보면 공정성이 훼손되었기 때문입니다. 법이 합리적으로 적용되었다면, 즉 모두에게 공정하게 적용되고 있다고 생각했다면 조국혁신당이 성공하기는 어려웠을 것입니다. 사람들은 생각합니다. 윤석열과 비교했을 때 우리 사회가 조국에게도 공정하게 법을 적용했나? 평소 내가 조국을 비판했던 만큼 나 자신도 비판했는가?

조국과 조국혁신당의 선전은 정치의 합리성과 연관되어 있습니다. 조국은 법 내부의 정합성에서만 보면 범죄자라고 불릴 수 있습니다. 하지만 정치 영역에서 그는 다른 평가를 받을 수 있습니다. 정치는 그의 출마를 허용했을 뿐 아니라 많은 이들이 그를 선택했습니다. 이유가 무엇일까요? 정치에서 합리성은 소통 가능성에 있기 때문입니다. 얼마나 많은 사람과 소통할 수 있느냐가 정치에서의 합리성 기준입니다. 조국을 둘러싼 일련의 담론 과정에서 한동안은 한쪽만 담론을 독점해왔습니다. 검찰 혹은 검찰의 주장을 전달하는 쪽에서만 일방적으로 대중과 소통할 수 있었습니다. 그런데 조국이 정치의 장에 등장해 직접 소통합니다. "나 자신에게 죄가 있다면 처벌받겠습니다. 다만 그 잣대가 공정한지에 대해서는 한번 생각해주십시오." 조국은 그를 단죄한 법적 합리성의 기준인 공정성이 훼손되었는지를 정치적으로 판단해달라고 외쳤습니다. 이에 대해 시민들은 대한민국 검찰과 법원이 공정성을 상당 부분 훼손했다고 판단합니다. 법치주의와 조화를 원하는 민주 시민들은 조국 사건에서 훼손된 법적 합리성, 곧 공정성을 정치적으로 보상하는 길을 선택합니다.

민주 시민들은 우리 사회가 과연 법적·도덕적 기준이 얼마나 공정하게 적용되고 있는지 의문을 가지고 있습니다. 물론 그 답은 저마다 다를 수 있습니다. 누구는 조국에게 들이댄 법적 잣대가 가혹했다고 할 수도 있고, 누구는 그 가혹한 잣대를 나를 비롯한 모두에게 적용하면 된다고 생각할 수도 있습니다. 또 혹자는 세상은 강자의 이익에 봉사하는 게 진리라고 믿을 수도 있습니다. 강자의 이익에 봉사하는 것이 진리, 정의라는 주장은 단기간에 생겨난 게 아닙니다. 이것은 플라톤이 기원전 380년경에 쓴 《국가론Politeia》에 등장하는 가장 강력한 정의론 중 하나입니다. 그러니 오늘날의 우리 사회에서도 당연히 공정이고 뭐고 다 필요 없고 강자의 이익이 우선이라고 생각하는 사람이 있을 수 있습니다. 그런 분은 그런 세계관을 가진 사람들과 정치적 결사체를 형성할 수 있는 것이 바로 민주주의입니다.

하지만 한 가지 짚고 넘어갈 이야기가 있습니다. 우리는 사법부의 판단을 존중해야만 한다는 말을 자주 듣습니다. 조국 재판이나 이재명 재판도 마찬가지입니다. 이것이 법치주의라고 말합니다. 하지만 사법부의 판단을 존중하는 것과 그것을 비판하는 것 모두 법치주의입니다. 사법부는 모든 합리성의 최종 심급이 아닙니다. 사법부가 최종 심급인 나라는 주리스토크라시의 나라지 입헌 민주주의의 나라가 아닙니다. 악법이 법이 아니듯, 잘못된 판결은 적법이 아닙니다.

5

진실을 말하는 힘에 관하여

‘악법도 법이다’ 소크라테스에 관한 오해

얼마 전에 나훈아의 〈테스형!〉이라는 노래를 듣게 되었습니다. 한때 꽤 유행이었다는데 이제야 들어본 것입니다. 사실 소크라테스를 모르는 사람은 별로 없습니다. 그의 유명한 명언, "너 자신을 알라"도 대부분 알고 있습니다. 이 말의 핵심은 '내가 아는 것과 모르는 것을 정확하게 구분하면서 말하고 있는가?'에 있다고 할 수 있습니다. 공자도 제자인 자루에게 비슷한 말을 했습니다. "아는 것을 안다고 하고, 모르는 것을 모른다고 하는 게 진짜 아는 것이다." 서양의 대표적인 지식인인 소크라테스와 동양의 대표적인 지식인인 공자의 이 말씀에 녹아들어 있는 뜻은 분명합니다. 지식의 탄생은 아는 게 많아지는 게 아니라 자신이 어디까지 아는지를 명확하게 아는 데 있다는 뜻입니다. 그런데 우리는 아는 것과 모르는 것을 뒤섞어 말하는 경우가 많습니다. 누구를 속이려는 게 아니라, 자신이 알고 있는지 모르고 있는지 자체를 모릅니다. 이런 사람들은 설령 지식이 많다 하더라도 제대로 아는 게 아닙니다. 그렇다면 '악법도 법이다'라고 말하는 사람은 법에 대해서 제대로 알고 말하는 것일까요?

'악법도 법이다' 또한 소크라테스가 했다고 알려진 유명한 말입니다. 하지만 소크라테스는 이런 말을 한 적이 없습니다. 그런 유사한 말조차도 하지 않았습니다. 그럼에도 이 말이 마치 소크라테스가 했던 말처럼 알려진 것은 제국주의 시절 일본의 법실증주의자들의 왜곡 때문입니다.

법실증주의란 법의 이론이나 적용에 있어 정치적·사회적 요소 등은 고려하지 않고 오직 법 그 자체의 논리로만 판단하려는 태도를 말합니다. 예를 들어 설명해보지요. 만약 어떤 법이 현실과 맞지 않거나 혹은 다른 법과 충돌하는 경우가 발생한다면 그 법을 없애거나 고쳐야 할 텐데요, 이때 무엇을 기준으로 바꿔야 할까요? 법 바깥으로 나가서 다양한 사회적인 지점들까지 고려해서 결정하는 게 맞을까요, 아니면 법 안에서 모든 것을 해결해야 할까요? 법실증주의에 포획된 법관들은 법조문 내부에서만 판단해야 한다고 말합니다. 하지만 사실 그들 대부분은 자신의 주관적 의지에 따라 임의로 법조문을 적용하는 경우가 태반입니다.

법률 내부에서 충돌이 일어나면 이것을 교정할 권한은 누구에게 있을까요? 민주주의적 관점에서 보면 주권자가 정하는 것이 맞습니다. 법의 주인이 주권자이니까요. 더구나 주권자는 법조인들처럼 법안에 파묻혀 있지 않습니다. 주권자는 법 안에 있으면서 동시에 법 바깥에 존재합니다. 그래서 법 내부의 문제를 제대로 볼 수 있는 것도 주권자입니다. 이와는 달리 무조건 법 안의 논리로만 문제를 해결해야 한다고 주장하는 법실증주의는 사실 일본 제국주의 시절의 가장 강력한 법학 이론이었습니다. 이런 법실증주의자들이 바로 악법도 법이라는 말을 만들어낸 것입니다.

소크라테스가 사형 판결을 받았을 때, 동료들이 탈출을 권유했지만 도망가지 않고 죽음을 받아들였던 것은 사실입니다. 다만 이 한 가지 사실을 두고 일본의 법실증주의자들은 소크라테스가 악법도 법이라고 생각했기 때문에 도망가지 않았던 것이라고 주장했고, 이후 제국주의 시절 일본에서 법을 공부한 한국의 법학자들이 남용하면서 정설처럼 굳어지게 되었습니다. 그래서 악법도 법이라는 말을 소크라테스가 했다고 알려진 나라는 우리나라와 일본밖에 없습니다. 2004년 우리나라 헌법재판소에서 '악법도 법'이라는 소크라테스의 일화를 준법정신 강조 사례로 사용하는 것은 바람직하지 않다며 교육인적자원부에 교과서를 고쳐달라고 요청하는 촌극이 벌어지기도 했습니다.

소크라테스는 왜 죽었나?

소크라테스는 왜 재판을 받았고, 어째서 사형에 처하게 되었을까요? 이에 관해서는 소크라테스의 대표적인 두 명의 제자가 남긴 기록이 있는데요, 하나는 플라톤이 당시 재판 과정을 기록한 《변명Apologia Sokratous》이라는 책이고, 또 하나는 크세노폰이 쓴 《회상Memorabilia》입니다. 소크라테스가 왜 죽었는지를 제대로 파악하려면 이두 책을 함께 보아야 합니다.

당시 소크라테스가 재판에 회부된 죄목은 크게 네 가지였습니다. 첫째는 아테네가 믿는 종교를 믿지 않았다는 것입니다. 사실 이말은 종교적 권위를 무시했다는 뜻에 더 가깝기도 하거니와 죄목으로 내걸긴 했지만 크게 중요한 문제는 아니었습니다. 실제 수많은 반론이 오가기도 했고요. 더 중요한 죄목은 두 번째인 아테네의 청년들을 타락시켰다는 데 있습니다.

사실 소크라테스의 강의는 매우 유명했는데요, 여기서 나온 그의 유명한 별명이 바로 아토포스atopos입니다. 우리가 흔히 이야기하는 아토피 피부염과 그 어원이 같습니다. 토포스는 땅을 말하고 아는 부정문, 없다는 뜻입니다. 아토피 피부염이란 어디서 원인이 되어 생긴 피부염인지 모른다는 의미입니다. 당시 젊은이들 사이에서 소크라테스의 강의는 위험하다는 소문이 많았습니다. 그동안의 가치 체계를 뒤흔들었기 때문입니다. 하지만 바로 그 때문에 젊은이들은 그의 강의에 가지 않을 수 없었습니다. 그리고 그 강의를 한번 들으면 자꾸만 생각이 나곤 했습니다. 위험하지만 계속 생각나게 하는 사람, 다시 말해 사랑할 수밖에 없는 사람이라는 뜻에서 생긴 별명이 '아토포스' 입니다. 이렇게 청년들 사이에서 그는 큰 사랑을 받았습니다. "아버지 말을 듣지 말아야 한다. 그래야 제대로 자기 생각을 할 수 있다. 집에 가서 아버지에게 과감하게 대들어라." 이런 말을 했으니 젊은이들이 열광할 수밖에 없었습니다. 당시 시대 상황을 생각해보면 이 말은 엄청난 사건이었습니다. 그때는 완전한 가부장제였고, 그래서 아버지는 자식의 생사여탈권까지 가지고 있을 정도였습니다. 여기에 저항하라고 했습니다. 한마디로 체제 전복을 꿈꾸는 문화 혁명을 부추긴 것이었습니다.

알베르 카뮈Albert Camus의 《이방인L'Étranger》을 보면 주인공이 아랍인에게 총을 쐈다는 이유로 재판에 회부되어 사형을 받습니다. 사실 이건 그냥 일종의 핑곗거리였을 뿐이고, 그가 사형당한 진짜 이유는 어머니가 돌아가셨는데 슬퍼하지 않고 여성과 성관계를 맺었기 때문입니다. 동서고금을 막론하고 사람들은 자신과 이 사회가 공유하는 문화와 도덕에 도전하는 것을 증오했습니다. 여기에 옳고 그름은 부차적인 문제일 뿐입니다. 자신이 옳다고 믿었고 그렇게 행해왔던 가치에 반한다는 것이 핵심입니다. 소크라테스의 강연이 바로 그러했습니다.

여기까지가 플라톤이 전달하는 이야기입니다. 크세노폰은 다른 이야기를 합니다. 크세노폰의 기록을 이해하기 위해선 소크라테스가 살았던 때가 전쟁의 시대라는 걸 알아야 합니다. 당시 페르시아 전쟁이 한창이었는데요, 초반에는 페르시아가 유리했지만 나중에 아테네를 중심으로 그리스 전역이 델로스 동맹으로 합치면서 결국 그리스가 승리를 거둡니다. 전쟁의 승리를 통해 아테네가 모든 성과를 가졌고 또 그 힘을 발판으로 페르시아 중간 지역을 점령해가던 시절, 아테네가 가장 융성했던 바로 그때 소크라테스가 태어납니다.

아테네가 전쟁 승리 후에 그리스의 다른 폴리스들에 비해 너무 많은 권력을 행사하면서 문제가 발생합니다. 그중 경쟁 관계에 있던 스파르타가 자기들만의 동맹을 만들면서, 아테네를 중심으로 한 델로스 동맹과 스파르타를 중심으로 한 동맹이 싸움을 벌이게 되었고 모두가 알다시피 스파르타가 승리합니다. 이렇게 아테네를 중심으로 한 세력과 스파르타를 중심으로 한 세력이 대결을 벌일 당시 소크라테스는 군인으로 참전하기도 했습니다. 정확하진 않지만 세 차례 이상 참전했다고 알려져 있습니다. 이때만 해도 전쟁에 참여한 군인들의 처우라는 게 좀 재미있었습니다. 돈이 많으면 자신의 사비로 중무장을 하고, 중무장을 한 부대에 속하게 됩니다. 그리고 경제적 능력과 사회적 신분에 따라 군대에서의 계급도 정해지는 식이었습니다. 소크라테스도 중무장을 한 상태로 전쟁에 임했습니다.

잠깐 다른 이야기인데, 고대 그리스 시절의 가족은 곧 경제 공동체였습니다. 생산과 소비가 가문, 가정 안에서 완결되는 식이었습니다. 그러면 가정 안에서의 경제를 책임지는 사람이 필요하겠죠. 보통은 아내가 그 역할을 맡았습니다. 소크라테스의 아내도 마찬가지였습니다. 소크라테스의 아내가 악처로 알려져 있지만 별로 부잣집도 아니었던 소크라테스가 중무장을 한 채 전쟁에 참여했다는 기록을 통해 소크라테스의 아내가 경영을 꽤 잘했다는 사실을 추론할 수 있습니다.

어쨌든 스파르타가 전쟁에서 승리하고 난 이후 패전국인 아테네에 관한 처우가 매우 중요한 문제로 대두되었는데요, 아테네의 성인 남성을 다 죽여서 아테네란 나라를 완전히 없애버리거나 체제만 바꾸는 크게 두 가지 방법이 있었습니다. 스파르타는 결국 후자의 방법을 선택했고, 민주정인 아테네를 스파르타의 과두정, 오늘날로 치면 독재정치로 바꾸게 되었습니다. 총 30인의 과두를 두고 이들이 아테네의 정치와 경제를 결정하는 방식인데, 여기엔 스파르타 출신의 귀족도 있었지만, 아테네 출신임에도 아테네를 배신한 사람들도 포함되었습니다.

30인의 과두 중 가장 우두머리 격은 크리티아스였는데, 공교롭게도 그는 소크라테스의 제자 중 한 사람이었습니다. 그렇게 1년간 과두정 체제로 운영하다가 아테네 사람들이 힘을 모아 과두정을 몰아냈고, 사람들은 소크라테스를 재판정에 세웁니다. 죄목은 이거였죠. "너 나라를 팔아먹은 크리티아스의 스승 아니야?"

이 과정이 플라톤의 기록에선 빠져 있습니다. 크리티아스가 플라톤의 5촌 당숙이었는데 그 이유 때문이 아닐까 추정합니다. 사실 소크라테스 입장에서 보면 크리티아스의 스승이라는 이유로 재판에 넘겨지기에는 좀 억울한 측면이 있습니다. 소크라테스는 이미 자신의 제자인 크리티아스에게 처벌을 받은 바 있었거든요. 크리티아스가 소크라테스에게 내린 처벌이란 청년들에게 연설하지 못하게 한 것이었습니다. 소위 '입틀막'을 시킨 것입니다.

그러자 소크라테스가 판결문에 관해 이해하지 못한 부분이 있다며 두 가지 질문을 합니다. "30세 이하의 장사를 하는 분에게 가서 가격이 얼마인지 물어보는 건 됩니까? 이렇게 물어보는 것도 강의입니까?" 크리티아스가 보기에 물어보는 건 강의가 아니라고 생각했겠죠. 이것이 그 유명한 소크라테스의 문답법이 탄생하게 된 배경입니다.

이런 전사에도 불구하고 결국 소크라테스는 사형 판결을 받고 죽임을 당하게 되었습니다. 당시 아테네의 재판은 일종의 배심원제로, 우선 유무죄를 정하고 유죄가 되면 다시 형량을 정하는 2단계 방식이었습니다. 소크라테스는 처음 이 재판에서 비록 자신은 죄가 없고 억울하지만 유죄를 받을 수도 있다고 생각했습니다. 지금 대한민국에서 벌어지는 수많은 정치 재판을 생각해보면 이해가 될 겁니다.

그런데 놀랍게도 배심원 투표에서 표 차이가 별로 나지 않았습니다. 유죄가 281표, 무죄가 220표로 61표 차, 31명만 더 설득하면 무죄가 될 수도 있는 상황에서 소크라테스는 배심원들을 향해 "내가 유죄라고 생각하는 자들이야말로 죄인이다. 내가 진짜다"라는 식으로 강하게 발언한 나머지 결국 죽음을 불러오고 말았습니다. 만약 이때 소크라테스가 조금 더 겸손하고 낮은 자세로 임했다면 어땠을까요?

다시 오늘을 생각하다

소크라테스를 가리켜 파르헤지아스트라고 합니다. 미셸 푸코에 의해 중요한 개념으로 등장하게 되는 파르헤지아Parrhesia는 고대 그리스어로, '진실을 말하는 용기'라는 뜻입니다. 고대에서 중세까지만 해도 서양에서는 통치권자에게 가장 중요한 것이 수사학, 레토릭rhetoric이라고 생각했습니다. 수사학은 기본적으로 설득의 기술입니다. 아마 나이가 좀 있는 분들은 어렸을 때 웅변 학원에 다녔던 기억이 있을 텐데요, 웅변 또한 수사학의 한 분야입니다. 수사학에서 중요한 것은 진실을 말하는 게 아니라, 내가 말하는 것을 진실이라고 믿게 하는 데 있습니다. 그래서 수사학은 진실과 관계가 없지요. 또 내가 하고 싶은 말, 해야 할 말을 하는 게 아니라 상대방이 듣고 싶은 말을 하는 것이 수사학입니다. 하지만 소크라테스는 그렇게 하지 않았죠. 배심원들이 듣고 싶어했던 말을 한 것이 아니라 진실을 말했습니다.

시계를 오늘날로 돌려보면 어떨까요? 오늘날도 우리는 겉으로는 진실을 말하라고 하지만 정작 진실보다는 내가 듣고 싶어하는 말을 해주는 사람을 좋아하는 것 같습니다. 정치인은 이런 함정에 빠지기 쉽습니다. 정치를 제대로 하려면 파르헤지아스트가 되어야 하지만 쉽지 않습니다. 헬레니즘 시대에 왕이 제대로 정치를 하게 만드는 파르헤지아라는 게임이 있었습니다. 왕이 말을 하지 못하게 하고 신하는 무조건 왕에게 진실만을 말할 수 있습니다. 그럴 때 왕이 이 사람의 말을 듣느냐 듣지 않느냐에 따라 왕을 평가하는 게임입니다. 이때 신하가 왕에게 다수의 침묵하는 군중의 생각을 전달했음에도 왕이 받아들이지 않으면 독재자로 판정받기도 했습니다. 다시 말해 독재란 결국 진실을 말할 때 입을 막는 것에 다름 아닙니다.

쇼펜하우어Arthur Schopenhauer가 쓴 《토론의 기술Die Kunst, Recht zu behalten》이라는 책이 있습니다. 조금은 극단적인 설득의 기술을 가르치는 책입니다. 이 책에는 '무조건 강하게 공격하라', '양자택일하게 하라'는 등의 내용이 나오는데요, 사실 이런 어법을 쓰는 사람이야말로 나쁜 정치인의 표상입니다. 이를테면 "현 정부가 싫어? 그럼 북한으로 가!", "현 정부의 외교 정책을 비판한다고? 그럼 미국이 좋아, 중국이 좋아?" 이런 식으로 몰아갑니다. 윤석열 정부는 이런 수사학에 기반해서 정치를 해왔습니다. 그러니 윤석열 정부는 이미 설득된 사람만 설득할 수 있는 정치를 한 것입니다. 이들에게 설득되지 않은 사람은 반국가 세력일 뿐입니다.

《토론의 기술》을 보면 통치자들에게 검증할 수 없는 사안을 대전제로 삼으라는 내용도 있습니다. "나는 항상 국민만을 위한다." 검증할 수 없고 의심할 수 없는 이 대전제를 절대 진리로 삼으면 이제부터 하는 모든 행위는 국민을 위한 것이 됩니다. 계엄을 빙자한 내란도 정당성을 갖습니다. 그러고는 여기에 반발하는 국민을 향해 말합니다. "내가 하려는 개혁은 당장은 쓰다고 느껴질 수 있다. 그렇기에 더 중요하고 국민에게 도움이 된다. 왜? 내가 하는 모든 행위는 국민을 위한 것이므로." 이 방법이 통하지 않으면 이분법을 통해 선택하게 만들면 됩니다. "의료 개혁이냐, 불법 파업이냐?" "나라를 망하게 둘 것인가, 계엄으로 경고해서 나라를 구할 것인가?" 그런데 이런 토론의 기술은 예전의 선민 통치자들에게나 맞는 기술입니다. 이 기술은 민주주의를 파괴합니다. 수사학은 아무리 포장해도 결국 지배의 기술일 뿐입니다. 민주적인 방식으로 공론장을 활성화하는 것이 민주주의입니다. 수사학은 지배자의 위치에 서서 국민을 기술적으로 다루는 방법에 불과합니다. 윤석열은 이 기술을 쓰다가 결국 극단적인 기술, 곧 계엄 선포를 선택합니다.

억울하고 불리하지만 진실을 말했던 소크라테스는 한 개체로서는 죽었지만 2,500년 철학사에 영원히 살아남았습니다. 소크라테스를 불멸로 만든 것은 진실이라고 믿게 만드는 토론의 기술이 아니라 바로 진실을 말하는 용기였습니다. 윤석열의 나쁜 수사학을 이겨낸 것도 진실을 말하는 용기일 것입니다.

6

기본사회를 위한 상상과 최소 합의

더불어민주당의 오른쪽 날개

민주 정치는 사회의 불일치를 적극적으로 드러내는 것에서 시작합니다. 정당이 그 통로입니다. 정당들은 같은 사건에서 다른 의미를 찾습니다. 서로 다른 가치 체계를 가진 정당이 많으면 많을수록 사회의 불일치가 더 잘 드러납니다. 따라서 다당제가 더 나은 민주 정치로 가는 길임은 명백합니다. 그렇다면 하나의 정당 내부는 어떨까요?

하나의 이념, 하나의 색깔로 무장한 정당정치는 언제든 한 사람의 독재정치로 둔갑할 수 있습니다. 민주적 정당정치는 각 정당이 서로 다른 날개를 가지고 있을 때부터 시작됩니다. 보수 정당도, 진보 정당도 마찬가지입니다. 민주적 대중 정당이라면 서로 다른 성장 배경과 노선을 가진 날개들 사이의 지속적 경쟁 구조를 가져야 합니다.

우호적 갈등 구조 없이 한 몸처럼 움직이는 정당은 전제정치를 재현할 가능성이 큽니다.

유럽의 대표적 정당들은 정당 내부에 하나같이 좌·중·우의 스펙트럼을 동시에 가지고 있습니다. 그렇다보니 진보정당의 우파 날개와 보수정당의 좌파 날개 간의 정책적 차이는 크지 않습니다. 이렇다고 이들이 당을 깨고 선거 때마다 이합집산하는 일은 매우 드물었습니다. 정당 내부의 이런저런 선거에서 승자가 당권을 독식하는 구조가 아니기 때문입니다. 최근 프랑스에서는 이런 규범이 깨지고 말았습니다. 정치 불안이 자주 일어나는 까닭입니다. 지속 가능한 정당이 되려면 패자라도 당에 남아 미래를 설계할 수 있는 구조를 갖추어야 합니다. 당내의 권력투쟁이 정당을 깨는 것이 아니라 더 튼튼하게 만드는 과정이어야만 합니다. 더 중요한 것은 권력투쟁이 직업 정치인 사이의 대결이 아니라 당원을 중심으로 한 이념과 정책을 통해서 이루어져야 합니다.

더불어민주당은 최근 제대로 된 대중정당의 구조를 갖추게 되었습니다. 무엇보다 당원 중심의 의견 형성이 가능해졌기 때문입니다. 하지만 의견 조율을 잘할 수 있는 구조는 아직 아닙니다. 이를 위해서는 당대표가 중심에 서고, 그의 왼쪽과 오른쪽에 날개를 형성할 수 있는 정치인 혹은 정치 세력이 있어야 합니다. 그런데 윤석열의 혐오 정치, 사법 정치 때문에 민주당의 날개가 자라지 못했습니다. 민주당이 하루빨리 건강한 날개를 가진 균형 잡힌 민주정당으로 성장할 수 있어야 합니다. 만약 정당 내부에서 좌와 우의 날개가 자라지 못한다면 최소한 진보 진영의 다른 소수 정당이 좌우 날개를 형성하는 것이 하나의 대안이 될 수 있습니다. 민주당 혹은 민주 진영은 뿌리는 같지만 줄기와 잎은 완전히 다른 세력들이 하나의 의견을 형성하고 조율할 수 있어야 건강하게 승리하고, 오래갈 수 있습니다. 유력 정치인이 정책이 아니라 사적 인간관계로 파벌을 형성하는 것은 바람직하지 않습니다. 파벌이 아니라 날개가 되어야 합니다. 파벌은 이해관계가 안 맞으면 딴살림을 차리지만, 날개는 죽는 날까지 함께 날갯짓하며 공생하는 정당 내부의 유기체입니다.

민주당의 오른쪽에 있는 세력들은 날개가 되지 못하고 파벌을 형성하다가 다른 정당을 형성해서 나갔습니다. 민주당의 우측 날개가 부러졌습니다. 민주 진영의 정권 창출과 더 나은 정치를 위해서는 빠르게 우측 날개가 복원되어야 합니다. 나는 민주당의 우측 날개에 자유주의 혹은 자유지상주의가 자라나길 바랍니다.

'지금, 여기' 정치적 자유주의

나는 기회가 있을 때마다 신자유주의, 자유지상주의, 그리고 이들의 새로운 변종인 메리토크라시(능력주의 혹은 배금주의)에 대해서 비판해왔습니다. 나는 앞으로도 변종 자유주의에 대해 비판을 계속할 것입니다. 하지만 나는 이들이 민주당 내부에 들어와 하나의 날개를 형성하길 바랍니다. 역사적 경험에 비추어 볼 때 좌파가 자유주의 세력을 내부에 끌어들일 때 항상 건강했으며, 큰 힘을 가지고 시대를 이끌어갔습니다.

　　메리토크라시에서 merito는 능력자를 가리킵니다. 메리토크라시는 능력주의가 아니라 능력자의 지배 체계를 가리킵니다. 그러므로 메리토크라시는 고전적인 의미에서 보면 귀족정에 가깝습니다. 아리스토크라시aristocracy(귀족정)는 귀족의 지배 체계입니다. 아리스토크라시에서 aristo는 고대 그리스어 ἄριστος에서 비롯되었으며, 기본적으로 '최고의', '가장 뛰어난', '최상의'라는 뜻을 가지고 있습니다. 이 단어는 우수성, 탁월함 또는 최고 상태를 나타낼 때 사용되었습니다. 철학에서는 대부분 '탁월성'으로 번역하는데요, 철학자 아리스토텔레스가 바로 탁월한 사람을 의미합니다. aristocracy(ἀριστοκρατία)는 ἄριστος(탁월한 사람)+κράτος(권력, 지배)를 의미합니다. 그러니 메리토크라시는 아리스토크라시의 현대적 변형입니다. 사실 메리토크라시의 merito는 라틴어 meritum에서 유래했으며, meritum을 그리스어로 옮기면 ἀρετή입니다. 다만 메리토크라시에는 자본주의와 자유주의가 함께 붙어 있습니다. 신분에서 탁월성을 인정받은 사람이 aristo라면 시장에서 탁월성을 인정받은 사람이 merito입니다.

　　나는 데모스 지배 체계, 곧 민주정치를 지향합니다. 하지만 역사적으로 보면 대부분의 정치체제가 혼합 정치체제임을 알 수 있습니다. 민주정을 실현한 고대 그리스도, 공화국을 실현한 로마도 모두 혼합 정치체제였습니다. 군주정, 귀족정, 민주정이 함께했습니다. 다만 군주, 귀족, 시민을 구성하는 방식이 달랐을 뿐입니다. 나는 조선시대도 혼합 정치체제였다고 생각합니다. 왕이 군주라면, 일부 문벌이 귀족이었고, 대부분의 양반은 시민이었습니다. 오늘날의 체계에서 보면 군주가 대통령으로 바뀌었고, 입법, 사법, 행정의 핵심 관료와 기업가가 귀족 행세를 합니다. 가장 큰 변화는 일부 양반이 아니라 모든 국민이 자율적 의사 형성의 주체, 곧 주권자로서 시민이 되었다는 것입니다.

메리토크라시는 그 자체로 나쁜 것이 아닙니다. 메리토크라시가 데모크라시를 압도할 때가 문제입니다. 1929년부터 1970년까지 유럽에서는 사회복지 국가 이념이 시대를 이끌어갔습니다. 케인스의 경제 프레임이 어떻게 유럽만이 아니라 전 세계의 이념이 되었을까요? 이것이 가능했던 가장 큰 정치적 요인은 바로 자유주의 세력이 사민주의 세력 밑으로 포섭되었기 때문입니다. 사민주의에 포섭된 자유주의 혹은 자유지상주의는 시장에서는 큰 힘을 가졌지만, 정치에서는 보충적인 역할을 했습니다. 이런 결합이 인간을 가장 인간답게 살 수 있도록 만든 복지 체계를 가능케 한 정치적 에너지를 만들었습니다. 1970년 이후 자유주의와 자유지상주의 세력은 우파와 손을 잡습니다. 그리고 그들은 좌파의 보충 세력에서 우파의 지도 세력이 됩니다. 신자유주의 세상이 열린 것입니다.

자유주의는 그 특성으로 보면 크게 경제적 자유주의, 문화적 자유주의로 나누어집니다. 시장의 자유를 최대화하기 위해 국가의 간섭을 최소화하자고 주장하는 것이 경제적 자유주의입니다. 최대 시장, 최소 국가를 지향하는 것이 경제적 자유주의입니다. 반면 문화적 자유주의는 개인의 창의성을 최대화하기 위해 집단의 간섭을 최소화할 것을 주장합니다. 최대 개인, 최소 집단을 지향하는 것이 문화적 자유주의입니다. 경제적 자유주의는 우파에 가깝지만 문화적 자유주의는 좌파에 가깝습니다. 민주적 통제하에서 두 가지 자유주의를 동시에 인정하고 존중하는 것이 정치적 자유주의입니다. 이 정치적 자유주의가 북미·유럽 좌파가 사회복지 패러다임을 세계적으로 확산하는 힘이 되었습니다. 나는 민주당이 이 길을 '지금, 여기'에 맞게 재구성할 수 있기를 바라며, 그 첫 제안이 '기본사회'라고 생각합니다.

사회복지에 관한 오해와 진실

김대중, 노무현, 문재인은 뛰어난 학습 능력을 가진 정치인이었습니다. 그 능력으로 다른 이념을 가진 세력까지 끌어안고 정권을 잡았습니다. 하지만 세 대통령은 집권당에서 좌우 날개가 자라는 것을 바라지 않았습니다. 정파와 정당에서 자유로운 대통령, 국민의 대통령이 되고 싶은 환상이 정당정치의 줄기가 건강하게 자라는 것을 방해했습니다. 이제는 달라져야 합니다. 건강한 정당정치를 위하여 이제 새로운 리더십이 필요합니다. 다른 세력을 학습하고 설득하며 포용하는 지도 능력보다, 서로 소통하며 차이를 존중하고 존재 가치를 인정하는 공존 능력이 필요합니다. 이재명은 더 이상 왼쪽 날개가 아닙니다. 그는 이제 민주당이라는 유기체의 몸통입니다. 그와 그의 정책을 지지하는 사람들은 이제 민주당 안팎에서 좌우 날개가 자라는 것을 환영해야 합니다. 사회의 불일치를 적극적으로 수용하는 정당만이 건강하게 집권할 수 있습니다. 이를 위해서는 안팎에서 나타나는 다른 정치 세력을 환대할 능력이 필요합니다.

기본사회를 위한 민주당의 상상은 2000년 민주노동당이 창당된 이후 사회정의와 복지, 환경에서 전위적 의제를 빼앗겼던 민주당이 이재명을 통해 진보의 색깔을 되찾는 계기를 마련했습니다. 기본소득과 기본서비스 제도 도입은 이재명의 정치적 성공을 넘어 민주당의 승리, 사회적 약자의 승리를 가져올 것입니다.

더불어민주당으로 대표되는 진보 진영과 국민의힘으로 대표되는 보수 진영을 내밀하게 비교해보면 정책적으로 명확한 차이가 있습니다. 하지만 우리 언론은 이 차이에 관해서 정확히 진단하지 못합니다. 사회와 경제 정책에서 차이를 찾아내고 그 의미를 해석할 능력이 부족한 언론이 흥미를 유발할 수 있는 정치인 광고나 검찰 소식지 역할만 수행합니다.

언론이 외면하더라도 우리는 복지 정책과 관련한 진보와 보수의 차이에 주목할 필요가 있습니다. 기본적으로 보수는 힘 있는 아버지, 강력한 지도자, 국가를 위한 희생 같은 프레임을 주요하게 생각하기 때문에 개개인이 당하는 불행을 사소한 일로 취급하는 경향이 강합니다. 반면 진보는 기본적으로 함께 잘살자는 자상한 부모의 상을 추구하는 만큼 사회복지를 강화하려고 합니다. 진보 진영에서는 복지와 관련한 다양한 정책을 제시하는데요, 예를 들어 더불어민주당의 기본사회 5대 정책은 그 핵심이 사회복지에 있고, 조국혁신당의 제7공화국을 향한 사회권 강화도 따뜻한 민주주의 프레임, 곧 사회복지 프레임에 있습니다. 빛의 혁명은 이 프레임을 어떻게 실현하느냐에 따라 성공과 실패가 결정될 것입니다. 이 길을 가는 데에 가장 먼저 극복해야 할 편견이 있습니다. 사회복지가 가난한 사람을 구제하는 제도라는 편견입니다. 전혀 사실이 아닙니다. 사회복지는 크게 네 가지 영역으로 나눌 수 있습니다.

공적부조

따지고 보면 이것만 가난한 사람을 위한 제도라고 볼 수 있습니다. 국가의 도움이 없이는 사회적인 기초생활이 어려운 분들에게 공적 재화를 분배하는 것을 의미하는데요, OECD 국가들을 비롯해 우리나라도 사회복지 영역에서 이 공적부조 영역은 점점 줄어들고 있습니다. 공적부조는 사회복지라기보다 국가복지의 성격이 매우 강합니다.

사회보험

가장 중요한 사회복지의 제도이자 사회복지 제도의 출발점이라고 할 수 있는데요, 대표적으로 4대 보험(의료보험, 국민연금, 고용보험, 재해보험)이 있지요. 이게 갖춰진 나라를 사회복지 국가라고 합니다. 이런 사회보험 제도는 기본적으로 본인이 기여해야만 받는 것입니다. 그래서 보험이라고 칭합니다. 일례로 의료보험도 보험료를 내야 받을 수 있잖아요. 공공복지가 아니라 사회보험 제도의 일종인 이 영역은 점점 커지고 있습니다.

사회서비스 영역

직접 현금으로 지급하지 않고 사회복지센터를 통해 제공하는 복지서비스를 말합니다. 장애인 활동 보조, 어려운 처지에 있는 사람들에 대한 돌봄이나 바우처를 제공하는 방식이 여기에 속합니다.

사회수당

보편적 복지에 해당하는 것으로, 조건만 맞으면 모두에게 지급합니다. 아이가 태어난 가정에 지급하는 육아수당, 일정한 나이가 지나면 주는 노인수당 등이 여기에 속합니다.

OECD가 제공하는 사회적 통계를 살펴보면 소득에 따라 하위 30%, 중위 40%, 상위 30%로 계층을 나누는 것이 일반적입니다. 이 구분을 기초로 위에서 말한 네 가지 사회복지 혜택을 어느 계층이 어떻게 수령하는지에 대한 통계가 있습니다. 이 통계에 따르면 사회복지 혜택을 가장 많이 받는 계층은 하위 30%가 아닙니다. 대부분의 OECD 국가에서는 중위 40%가 압도적으로 많은 사회복지 혜택을 누립니다. 중위 40%는 57.3%, 하위 30%는 27.3%를 받습니다. 중위 40%에 속한 사람들이 하위 30%에 속한 사람들보다 두 배를 더 받는 셈입니다. 그런데 왜 사람들은 사회복지가 마치 가난한 사람을 위한 것이라고 생각할까요? 이는 우파 포퓰리즘 정치가 사회적 약자를 낙인찍으면서 좌파의 사회복지 정책을 공격해왔기 때문입니다. 미디어조차 "너 가난하니까 주는 거야"라는 식으로 사회복지에 대한 편견을 전파합니다. 능력도 없고 게으른 사람이 사회복지의 수혜자라는 이 편견을 극복해야만 더 나은 사회로 갈 수 있습니다.

실제로는 저 같은 중산층, 이를테면 대학교수들이 훨씬 더 많이 사회복지의 혜택을 누립니다. 보이지 않게 다양한 방식으로 혜택을 받는 것입니다. 특히 4대 보험의 경우 수혜자 개인이 혼자 보험금을 지불하는 것이 아닙니다. 국가도 일부 보전하고, 회사에서도 보전해줍니다. 사회수당은 모두가 똑같이 받지만, 더 많은 사회보험, 더 다양한 사회서비스를 중산층이 받는 것입니다. 이 맥락에서 보면 사회복지는 우선 중산층을 두껍게 하는 사회 안전망 체계입니다.

심지어 이탈리아나 포르투갈 같은 나라는 상위 30%가 가장 많은 사회복지 혜택을 받습니다. 서유럽이라고 무조건 더 좋은 사회 체계를 가지고 있지 않습니다. 유럽 내부에서도 많은 문제 제기가 있습니다. 특히 남미의 국가에서는 상위 30%에게 돌아가는 혜택이 훨씬 더 많은 편입니다. 사실 우리나라도 오래전에는 그랬습니다. 그때만 해도 일반인은 의료보험 혜택이 안됐고, 대기업 다니는 사람이나 공무원들만 보험에 가입할 수 있었습니다. 이 보험료는 어디서 나왔을까요? 언뜻 보면 개인에게서 나온 것처럼 보이지만 기업에서 나온 것이고, 더 깊이 들어가면 국가 공동체 전체가 지불하는 것입니다. 그러니 사회복지가 가난한 사람을 위한 제도라거나 퍼주기라는 건 사실이 아닌, 틀린 말입니다. 무지에 기초한 주장이거나, 진실을 은폐한 정치인들의 부도덕한 주장입니다.

사회복지는 근본적으로 중산층이 튼튼해지기 위한 제도이고, 그다음으로 기초생활이 어려운 시민에게 주권자로서 공적 자율성을 행사할 수 있는 최소한의 생활 조건을 갖추어주는 것입니다. 반면 기본소득과 기본서비스를 강화하려는 기본사회 기획은 우리나라 헌법이 지향하는 기회 균등과 생활 균등을 동시에 성취하기 위한 정책입니다.

기본사회의 철학

사회복지에 관한 세계적인 흐름은 어떨까요? 지금 세계 경제는 실리콘밸리의 빅테크Big Tech 기업이 이끌고 있습니다. 빅테크는 정보 기술(IT) 산업에서 전 세계적으로 강력한 영향력을 가진 대형 기술 기업들을 지칭합니다. 주로 디지털 플랫폼, 클라우드 컴퓨팅, 인공지능, 빅데이터, GPU 중심의 반도체 등 첨단 기술을 기반으로 한 제품과 서비스를 제공하며, 경제적·사회적·정치적 영향력이 매우 큰 기업들입니다. 빅테크를 비롯한 세계적인 기업을 이끌어가는 영향력 있는 기업인들은 오래전부터 기본소득을 주장해왔습니다. 이들은 생산과 소비가 더 원활한 경제 시스템을 위해서는 모든 사람이 소득에 관계없이 인간적인 삶이 가능해야 할 뿐만 아니라 조금 더 매력적인 삶을 살 수 있도록 복지 시스템이 갖춰져야 한다고 주장합니다. 다시 말해 사회복지가 잘 갖춰질수록 경제가 발전할 수 있다는 건데요, 이런 생각에서 제시된 게 바로 기본소득입니다. 아동수당, 청년수당 노인수당 등 일정한 조건에 부합하면 지급하는 사회수당을 모든 국민에게 지급하는 것이 기본소득입니다.

기본소득은 사회수당의 가장 강력한 형태입니다. 하지만 도덕적 해이를 유발한다는 비판도 있습니다. 사회수당은 본래 시민이 사적 자율성과 공적 자율성을 행사할 수 있는 최소 조건을 국가가 보장하는 제도입니다. 기본소득이 이 목적에 가장 부합하는 제도입니다. 그런데 수당은 본래의 목적에서 벗어나 시민들의 주권 의식을 허약하게 만든다는 비판이 나름 설득력을 가지고 있습니다. 이에 대응하기 위해서 최근 기본소득을 사회서비스와 결합하는 방식인 참여소득 또는 시민소득 제도가 새롭게 부각되고 있습니다. 민주당의 기본사회 기획은 참여소득, 시민소득의 한국적 모델입니다.

기본소득은 조건 없이unconditional 제공하는 소득입니다. 개인의 소득 과세에 따른 세금 기여와 관계없이 제공하는 것이 기본소득입니다. 반면 참여소득이나 시민소득은 비록 과세 대상인 경제활동을 하지 않더라도, 최소한 사회적으로 유의미한 활동을 해야만 받을 수 있습니다. 스스로 경제적 활동을 하거나 아니면 공동체나 다른 시민들에게 사회서비스나 기본서비스를 제공하는 사람에게는 누구나 기본소득을 제공하는 것입니다. 자원봉사 활동이나 돌봄 활동을 하는 것도 사회서비스에 해당합니다. 기본서비스가 사회적으로 규율되지 않지만 가장 기본이 되는 시민 활동을 하는 것도 포함합니다. 이런 방식으로 '사회서비스'+'기본서비스'+'참여소득(시민소득)'이 합쳐져 주권자 시민 모두가 사적 자율성만이 아니라 공적 자율성을 행사할 수 있는 사회가 기본사회입니다.

기본사회 정책에 대한 대표적인 비판은 두 가지입니다. ① 비현실성이 입증됐다고 생각하는 사람들은 "이재명은 왜 계속 고집부리지!"라고 말합니다. ② 이재명의 구체적 계획을 들고 나면, "그렇게 작게! 장난하냐!"라고 핀잔을 줍니다. 이런 비판에 대해 나는 ① 전 국민 대상은 미래로, 하지만 ② 전 국민에게 희망을 주도록, ③ 서구 유럽 지식인 사회에서 비롯된 기본소득 프레임에 갇히지 않고 지적 사대주의를 극복해, ④ 선진국이 따라올 수밖에 없는 혁신으로 기본사회 정책을 다듬어야 한다고 생각합니다. 이에 대한 상상을 공유합니다.

가장 먼저 직접적으로 청년(20~29세) 기본소득을 실행해야 합니다. 20대 청년 모두에게 월 100만 원을 지급하는 것입니다. 기본서비스의 관점에서 취업 준비를 하거나 혹은 마을 가꾸기에 참여하는 정도만으로 기본소득을 수령할 수 있어야 합니다. 소득이 100만 원을 넘는 청년의 경우 적립식 연금으로 국가가 운영하고, 소득이 없을 때 연금 형식으로 수급할 수 있습니다. 20대 청년을 대상으로 한 갖가지 사업을 청년 기본소득으로 통합하여 예산의 부담을 줄이면서 동시에 관련 행정 비용도 절감할 수 있습니다. 청년 기본소득 제도는 전 국민이 기본소득을 수급하는 것과 유사한 효과를 가져올 수 있습니다.

청년 기본소득과 무관하게 0세에서 10대까지는 가족과 국가가 함께 돌봄과 성장을 책임지고, 가족이 힘겨운 경우 국가가 돕는 체계가 가능해야 합니다. 20대는 온전히 국가가 책임지는 체계가 청년 기본소득 제도입니다. 20대는 독립 주체인 성인이지만 아직 사회적 독립이 어려운 상황입니다. 자유롭게 자신이 바라는 일을 하고, 능력을 키울 수 있도록 국가가 지원해야만 합니다. 이 경우 40~60대는 20대 자녀에 대한 지원 부담으로부터 자유롭게 됩니다. 이 때문에 청년 기본소득 제도는 전 국민에게 재정적 자유를 줄 수 있습니다. 먼저 20대는 교육과 구직에서 온전하게 자신의 노력과 힘으로 성장할 수 있는 자유를 누릴 수 있습니다. 40~60대는 자녀의 미래에 대한 책임으로부터 자유를 얻게 됩니다. 청년 기본소득과 함께 아동수당과 노인수당을 기본소득 체계로 전환시키는 장기 기획도 제시해야 합니다. 청년 기본소득에서 아동과 노인 기본소득으로 확장할 수 있는 기획도 필요하지만, 30대의 소외에 대한 보완책도 마련해야 합니다.

기본사회를 위한 다양한 상상이 필요합니다. 물론 상상을 현실화하려면 자본이 필요합니다. 기본사회도 자본을 요구합니다. 다시 말해 수혜자인 우리 자신이 세금을 더 많이 내야만 합니다. 우리 모두가 세금을 많이 낼 준비가 되어 있을까요? 아마 그렇지 않겠죠. 모든 사람은 적게 내고 많이 받고 싶어합니다. 인간의 자연스러운 욕망이죠. 그렇게 모두가 적게 내고 싶어하니 특히 복지후진국일수록 사회복지 기금을 기업을 통해 충당하거나, 부자들이 많이 내는 방식을 선택해왔습니다. 하지만 지금까지 이런 방식을 통해 복지 국가로 크게 성공한 나라가 없습니다.

OECD 국가 통계에서 복지 그래프와 가장 겹치는 상관지수, 즉 사회적 복지 체계와 가장 밀접하게 연관된 지표는 사회적 신뢰도 지표입니다. 불특정 타인에 대한 무조건적인 신뢰도가 얼마나 높은가 하는 문제인데요, 예컨대 여러분은 여러분이 곤란한 상황에 처했을 때 불특정 타인이 도와줄 거라고 믿고 있습니까? 혹은 곤란한 상황에 놓인 불특정 타인을 기꺼이 도울 준비가 되어 있습니까? 이것이 사회적 신뢰도입니다. 사회적 신뢰가 높으면 높을수록 사회복지가 잘되어 있습니다. 물론 반대로 생각할 수도 있습니다. 사회복지가 사회적 신뢰도를 높인다고 볼 수도 있는 것입니다. 무엇이 우선인지는 중요하지 않습니다. 두 가지가 서로 연결되어 있다는 것이 중요합니다. 사회적 신뢰도는 앞에서 말했던 도덕감각의 발달과 연관되어 있습니다. 타인의 고통에 반응하는 도덕감각이 사회적 신뢰를 높입니다. 우리나라의 사회적 신뢰도는 약 45% 정도로 OECD 국가 중에서 매우 낮은 편에 속합니다. 북유럽 국가는 대부분 80~85% 정도입니다. 미국은 어떨까요? 미국은 이상한 범죄 행위도 많이 일어나지만 그래도 우리나라보다는 조금 더 높은 편입니다. 실제 국민 소득 대비 복지 기금도 우리보다 미국이 조금 높습니다. 미국이 세계 최강대국임에도 복지 국가가 못 되는 이유가 결국 사회적 신뢰도가 높지 않기 때문이라고 해도 무방합니다.

　사회적 신뢰도가 낮은 나라는 사회복지 기금을 마련하기 위한 논의에서 좌우 정치 세력 사이에 합의가 잘 이루어지지 않습니다. 미국이 대표적인 경우죠. 우리나라도 사정은 크게 다르지 않습니다. 윤석열 정부 들어서 복지 기금에 들어갈 많은 재원을 마련하지 못하고 있는 와중에도 기업과 부자들의 세금을 낮췄고, 51조 원가량의 세수 부족을 맞았습니다. 이렇게 되면 복지 기금 마련이 점점 어려워집니다. 이걸 복원시켜야 합니다. 하지만 동시에 복지와 세금 문제를 가지고 좌우 정치 진영을 가르는 상징 투쟁을 벌이면 안 됩니다. 상징 투쟁은 합의를 불가능하게 만들어버립니다. 민주 진영이 법인세와 부자 감세를 예전으로 환원하는 데만 매몰되면 마치 '보수는 감세 정당', '진보는 증세 정당'이라는 인식을 확장시킬 위험이 있습니다. 상징 투쟁이 아니라 문화적 합의를 이끌어야 합니다. 이를 위해서는 앞에서 말한 것처럼 자유주의 진영, 특히 문화적 자유주의와 경제적 자유주의를 결합한 정치적 자유주의를 민주 진영으로 끌어들여야 합니다. 지금 빛의 혁명을 이끌어가는 2030 세대는 문화적 자유주의 성향이 매우 강하다는 것을 기억해야 합니다.

북유럽은 어떻게 사회복지 국가를 만들 수 있었을까?

북유럽 국가들 대부분이 오늘날 어떻게 세계 최고 수준의 사회복지 국가를 이루었는지를 알아야 합니다. 그들은 어떻게 사회적 신뢰도를 높였는지도 알아야 합니다. 이들 국가는 사회복지 혜택을 받는 사람의 수를 늘리되, 사회복지를 위한 세금을 내는 사람의 수도 늘리는 방식을 선택했습니다. 사회복지 기금 마련을 위한 사회적 대타협을 이루어냈습니다. 먼저 보수들이 싫어하는 부자 증세는 하지 않았습니다. 법인세도 거의 없습니다. 있다고 하더라도 사회복지와 무관합니다. 북유럽 국가들은 놀랍게도 조세 불평등의 상징인 간접세를 통해 사회복지 예산을 확보했습니다. 이 과정에서 소득에 대한 누진세도 더 강화할 수 있었습니다. 이것이 대타협입니다.

우리도 비슷한 전략을 취해야 합니다. 다만 대타협을 이끌어내려면 프레임 전쟁에서 이길 수 있어야만 합니다. 프레임 전쟁은 매력 경쟁이고 멋짐 경쟁입니다. 복지 담론이 '증세냐 감세냐'로 환원되는 것을 차단할 매력적인 프레임이 필요합니다. 그렇지 못하면 국민의 사회적 신뢰도를 높이기도 어렵고, 재원을 마련할 수 있는 타협점을 찾기도 힘듭니다. 법인세를 복원하되, 우리가 내는 간접세금도 높이는 방식으로 가면 사회복지 체계는 물론 기본소득, 참여소득(시민소득), 기본서비스를 결합한 기본사회를 추진할 수 있습니다.

큰 정부 시대가 열렸습니다. 세계사적 큰 흐름이고, 세계시민의 큰 바람입니다. 1970년대 시작된 작은 정부의 흐름은 완전히 꺾였습니다. 언제, 누가 꺾었을까요? 코로나19 팬데믹? 아닙니다. 팬데믹은 작은 정부론의 실패를 확인시켜주었을 뿐입니다. 작은 정부, 최소 정부는 초기 자본주의 시대의 고전적 자유주의 혹은 경제적 자유주의 프레임이었습니다. '자유는 불간섭이다'라는 옛 프레임은 공산주의와의 경쟁에서 무기력했고 그 때문에 대공황 이후 폐기되었습니다. 이때부터 자유주의는 사민주의 패러다임의 한 구성 요소로 축소됩니다. 그런데 정작 공산주의 체계가 실패하면서 자유주의는 자유를 시장 불간섭으로 축소시킨 신자유주의로 부활합니다.

1970년부터 40년 동안 유행한 작은 정부, 최소 정부는 시장 권력, 자본 권력에 정치를 아웃소싱합니다. 위르겐 하버마스의 진단처럼 이 시기 자본과 시장 권력은 정치만이 아니라 국민의 생활세계조차 내적으로 식민화시킵니다. 그런데 국민이 정치와 법을 통해 규제하고 간섭하는 것을 근본악으로 몰아가며 승리를 구가하던 자본과 시장이 2008년 갑자기 스스로를 파괴하고 괴멸할 위기에 처합니다. 자본시장이 파괴한 자본주의를 구제한 것은 국가입니다. 정치 부재의 결과인 금융위기의 고통을 껴안은 시민들을 설득하며 정부가 거대한 공적 자금을 투여합니다. 이 과정을 통해 작은 정부에서 큰 정부로의 전환이 이루어지고 위기에 몰렸던 미국 중심의 자본주의 체계가 되

살아났습니다. 대전환이 이루어진 것입니다.

정치만이 아니라 일부 시민들도 대전환 이후를 준비하지 못했습니다. 더구나 자본시장의 논리에 완전히 식민화된 일부 정치 세력은 지금도 대전환을 부정합니다. 해방 이후에도 의식은 여전히 식민지 상황에 멈춘 사람들입니다. 이들은 팬데믹 때문에 큰 정부가 판친다고 고함을 질렀습니다. 반면 생활세계에서 건강하게 살아가는 사람들은 대부분 이 전환을 감지하고 그에 따라 의식도 바꾸었습니다. OECD의 수많은 통계 중에서 매년 나오는 〈한눈에 보는 사회〉를 계속 추적하는 학자라면 쉽게 확인할 수 있습니다. 먼저 2018년 시행된 설문지에 다음과 같이 직접적 물음이 던져집니다. "당신은 정부가 경제 및 사회 보장을 위해 더 적게, 더 많이, 아니면 지금과 같이 일해야 한다고 생각하십니까?" 결과는 놀랍습니다. OECD 평균에 따르면 정부가 지금보다 역할을 줄여야 한다는 의견은 겨우 6.8%에 불과했습니다. 71.4%는 더 많이, 16.8%는 지금처럼, 그리고 7.8%는 잘 모르겠다고 대답했습니다. 또 다른 통계에 따르면 OECD 소속 국가의 시민들 다수는 세금에 비추어 혜택이 부족하다고 생각합니다. 그러면서도 여전히 40%의 시민들은 더 나은 연금과 의료 서비스를 위해 세금을 더 낼 의향이 있다고 말합니다. 이들 통계에서 우리는 작은 정부에서 큰 정부로의 전환의 정당성만이 아니라 그 방향도 명확하게 확인할 수 있습니다.

큰 정부는 성장과 복지의 선순환 구조를 만들어내야 합니다. 지난 40년의 OECD 자료에는 복지가 성장을 방해한다는 증거도 없지만, 역으로 성장이 복지를 보장한다는 통계적 수치도 없습니다. 반면 복지와 성장의 선순환만이 지속 가능한 국가 체계를 만든다는 통계는 차고 넘칩니다. 복지와 성장의 선순환 구조를 만드는 일은 비교적 단순합니다. 앞에서 말한 것처럼 세금을 내는 사람과 복지서비스를 받는 사람의 수를 동시에 늘려야 합니다. 가능한 한 최대 다수가 내고 동시에 가능한 한 최대 다수가 받는 기본복지-기본조세 패러다임을 만들어야 합니다. 거꾸로 최소의 부자들에게 걷어서 최소의 가난한 사람에게 나누어주는 작은 정부 체계는 대전환에 역행하는 정치 지체를 부추길 뿐임을 알아야 합니다. 문제는 사회적 합의입니다. 사회적 합의는 사회적 신뢰가 있어야 가능합니다. 불특정 타인을 믿고 연대할 수 있는 사회적 신뢰가 커져야 합니다. 그런데 지금 우리나라의 사회적 신뢰도는 OECD 최하위입니다. 증오의 정치, 혐오의 정치가 사회적 신뢰와 연대를 극적으로 파괴했습니다.

　　프랑스의 정치철학자이자 역사학자, 사회학자로, 근대 민주주의와 정치 제도를 분석한 선구적인 사상가인 알렉시 드 토크빌Alexis de Tocqueville에 따르면 민주정의 최대의 약점은 다수가 소수를 억압하는 것입니다. 존 스튜어트 밀이나 존 듀이John Dewey도 토크빌과 유사한 주장을 했습니다. 이들은 사실 단순한 경제적 자유주의가 아니라 문화적 자유주의를 결합한 정치적 자유주의를 지향합니다. 그런데 이들의 주장을 경제적 자유주의에 함몰된 사람들이 악용하는 사례가 많습니다. 지금 대한민국 의회의 정치 지형, 곧 여소야대가 다수에 의한 소수의 억압과 협박이라고 주장하는 사람들이 여기에 해당합니다. 그리고 윤석열은 이들의 대장입니다. 이들은 민주정이 다수에 의한 소수의 억압 체제라는 신념을 공유합니다. 특히 지금 민주 진영의 다수가 소수의 여당과 기업, 그리고 능력자를 겁박, 탄압, 약탈하고 있다고 주장합니다. 그들은 사회복지를 강화하는 큰 정부가 바로 다수에 의해 소수를 약탈하는 제도라고 비판합니다. 이들에 따르면 민주정은 그곳이 어디든 결국 파산할 수밖에 없습니다.

이들은 또한 미국과 일본처럼 재정적자가 국내총생산GDP의 100~200%를 넘어서는 나라들이 수두룩하다고 말합니다. 이들은 민주정 안에서 민주정을 반대하는 대표적인 사람들입니다. 이들은 최소 국가를 원합니다. 이들은 복지의 축소만을 주장하는 것이 아닙니다. 이들은 정부의 대표적인 기능인 국방 치안도 민간 기업에 이관할 것을 주장합니다. 이들과 이들의 논리에 자양분을 제공하는 것이 바로 증오의 정치, 혐오의 정치입니다.

윤석열 정부는 비정치적 정치에 대한 기대 지평, 곧 탈정치로 규합된 정치 혐오의 지평이 융합하며 탄생했습니다. 윤석열은 나라다운 나라를 위한 적폐 청산의 정치를 사법적으로 재현하려는 욕망의 화신이었습니다. 윤석열은 정치의 사법화와 응징, 욕망을 결합한 증오의 몸이었습니다. 혐오의 정치와 정치 혐오가 증오의 밭에서 윤석열이라는 괴물을 만들어냈습니다. 증오의 밭에 꽃은 피지 않습니다. 혹여 증오의 밭에서 피어나는 꽃이 있다손 치더라도 저들의 칼춤이 꽃을 잘라버립니다. 칼을 쓰던 사람에게 나라를 맡겼더니 이제 총으로 '신뢰 없는 정의의 시대', 공포의 시대를 열었습니다. 공포의 시대를 끝장내려면 빛의 혁명 내부에서 증오가 아니라 우정을 키워야 합니다. 사회적 사랑과 우정, 곧 신뢰만이 혐오의 정치, 공포의 정치에서 상처받은 우리를 구제할 수 있습니다.

7

한반도의 자율적 평화를 위한 철학

윤석열 정부 내내 '보이는 세계'와 '들리는 세계'가 뒤틀렸습니다. 윤석열의 첫 유엔 연설부터 부조리가 눈앞에서 펼쳐집니다. 윤석열의 말소리는 우리나라의 국제적 위상에 부합하듯 위엄이 있어 보입니다. 어느 순간 불쑥 부인 김건희가 보입니다. 지휘하고 응원하고 평가하는 모습입니다. 모두가 혼란스러워합니다. 퍼스트 레이디가 아니라 퍼스트 퍼슨이라는 증거가 이때부터 차곡차곡 쌓입니다.

말하는 사람이 퍼스트 퍼슨입니다. 언제나 그랬습니다. 부처, 공자, 예수, 소크라테스는 모두 말하는 사람이었습니다. 이들의 말소리는 로고스logos입니다. 합리적 이성의 소리입니다. 철인, 성인 못지않게 정치 지도자의 말도 힘이 셉니다. 특히 최고 권력자의 말은 자체로 법적 근거를 갖습니다. 말이 권위고 권력입니다. 그만큼 무겁고 무서운 것이 대통령의 말입니다. 프랑스 철학자 자크 데리다Jacques Derrida는 말-중심주의 해체를 시도했습니다. 그는 말소리보다 그 말이 가능하기 위한 전제에 주목합니다. 전제 없는 말의 불가능성을 밝히면서 말소리 주체의 권력을 해체하는 전략입니다. 말의 주인은 그 말의 실제 주인이 아닙니다. 그래도 말하는 사람이 현실 권력자입니다. 말하는 사람의 배후에 지휘자가 있다손 치더라도 그(녀)는 보이지 않도록 탈-영토화되어 있어야 합니다. '보이는 세계'에 지휘자가 모습을 드러내는 순간 카오스의 문이 열립니다.

'들리는 세계'의 말하는 자와 '보이는 세계'의 지휘자는 한 몸이어야 합니다. 두 세계의 주체가 분열되면 나라가 위태롭습니다. 증후는 이미 오래전에 나라 밖에서 감지되었습니다. 유엔에서 대통령은 홀로 최고 권력자가 아니었습니다. 말하는 자이면서 들어야 하는 자였습니다. 윤석열의 연설문은 대부분 텅 비어 있습니다. 그는 첫 유엔 연설부터 '약자 복지의 글로벌 버전'을 주장합니다. '약자 복지'란 말부터 기이합니다. 앞에서 말한 것처럼 복지를 약자 혜택으로 이해하는 개념 자체가 부도덕한 거짓입니다.

윤석열은 알코올 중독자이기 전에 자유라는 말의 중독자입니다. "진정한 자유와 평화는 질병과 기아로부터의 자유, 문맹으로부터의 자유, 에너지와 문화의 결핍으로부터의 자유를 통해 실현될 수 있습니다." 그에게는 자유가 복지일 뿐만 아니라 정치, 경제, 사회, 문화, 심지어 외교이기도 합니다. '자유 진영의 글로벌 연대'를 통한 신냉

전 구축도 그의 꿈이었습니다. 우크라이나 전쟁, 미·중 무역 갈등, 공급망의 블록화 체계 구축을 '한·미·일 자유 공조 체제'로 발전시킨 것도 윤석열입니다. 그는 바이든과 매우 가까운 척하지만 사실 바이든의 정책과 정반대의 길을 걸어왔습니다. 바이든은 유엔 연설에서 분명하게 신냉전이나 경직된 블록화를 추구하지 않는다고 다짐했습니다. "우리는 냉전을 추구하지 않습니다. 우리는 어떤 국가에도 미국이나 다른 파트너 중 하나를 선택하도록 요구하지 않습니다." 윤석열은 기어이 하나의 파트너만을 선택합니다.

윤석열의 내란이 있기 전까지 우리나라는 세계 최고의 민주주의 국가였습니다. 윤석열은 민주주의를 파괴합니다. 윤석열은 그의 파트너 바이든이 한 말조차 이해하지 못했습니다. "이 나라는 LGBTQ 커뮤니티에 속하는 개인들이 폭력의 표적이 되지 않고 자유롭게 살고 사랑하는 곳, 시민들이 보복의 두려움 없이 지도자들에게 질문하고 비판할 수 있는 곳이다." 윤석열은 자기에게 질문하고 비판하는 사람과 정치 세력을 악마로 규정하고 보복을 단행하기 위해 내란을 일으켰습니다. 그가 한 유일한 일은 국민 억압을 통해 국민 통합을 이루어 낸 것뿐입니다.

이제 전쟁을 멈추는 정치가 필요하다

우리나라의 공론장은 지나치게 국내 정치에 몰입되어 있습니다.

미국을 비롯한 북유럽 국가의 경우 국내 정치보다는 국제 뉴스에 더 많은 관심을 가지는 편입니다. 물론 우리나라 정치가 그만큼 다이내 믹해서 그런 건 아닐까 싶기도 한데요, 아무튼 국제 소식은 보도량도 많지 않고, 사람들도 별로 중요하지 않게 생각하는 측면이 있는 것 같 습니다.

그렇더라도 국제 뉴스에 보다 관심을 기울여야 합니다. 그래야 우리 내부의 정치적 양극화를 극복할 수 있습니다. 최근 가장 중요한 국제 뉴스는 대부분 전쟁에 관한 보도입니다. 안타깝게도 우리가 살고 있는 이 세계는 가혹한 전쟁과 폭력이 난무합니다. 이런 소식을 매일 매일 접하다보면 견디기 어려울 때도 많습니다. 그러다 문득, 우리나 라는 지금 전쟁 상태가 아닌지 생각해보게 됩니다. 물론 우리가 휴전 상태 아니냐고 반문할 수도 있습니다. 하지만 엄밀한 의미에서 휴전도 전쟁입니다.《리바이어던Leviathan》이라는 유명한 책을 쓴 토머스 홉스 는 전쟁이란 실제 전투만을 의미하는 게 아니라 전투를 감행할 의지 를 고지한 상태면 모두 전쟁이라고 봐야 한다고 말한 바 있습니다.

김정은 국방위원장은 최근 국방종합대학에서 남북관계를 통일 을 지향한 하나의 국가가 아니라 적대적 두 국가 관계로 재규정합니 다. 선제공격을 하지는 않겠지만 균형을 깨는 조치가 이뤄지면 가만 히 있지 않겠다고 경고도 합니다. '핵도 사용할 수 있다'는 취지의 말 도 곁들였습니다. 과연 대한민국이 자유로운 평화 상태인지 아니면 전쟁 상태인지 고민해볼 필요가 있지 않나 싶습니다. 적어도 종전 선언이 이루어져야 우리는 평화를 말할 수 있습니다. 윤석열은 종전 선언을 주장하는 사람을 가리켜 종북 세력, 반국가 세력이라고 낙인찍었습니다. 필드에서 전쟁은 끝난 지 오래지만, 전쟁정치, 독재정치, 그리고 이제는 계엄정치가 70년 넘게 종전을 지연시키고 있습니다.

옛 독일의 프로이센 군사 전문가 클라우제비츠Carl von Clausewitz는 그의 저서 《전쟁론Vom Kriege》에서 다음과 같이 말합니다. "전쟁은 다른 수단을 가지고 지속하는 정치다." 전쟁을 정치의 연장이자 수단으로 본 것입니다. 전쟁정치를 옹호한 그는 전쟁에 사회심리적 카타르시스 작용까지 부여합니다. 그는 나폴레옹이 무기가 아니라 국민(민족) 의식으로 프로이센을 정복했다고 믿었습니다. 그는 독일 국민이 전쟁을 통해 병든 민족정신을 치료할 것을 주문했습니다. 매우 위험한 발상인데 전쟁과 죽음을 사랑하는 사람들에겐 명언입니다. 프랑스 철학자 미셸 푸코는 반대로 말합니다. "정치란 다른 수단을 가지고 지속하는 전쟁이다." 도구적 전쟁론을 도구적 정치론으로 뒤집으면서 '영구전쟁론'을 내세운 것입니다. 그의 정치전쟁론에 따르면 정치권력을 바꾸는 것은 중요치 않습니다. 정치가 바뀐다고 일상적 삶에서 작동하는 권력이 바뀌는 것은 아니기 때문이랍니다. 아주 멀리서 속세를 바라보면 그럴듯한 말이나 지나치게 냉소적인 관념 철학입니다. 플라톤의 《국가론》에서 폴레마르코스는 적과 동지를 나누고 이해관계를 잘 조정하는 것이 정의라고 말합니다. 정의를 이해관계 조정이나 타산성 계산으로 축소하면 전쟁과 정치는 서로를 도구로 이용하는 것입니다. 정의를 민주

적 의사결정으로 확장하면 정치는 전쟁을 최소화하는 합의가 되어야
합니다. 전쟁을 멈추는 정치, 종전 선언을 이끌어내는 정치, 평화를 만
들어내는 정치 세력만이 한 나라의 민주주의와 세계 민주주의를 동시
에 이끌 수 있습니다. 빛의 혁명은 종전 선언을 통해 문화적 자유를 꿈
꾸는 청년들에게 창조하는 자유의 빛을 선물해야만 합니다.

폭력에 관한 두 가지 은유

철학사 전반에 걸쳐 폭력이나 전쟁에 관한 철학적 논의는 없다
시피 합니다. 인류의 지성사에 오랫동안 존재해왔던 폭력과 전쟁에
관한 대표적인 은유는 두 가지입니다. 하나는 '폭력은 인간의 본성'이
라는 은유입니다. 폭력이 인간의 본성에 내재하기 때문에 전쟁마저도
선악의 저편에 있다고 보는 관점입니다. 특히 고전적인 이론에서 보
면 가장 위대한 통치자가 되는 길은 전쟁을 통해 상대를 점령하는 것
이었고, 결국 인간은 불가피하게 폭력을 사용할 수밖에 없다는 결론
에 이르게 됩니다.

인간이 폭력을 사용할 수밖에 없는 존재라고 해서 누구나 폭력
을 쓰게 되면 인간사회는 곧 정글이 될 수밖에 없습니다. 그래서 인간
의 폭력을 통제할 수 있는 가장 합리적인 길, 현대적 합의점을 찾았으
니 그게 바로 폭력의 국가 독점 체계입니다. 민주적 법치국가에서는
누구도 사적 폭력을 동원하여 정의를 구현하거나 회복할 수 없습니

다. 어떤 경우에도 사적 처벌은 금지되어 있습니다. 부모와 자녀, 교사와 학생 사이에서도 폭력을 통한 교육이나 징계는 불법입니다. 현대 국가의 가장 중요한 특징입니다. 오직 국가만 폭력을 사용할 수 있다는 것입니다. 폭력에 대한 폭력으로서 국가의 폭력 독점은 인간의 폭력적 본성을 규제하기 위해 인간이 발견한 제도입니다. 당연히 이에 관한 무수한 반론도 있습니다. 사람이 기본적으로 폭력적이라는 예가 수없이 많지만, 동시에 평화를 지향한다는 예도 수없이 많습니다. 특정한 예만 가지고 하나의 이론을 만들면 결국 부작용이 생기기 마련입니다. 국가폭력 독점의 체계가 오히려 현대적인 거대한 폭력인 전쟁의 주요 원인이라는 주장도 있습니다.

　　다른 하나는 '폭력은 하나의 과정'이라는 은유입니다. 이 은유에 따르면 악은 선의 결핍일 뿐입니다. 마찬가지로 정의가 부족하면 불의가 되고, 참이 부족하면 거짓이 되고, 착함이 부족하면 악함이 되고, 아름다움이 부족하면 추함이 된다는 관점입니다. 진리와 정의, 참과 아름다움이 기본이고, 비진리, 불의, 거짓, 추함 등은 기본이나 근본, 곧 아르케arche의 결핍 상태, 즉 부수적이라는 입장입니다. 부수적이기 때문에 과정에서 불가피하게 출연하는 것이라는 생각입니다. 이 입장에서 보면 고통, 불의, 전쟁, 폭력은 불가피할 뿐만 아니라 때로는 즐거움, 정의, 평화, 사랑을 고양시키는 데 필요할 때도 있다는 괴상한 주장에 이르게 됩니다. 사실 이게 서양 종교의 핵심 논리입니다. '고통에 뜻이 있다'는 논리입니다. 우리가 겪는 모든 고통은 하나님의 역사를 쓰는 과정으로 정당화됩니다. 이런 관점의 좋고 나쁨을 이야기하려는 것은 물론 아닙니다. 여기서 말하려는 것은 폭력과 전쟁을 하나의 불가피한 과정으로 보는 관점이 매우 뿌리가 깊다는 것뿐입니다.

폭력에 대한 두 은유에 따르면 결국 폭력은 과정이고, 더 나아가 인간의 본성입니다. 이런 은유에 동의하면 국가의 폭력 독점에 대해서 이의를 제기하기가 어렵습니다. 이런 생각에 이의를 제기한 두 명의 학자가 있습니다. 첫 번째 학자는 요한 갈퉁Johan Galtung입니다. 그는 노르웨이 출신의 평화학자이자 사회학자로, 현대 평화학의 창시자로 널리 알려져 있습니다. 그는 갈등 해결 및 평화 구축 분야에서 중요한 이론적·실천적 공헌을 하였으며, 폭력과 평화의 개념에 대한 심층적인 논의를 통해 학문적 기반을 다졌습니다. 그는 이른바 폭력의 삼각형Three Types of Violence 이론을 제시합니다.

직접적 폭력Direct Violence

물리적·신체적 피해를 주는 가시적인 폭력으로서 기본적으로 의도가 있는 폭력입니다. 타인의 육체나 정신을 무력화시킵니다. 우리가 일상적으로 폭력이라고 생각하는 물리적 폭력에 가까운 개념입니다.

구조적 폭력Structural Violence

사회적·경제적·정치적 구조가 특정 집단에 불리하게 작용하여 고통을 초래하는 비가시적 폭력으로서 사회 시스템 때문에 생겨나는 폭력을 말합니다. 국가가 폭력을 독점하기 때문에 발생하는 폭력이나 전쟁 같은 것이죠. 역사적으로 두 차례에 걸친 세계 대전을 비롯한 20세기에 벌어진 수많은 전쟁이 여기에 해당합니다.

문화적 폭력Cultural Violence

특정 폭력을 정당화하거나 영속화하는 문화적·종교적·이념적 요소에 기반한 폭력으로서 특정 문화 내부의 폭력입니다. 그 문화권에서는 문제가 없는데 새로운 문명과 만나거나 새로운 문화가 들어서면서 발생하는 일종의 문화적 충돌을 의미합니다.

요한 갈퉁에 따르면 구조적이고 문화적인 폭력은 구조나 문화가 폭력의 주체가 아닌 것으로 드러납니다. 구조를 이루는 게 국가라면 국가 자체가 문제가 아니라 국가의 어떤 시스템이 잘못 작동되었기 때문에 폭력이 벌어진다는 주장입니다. 국가와 같은 다양한 사회와 문화의 구조나 체계는 폭력과 무관하다는 입장입니다. 폭력의 뿌리는 구조나 체계가 아니라 그것의 오작동이라는 분석입니다. 이에 대해 슬로베니아 출신으로 프랑스에서 활동하는 세계적인 철학자 슬라보예 지젝Slavoj Žižek은 다른 관점을 제시합니다. 슬라보예 지젝은 폭력에 대한 독창적인 철학적 분석으로 잘 알려져 있습니다. 그는 《폭력이란 무엇인가Violence: Six Sideways Reflections》에서 폭력을 다각도로 조명합니다. 지젝도 갈퉁처럼 폭력을 다음과 같이 세 가지로 나눕니다.

주관적 폭력 Subjective Violence

행위자에 의해 의도적으로 가해지는 물리적·언어적·심리적 폭력으로서 전통적으로 '폭력'하면 떠올리는 유형이 여기에 해당합니다. 범죄, 테러리즘, 전쟁에서처럼 이 폭력은 명백하고 가시적이기 때문에 대중의 주목을 받습니다.

객관적 폭력 Objective Violence

가시적이지 않지만 구조적이고 체계적으로 작동하는 폭력으로서, 여기에는 두 가지 하위 유형이 포함됩니다. 먼저 사회적·경제적·정치적 체계가 특정 계층이나 집단을 착취하거나 억압함으로써 발생하는 구조적 폭력이 있습니다. 이는 요한 갈퉁의 구조적 폭력 개념과 유사한 개념입니다. 다음으로 언어, 이념, 문화가 특정 집단이나 개인에게 억압적 의미를 강요하는 상징적 폭력입니다. 이는 지젝이 특히 주목한 개념으로, 언어와 상징 체계의 역할을 강조합니다. 아마도 이 책에서 밝힌 나의 잘못은 상징적 폭력의 사례에 해당합니다.

체계적 폭력 Systemic Violence

객관적 폭력과 유사하지만, 특히 자본주의 체제와 같은 현대사회의 전반적 구조에서 발생하는 폭력을 가리킵니다. 자본주의적 논리가 초래하는 불평등과 착취가 이 범주에 속합니다.

지젝도 갈퉁처럼 폭력을 단순히 물리적 행위로 보지 않고, 구조적이고 비가시적인 차원에서 이해하고 해석합니다. 갈퉁은 폭력의 해결을 위해 평화 구축과 대안을 모색하는 데 초점을 맞추다보니 구조와 체계의 오작동에 관심을 집중했습니다. 반면 지젝은 자본주의와 이념적 억압이라는 맥락에서 폭력을 탐구했기 때문에 구조와 체계의 오작동이 아니라 그 자체를 폭력의 뿌리로 비판합니다. 갈퉁은 구조나 문화의 체계가 헝클어지거나 오작동하거나 비틀어지면 폭력이 발생했다고 보았지만, 지젝은 완전히 다르게 주장합니다. 그에 따르면 지금 우리가 경험하는 폭력은 국가, 문화, 체계가 오작동하기 때문이 아니라 오히려 정상 작동하기 때문에 발생합니다. 두 사람의 관점을 모두 수용할 때, 우리는 빛의 혁명이 폭력의 최소화로 가는 길을 찾을 수 있습니다.

부자유의 평화가 아니라 한반도의 자율적 평화

폭력과 전쟁을 철학적으로 연구할 때, 크게 두 가지 방법이 있습니다. 하나는 현상학적 관점으로서 사태 자체가 어떻게 발생하는지, 폭력과 전쟁이 어떤 연관성이 있는지를 중심으로 해석하는 방법입니다. 다른 하나는 폭력과 전쟁을 비판하기 위하여 그것을 정당화하는 이론과 대결하는 규범적 관점입니다. 구조적이고 체계적인 폭력이 언제 일어나고, 언제 행사되는지를 현상학적으로 연구한 미셸 푸코 같은 학자는 구조적인 폭력, 즉 국가와 국가 간에 발생하는 전쟁이란 힘의 균형이 깨질 때 발생한다고 말합니다.

힘의 균형이 깨질 때 전쟁이 발생한다면 그 전쟁을 먼저 일으키는 건 약소국일까요, 아니면 강대국일까요? 보통 강대국은 전쟁의 정당성을 찾으려 하기 때문에 약소국이 먼저 전쟁을 일으킨 것처럼 포장하기 마련입니다. 이런 식의 논리를 통해 전쟁 자체를 정당화합니다. 그래서 전쟁은 항상 약자가 시작한 것처럼 보입니다. 이런 방식으로 전쟁을 정당화하는 강대국이 주장하는 평화론의 대표적인 예가 '팍스 로마나Pax Romana'입니다. 한 나라가 절대적인 패권을 가지면 평화 상태가 유지된다는 관점입니다. 로마가 절대적 패권을 유지하던 1~2세기경 세계는 평화로웠다고 말합니다. 비슷한 말로 팍스 브리타니카Pax Britannica가 있었고, 최근엔 팍스 아메리카나Pax Americana가 있습니다. 이 'Pax'가 라틴어로 평화라는 뜻입니다. 로마가 전 세계 패권을 갖는 순간 세계는 평화로워졌고, 영국이 세계 유일한 패권국이 되었을 때 세계는 평화로웠으며, 이제 미국이 최강대국이 되면서 다시 평화롭다는 주장인데, 과연 사실일까요?

이마누엘 칸트는 이 평화를 부자유의 평화라고 규정합니다. 이론적인 관점에서 영구 평화론을 지향한 칸트는 '팍스 로마나'를 두고 이렇게 말했습니다. "자유를 없앤 굴복의 평화이자 굴종의 평화다." 영구 평화론에 의하면 이런 평화는 절대로 진정한 평화가 아니고, 그저 지배 체계일 뿐입니다. 현대 철학자들의 입장은 무엇이었을까요? 냉전이 끝나고 미국이 세계 패권을 차지하자 프랜시스 후쿠야마 같은 철학자는 이제야말로 미국의 자유주의 체제가 완성되었다면서 '역사의 종언'을 주장했습니다. 민주주의와 자유시장 경제가 역사적으로 최종 승리함으로써 팍스 아메리카나가 완성되었고, 이제 세계는 평화와 안정이 계속 유지될 것이라고 전망했습니다. 그런데 정말 프랜시스 후쿠야마의 말대로 되었나요? 철학적·실증적·현상학적 연구를 통해 밝혀진 바는 명확합니다. '팍스 로마나 시절에 팍스는 없었다. 팍스 브리타니카 시절에 팍스는 없었다. 팍스 아메리카나인 지금도 팍스는 없다.'

절대 패권을 차지한 국가에는 중요한 특징이 있습니다. 전쟁을 하지 않는 것이 아니라, 정의를 내세워 전쟁을 합니다. 정의를 위한 폭력, 평화를 위한 전쟁이라는 것이죠. 미국이 세계 평화를 위해서라고 주장하면서 벌인 대표적인 전쟁이 이라크 전쟁인데요, 당시 부시 대통령은 이 전쟁을 벌이게 된 세 가지 이유를 밝혔습니다.

1. 후세인이 대량 살상 무기를 가지고 있다.
2. 후세인이 테러리스트를 지원한다.
3. 후세인으로부터 이라크 국민의 인권을 보호해야만 한다.

1번과 2번은 사실이 아니란 게 곧바로 밝혀졌습니다. 그러자 마지막 논변, 곧 독재자 후세인 체제 아래 고통받는 이라크 국민의 인권을 보호하기 위해서 전쟁은 정당하다는 논리는 깨지지 않았다고 미국은 말했습니다. 인권과 평화를 위해 전쟁을 수행한다는 명분을 만든 것입니다.

패권 국가들은 예외 없이 정의를 위한 폭력, 평화를 위한 전쟁을 수행해왔습니다. 크게 보면 현대 국가에서 국가가 폭력을 독점하는 것과 별반 다르지 않습니다. 이걸 국가와 국가 간의 관계로 확장한 것일 뿐입니다. 가장 강한 국가가 다른 국가에 대한 폭력을 독점하는 것과 같습니다. 사실 폭력을 독점한다는 건 정의를 독점한다는 말과 다르지 않습니다. 정의인지 불의인지를 국가 혹은 패권 국가가 결정하니까요. 이처럼 패권 국가들은 인권이나 평화를 무기 삼아 정의를 독점하고, 이를 기반으로 전쟁을 수행합니다. 그래서 그들의 전쟁은 언제나 정의롭습니다.

전쟁은 악입니다. 그 속에는 어떤 뜻도 없습니다. 폭력도 악입니다. 그 속에는 어떤 뜻도 없습니다. 전쟁과 폭력에 의한 고통에도 아무런 뜻이 없습니다. 더구나 현대의 전쟁은 더 참혹한 폭력입니다. 과거의 전쟁과 현재의 전쟁 사이에는 큰 차이가 있습니다. 지금 우크라이나에서, 가자지구에서 일어나고 있고, 잠정적으로 한반도에서도 일어날지도 모르는 전쟁은 그 이전 시대의 전쟁과 분명히 다릅니다.

물론 전쟁은 언제나 폭력적이고 언제나 잔인했습니다. 아우구스티누스 시절부터 현재의 전쟁까지 수집된 증거를 보면 폭력성과 야만성에는 큰 차이가 없습니다. 사실 전쟁 자체는 그야말로 인간성의 종말입니다. 오히려 예전이 훨씬 잔인한 측면이 있었죠. 그럼에도 최근에 발생하는 전쟁이 우리에게 더 많은 두려움을 주는 이유는 첫째, 정당화를 시도하지 않는다는 점입니다. 예전에는 인권과 평화와 정의를 위한 전쟁이라는 일종의 명분이라도 내세웠습니다. 하지만 최근의 전쟁에는 이런 정당화 노력조차도 없습니다. 정당화의 논리가 없다는 건 멈춤에 관한 명확한 선이 없다는 것을 의미합니다. 허울뿐이더라도 정당화 논리가 있다면, 폭력을 통해 다른 폭력을 제거하는 그 순간 전쟁은 끝납니다. 조금 더 부연하면 국가가 폭력을 독점한다고 할 때, 칸트식으로 표현하면 국가폭력의 정당성은 폭력에 대한 폭력으로서만 정당성을 가질 수 있습니다. 국가폭력을 통해 다른 폭력을 압도적이고 확실하게 제거하고 더 나은 상태로 만들 수 있다는 확신이 있어야 정당하다는 것입니다.

윤석열의 내란은 이런 정당화가 불가능한 군사반란일 뿐입니다. 대통령이 주권자인 국민에게 반란을 일으킨 것입니다. 정당화될 수 없는 쿠데타는 결코 멈추지 않습니다. 만약 윤석열의 내란이 성공했다면 그는 죽을 때까지 내란을 멈추지 않았을 것입니다. 전쟁도 마찬가지입니다. 정당성이 없는 전쟁, 심지어 정당화도 시도하지 않는 전쟁은 오직 힘에 의해서만 멈출 수 있습니다. 그런 이유 때문에 부시는 못 끝내는 전쟁을 트럼프는 끝낼 수도 있습니다. 절망 속에서 절망적 희망을 가져야 하는 현실이 참으로 고통스럽습니다.

현재 벌어지고 있는 전쟁의 두 번째 특징은 국가가 폭력을 독점하는 체제 자체가 붕괴하고 있다는 점입니다. 왜 그럴까요? 과학기술의 발달로 인해 글로벌 자본이 전쟁에 깊숙이 들어왔기 때문입니다. 최신의 과학기술을 활용한 미국의 전쟁만 봐도 미국이라는 국가가 수행하는 것 같지만 실은 기업이 관여하고 있습니다. 예전의 용병 체계를 생각해보면 될 텐데요, 이제는 전쟁에 글로벌 기업들이 직간접적으로 다양하게 참여합니다. 그러니 폭력을 실질적으로 국가가 독점할 수 없다는 사실이 전쟁을 통해서 폭로되고 있습니다. 여기서 발생하는 커다란 문제가 있습니다. 모든 전쟁이 실은 세계전쟁이라는 것입니다. 우크라이나 전쟁이나 가자 지구 전쟁도 마찬가지입니다. 과학과 기술의 발전으로 전쟁이 벌어지는 모든 상황을 우리가 거의 실시간으로 관찰할 수밖에 없는 조건이라는 점에서 세계적이고, 비록 이 전쟁에 관여된 국가는 적을지 모르지만 초국적, 다국적 기업들이 개입하면서 거의 모든 나라 사람들이 관계되어 있다는 점에서 세계적입니다. 세계정부는 없는데, 세계시민도 없는데 전쟁은 이미 항상 세계적입니다. 이 불일치와 부조화가 큰 문제로 대두되고 있습니다.

전쟁에서 국가, 심지어 패권 국가의 통제력조차 점점 상실될 위험성이 있습니다. 우크라이나 전쟁에 갑자기 일론 머스크Elon Musk가 등장했을 때 사람들은 환호했습니다. 일론 머스크가 미국 정부와 얼마나 연결되어 있는지 모르겠지만, 기업 총수의 판단이 전쟁에 직접적으로 영향을 미치고 있습니다. 이는 곧 기업의 요구에 따라 세계전쟁이 가능한 시대가 다가오고 있음을 의미합니다. 실제로 우크라이

나와 가자지구 전쟁은 '팔란티어'라는 기업이 수행하고 있다고 볼 수도 있습니다. 이 기업이 두 전쟁에서 가장 큰 이익을 보고 있습니다. 이 상태로 국가가 아니라 국가의 뒤에 있는 기업이 전쟁을 수행하게 되면 전쟁은 일상화되고 항구화될 것입니다. 한반도가 저들의 먹이가 되지 않으려면 조속히 종전을 선언해야만 합니다. 모든 국가 역량을 거기에 모아야 할 때 전쟁광 윤석열이 내란을 일으켰습니다. 이 내란을 완전히 끝낸다는 것은 빛의 혁명이 한반도의 평화로 이어지는 것입니다. 팍스 아메리카나에 의한 부자유의 평화를 넘어서 한반도의 자율적인 평화가 빛의 혁명이 불러야 할 마지막 환희의 송가가 되길 바랍니다.

맺음말

'지금, 여기'에서 철학하는 까닭

'지금, 여기', 극도의 긴장이 지배합니다. 제5공화국으로 추락할 가능성과 제7공화국으로 비상할 가능성 사이의 긴장입니다. 헌법재판관들에게 우리 공동체의 운명이 맡겨져 있습니다. 나는 헌법재판관을 믿지 않습니다. 우리나라의 재판관들은 대부분 법실증주의, 그것도 아주 낡은 법실증주의의 세례를 받고 성장했습니다. 이미 낡은 고전적 법실증주의는 오직 실정법 조문만 인정하고 존중합니다. 이들은 주권자 시민의 도덕감각이나 정치의식은 철저하게 무시합니다. 이들은 '법은 정치의 도구가 되어서는 안 된다'는 그럴싸한 말로 자신들의 독단적 법해석을 방어합니다. 이들이 지향하는 법적 합리성은 단 하나의 기준, 법해석의 일관성coherence 혹은 내적 정합성입니다. 이들은 판사의 법해석이 법조문 사이의 내적 정합성이나 단순한 논리적 적용에 그쳐서는 안 된다는 것을 알려고 하지 않습니다. 이들은 헌법과 법률의 최초의 저자이자 최후의 독자가 주권자 국민이라는 것도 사실상 존중하지 않습니다. 그렇지만 이들이 존중하는 것에는 법조문 말고 다른 하나가 더 있습니다. 모든 실증주의가 그렇듯 법실증주의도 현실 권력을 긍정하고 추종합니다. 이 맥락에서 우리 모두는 '지금, 여기' 각자의 위치에서 헌법재판관들에게 주권자 국민이 윤석열보다 힘이 강하다는 것을 알려야 합니다. 내가 이 책을 쓴 까닭입니다.

미국의 가장 영향력 있는 헌법학자이자 법철학자인 로널드 드워킨Ronald Dworkin에 따르면 판사는 단순히 법조문의 규칙rule뿐만 아니라 원칙principle을 따라야 합니다. 법의 규칙은 흑백처럼 '적용되거나 적용되지 않음'으로 귀결되지만, 원칙은 다양한 상황에서 그 무게를 달리하여 법적 판단을 형성하게 합니다. 그런데 과연 우리에게 법을 단순한 규칙의 집합으로 보지 않고, 사회적 원칙과 도덕적 가치가 상호작용하는 해석적 실천interpretive practice으로 이해하는 판사가 얼마나 있을까요?

실정법에 기반하여 공동으로 삶을 구성하고 조율하겠다는 합의가 있을 때 국가는 정당성을 부여받습니다. 이 합의가 지속 가능하기 위해서는 무엇보다 법이 국민통합을 훼손하는 방식으로 해석되면 안 됩니다. 법이 단순히 기존 법률이나 판례의 기계적 적용이 아니라, 사회의 역사와 도덕적 맥락 그리고 정치적 합의와 조화를 이루는 서사로 해석되어야 합니다. '통합성으로서의 법law as integrity'만이 법체계에 부합fit하면서 동시에 법체계를 정당화justify할 수 있는 길입니다. 판사의 법해석은 법조문 내부의 정합성만이 아니라 법조문 안팎의 정당성justification을 확보해야만 합니다. 법해석에 정치철학적 사유의 개입을 부정하는 법실증주의는 법관에게 거짓된 행동을 유도하면서, 판결의 근거가 공적으로 토론되는 것을 차단하고 은폐하려고 합니다. 이들에 대한 감시를 늦춰서는 안 됩니다. 법을 시민의 권리, 곧 주권에 기초해서 해석하라고 말해야 합니다. 그것이 법의 저자이자 독자, 발신자이자 수신자인 국민의 준엄한 명령입니다.

과거의 정치는 권력자의 행위체계였습니다. 이 체계에서는 권력이 권리(특히 주권)를 결정합니다. 현대의 정치는 주권자의 행위체계입니다. 이 체계에서는 권리가 권력을 결정합니다. 헌법과 법률에 따라서 권력을 부여받은 모든 사람과 기관은 주권자인 국민의 권리를 보호하고 키우는 것에 권력을 사용해야만 합니다. 반대로 권력이 권리를 억누르거나 억압하면 탄핵당해야 합니다. 그렇지 않으면 국가는 다른 모든 종류의 사회 집단과 유사한 지위만을 가질 수 있습니다. 이 경우 국가는 더 이상 개인과 사회로부터 폭력 사용의 독점권을 요구할 수 없습니다.

헤겔에 따르면 사회 일반으로 환원해서는 안 되는 두 가지 제도가 있습니다. 하나는 친밀공동체로서 가족입니다. 가족도 물론 사회적 계약의 성격을 가지고 있습니다. 계약으로서 가족은 상호 존중과 배려의 기초 위에 신체적·정신적 독점 관계를 맺습니다. 서로에게 독점적 지위를 인정한다는 측면에서 가족은 다른 사회와는 지평이 다르다고 말할 수 있습니다. 가족만이 교환할 수 없는 것을 교환할 수 있습니다. 일반적인 사회적 관계에서는 믿을 수 없는 것도 믿어주는 것이 가족입니다. 이 맥락에서 사람들은 이제 동물도 가족으로 인정하고 존중하는 방향으로 가고 있습니다. 이 방향에 역행하지 않도록 우리 모두의 도덕감각을 깨워야 합니다.

사회로 환원할 수 없는 또 하나의 제도는 국가입니다. 국가는 모든 개인과 사회로부터 폭력 사용의 독점권을 부여받습니다. 물론 국가도 사회적 계약으로 만들어진 또 하나의 사회제도라고 말할 수 있습니다. 하지만 국가는 일반 사회와는 다른 지평 위에 있습니다. 그런데 모든 사회를 국가로 환원시키거나 거꾸로 국가를 사회로 환원시켜 온 정치세력이 있었습니다. 먼저 다원성을 기반으로 하는 사회를 동일성을 기반으로 하는 국가로 환원시킨 대표적 정치세력이 국가사회주의, 곧 나치입니다. 국가사회주의National Socialism는 하나의 아리아 인종 국가가 모든 사회를 통합한다는 극우 이데올로기입니다. 하나의 국가가 모든 사회를 통합하고 지배하는 나치와는 정반대로 국가를 하나의 사회로 귀속시킨 예도 있습니다. 바로 소비에트 유니언Soviet Union입니다. 소비에트 사회주의 공화국 연방USSR은 국가를 단 하나의 사회, 곧 프롤레타리아트 사회에 맡겨버린 전제적 정치체계입니다. 1970년대 이후 세계를 이념적으로 지배해 온 신자유주의도 국가를 하나의 사회, 하나의 회사로 간주하는 경향이 매우 강합니다. 신자유주의는 국가를 회사의 성격을 가진 하나의 사회로 만들려고 합니다. 이들에게 국가는 운명 공동체가 아니라 그저 꽤 큰 이익 사회일 뿐입니다. 이들은 국가의 재화를 사적 소유물로 전환하는 것에 거부감이 없습니다. 마찬가지로 국가권력을 사유화하는 것에도 큰 거부감이 없습니다. 윤석열은 이들의 후예이자, '지금, 여기'에서는 이들의 수괴입니다.

국가가 위기입니다. 국가권력이 사유화될 위기입니다. 사유화된 권력은 국민의 권리를 훼손하고 파괴할 것입니다. 독재가 시작되는 것입니다. 독재는 독재자가 자연사하기 전까지는 끝나지 않습니다. 판사들은 나라를 구할 힘이 없습니다. 판사들이 힘을 내도록 국민이 힘써야 합니다. 그래서 절박한 마음으로 이 책을 다음 말로 끝마칩니다.

공동의 것은 공동의 것으로, 국민의 것은 국민의 것으로.

빛의 혁명과 반혁명 사이

초판 발행　2025년 1월 10일
1판 3쇄 발행　2025년 1월 12일

글　　　　박구용
펴낸이　　박정우
편집　　　박세리
디자인　　디자인 이상

펴낸곳　　출판사 시월
출판등록　2019년 10월 1일 제 406-2019-000107호
주소　　　경기도 고양시 일산동구 문봉길62번길 89-23
전화　　　070-8628-8765
E-mail　　　poemoonbook@gmail.com

ⓒ 박구용
ISBN　　　979-11-91975-26-0(03100)